● 第三辑

云南社科成果集萃

——云南省哲学社会科学"十五"规划课题选介

云南省哲学社会科学规划办公室　编

云南大学出版社

前　言

　　《云南社科成果集萃》（第三辑）是云南省哲学社会科学"十五"规划和"十一五"规划部分项目研究成果选介的合集。

　　"十五"时期，是我省哲学社会科学规划项目申报、立项数最多的一个时期，也是研究成果质量显著提升的一个时期。2001—2005 年，省哲学社会科学规划办公室在中共云南省委宣传部的领导下，坚持以马列主义、毛泽东思想、邓小平理论和"三个代表"重要思想为指导，全面贯彻科学发展观和党的"十六大"，十六届三中、四中全会精神，认真落实中央和省委关于进一步繁荣和发展哲学社会科学的意见，制定和实施了《云南省哲学社会科学"十五"（2001—2005 年）规划》和年度计划，并编制、下发了"十五"规划课题指南和年度滚动课题，加强了项目申报的组织、指导工作，健全了立项、评审、鉴定、结项等各项管理制度，密切了与项目负责人及其所在单位科研部门的联系，强化了项目计划执行情况的督促检查，取得了丰硕的研究成果。这些项目成果，从一个侧面反映了我省哲学社会科学健康向上、全面繁荣发展的势头，体现了我省哲学社会科学规划项目研究思路越来越清晰、研究方法越来越科学、研究方向越来越深入、研究成绩越来越显著。通过"十五"期间的省社科规划项目立项，全省社科基础理论研究得到加强，应用对策研究明显提升，学科建设得到拓展和深化。

　　在研究思路方面，"十五"规划项目坚持党的基本理论、基本路线、基本纲领、基本经验，坚持解放思想、实事求是、与时俱进，坚持理论与实际相结合，立足当代同时又继承传统，立足云南又面向全国，立足本国又面向东南亚、南亚和整个世界；注重社会科学理论创新、学术观点创新、学科体系创新和科研方法创新，努力为建设富裕、民主、文明、开放、和谐的云南服务。

在基础理论研究方面，"十五"规划项目一是突出了马克思主义中国化三大理论成果，特别是"三个代表"重要思想和科学发展观的研究，在研究学术观点上都有一定的创新；二是突出了云南特色学科和优势学科的研究，特别是民族学和民族地区的政治、经济、文化、社会发展等问题的研究，形成了一些具有重要学术价值和社会影响的研究成果；三是把基础理论研究与应用对策研究结合起来，产出了具有区域特点和优势的理论研究成果，这些成果都具有重要的学术价值和现实意义，引起了有关党委、政府部门的高度重视。

在应用对策研究方面，"十五"规划项目以我国特别是云南改革开放和现代化建设的重大理论问题和实际问题为关注重点，紧紧围绕构建社会主义和谐社会、云南小康社会建设和"三农"问题、云南生态环境建设与可持续发展问题、西部大开发与发展云南特色经济问题、云南文化产业与市场化建设以及旅游、金融、社会保障、知识产权、城乡差距、城镇建设和农民工等问题，开展了深入的调查研究，形成了一批有实际价值的研究成果，为党委和政府科学决策提供了理论依据。

2006 年 10 月，在"十五"规划的基础上，云南省哲学社会科学规划办公室又制定、实施了《云南省哲学社会科学"十一五"（2006—2010 年）研究和发展规划》和年度计划，并编制、下发了规划课题指南。制定、实施云南省哲学社会科学"十一五"研究和发展规划，对于全面贯彻落实科学发展观，贯彻中央关于经济社会发展的重大战略部署，促进云南经济社会持续、快速、协调、健康发展以及落实中央和省委关于繁荣、发展哲学社会科学的意见，推动云南哲学社会科学的全面进步，具有十分重要的意义。

"十一五"规划项目在"十五"规划项目的基础上，根据"十七大"的精神，进一步加强对重大理论与现实问题的重点研究：（1）马克思主义基础理论研究；（2）党的执政能力建设研究；（3）云南经济社会持续、快速、协调、健康发展综合研究；（4）西南边疆建设问题研究；（5）云南贯彻落实科学发展观与构建社会主义和谐社会研究；（6）云南全面建设小康社会和社会主义新农村建设研究；（7）云南生态环境保护和建设与可持续发展研究；（8）云南文化产业建设研究；（9）东南亚、南亚问题研究；（10）云南民族问题和宗教问题研究；（11）禁毒和防治艾滋病问题研究。通过五年的努力，使我省哲学社会科学在理论学术研究、回答重大现实问题、重点学科培养、研究基地建设、对外学术交流、人才及科研团队培养、制度创新、事业发展和管理水平等方面再上一个新台阶，为云南哲学社会科学进步繁荣和发展创造更好的环境和条件。

为了充分发挥哲学社会科学"认识世界、传承文明、创新理论、咨政育人、服务社会"的重要作用，拓宽哲学社会科学研究成果的转化、交流和推广渠道，我们将"十五"和"十一五"期间省社科规划项目研究成果的主要内容和重要观点选编成书分批（辑）出版，供党委、政府、党校、高校、科研单位及广大社科工作者参考。

本《集萃》由省社科规划办的全体同志参与编辑。云南大学出版社对本书的编辑出版给予了大力支持，特表示衷心的感谢。由于编辑时间仓促，疏漏和不妥之处在所难免，恳请读者批评指正。

云南省哲学社会科学规划办公室

2007 年 10 月

目 录

语 言 学

"十一五"规划课题

马列·科社、党史·党建、哲学

经 济 学

政 治 学

民族问题研究

法　学

社　会　学

宗　教　学

体　育　学

国际问题研究

"十五"规划课题

马列·科社、
党史·党建、哲学

云南省意识形态领域问题研究

该课题从构建社会主义核心价值体系的角度出发，通过资料收集、整理和实地调研，对国内意识形态领域面临的共性问题和云南省意识形态领域的特殊性问题进行了梳理。课题组认为，当前云南意识形态领域除了存在国内意识形态领域面临的共同问题外，还存在影响云南构建社会主义核心价值体系的特殊因素。课题组认真分析了云南省意识形态领域的特殊问题，就民族、宗教等问题对云南意识形态领域的影响进行了较为深入的研究，并从建设社会主义核心价值体系的角度提出了应对、处理的对策和措施。

一、对意识形态领域问题的有关概念和理论进行了梳理，对社会主义核心价值体系在意识形态领域中的作用进行了分析

课题组认为，云南省的意识形态工作近年来在"以科学的理论武装人、以正确的舆论引导人、以高尚的精神塑造人、以优秀的作品鼓舞人"等方面做了大量富有成效的工作。但由于面对世界政治多极化、经济全球化、科技信息化、文化多元化的浪潮，云南省与全国其他地方一样，也面临着意识形态领域的诸多问题。特别是云南的民族、宗教、边疆、贫困的省情，使得云南的意识形态领域问题具有一定的特殊性。2006 年召开的党的十

六届六中全会提出了建设社会主义核心价值体系，这是我们党在意识形态领域上的一个重大理论创新，是我们党深刻总结历史经验、科学分析当前形势而提出的一项重大任务。一个社会的核心价值体系反映了社会意识的本质。它首先要回答对社会发展规律的认识、社会发展目标的判断以及世界观和方法论问题。如何回答这些问题，怎样看待社会的发展，确立什么样的指导思想，表明了一个社会意识形态的性质，决定着社会前进的方向。社会主义核心价值体系是社会主义制度的内在精神和生命之魂。社会主义核心价值体系四个方面的内容相互联系、相互贯通、相互促进，是一个有机的统一整体。云南意识形态领域的根本问题就是要保证马克思主义的指导地位，要解决云南的意识形态领域问题，就必须以构建社会主义核心价值体系为着眼点，有针对性地采取相应的对策、措施。

二、分析了当前我国意识形态领域面临的主要问题和影响因素

随着改革开放的深入，我国社会经济成分、组织形式、利益关系和分配方式日益多样化，人们的价值选择、社会意识、生活方式也日趋多样化，由此带来了社会思潮的多样化。当前影响我国意识形态领域的因素主要有：一些群体的主导信仰发生变化；利益多元化导致思想观念的多样化；经济全球化和社会信息化激化了意识形态的竞争；发达资本主义国家的经济、政治实力带来的意识形态入侵，等等。基于这些因素，社会思潮多样化是现阶段我国意识形态领域发展的必然趋势。当前，不良社会思潮的负面作用主要表现如下：一是对反马克思主义和非马克思主义观点的无端吹捧，妨碍了党的指导思想的巩固和发展；二是否定我们党理论创新成果的科学性和学术价值，抵制以党的理论创新成果

为指导推动哲学、社会科学的繁荣发展；三是对我国社会群体性突发事件进行煽风点火式的舆论误导，危及社会的和谐与稳定；四是否定中国革命的正当性，否定中国共产党执政的合法性。上述杂音和噪音与主流意识形态相比虽然影响有限，但从长远来看，如不加以批评和引导，就会逐步瓦解人们对马克思主义的信仰、对中国特色社会主义的信念、对党和政府的信任、对改革开放和社会主义现代化建设的信心，乃至造成祸国殃民的后果。因此，坚持和巩固马克思主义在我国意识形态领域的指导地位，不仅有其基于历史唯物主义原理的一般意义，而且有其面临当前世情、国情的特殊意义，它既是重要的、紧迫的，又是长期的、艰巨的。我国意识形态领域面临的主要问题就是：社会思潮多样化冲击马克思主义在意识形态领域的指导地位。建设社会主义核心价值体系，最根本的就是要坚持马克思主义的指导地位。用一元化的指导思想整合和引领多样化的社会思潮和文化追求，在坚持马克思主义主导地位的前提下，尊重差异，包容多样，才能充分挖掘和鼓励不同阶层、不同群体所蕴涵的积极向上的思想、精神，才能最大限度地形成思想共识、凝聚力量，齐心协力建设中国特色社会主义，把握社会主义先进文化的前进方向。在社会思潮多样化的今天，只有发挥社会主义核心价值体系的作用，才能积极引导社会思想发展的方向，有效疏导公众情绪，弘扬社会正气，为改革、发展、稳定营造良好的思想氛围。

三、在对云南省情进行分析的基础上，提出了云南意识形态领域面临的特殊问题和挑战

云南是全国世居民族最多、特有民族最多、跨境民族最多、自治民族最多、民族自治地方最多、少数民族人口居全国第二的省份，同时，佛教、道教、伊斯兰教、基督教、天主教等五大宗

教，不同程度地分布在全省 129 个县（市、区），再加上经济发展滞后和地处边疆，这些构成了云南省的基本省情。与全国其他地区相比，云南的意识形态领域存在的主要问题是：少数民族对国家和中华民族的认同感下降，影响到中国特色社会主义共同理想的形成；宗教信仰对马克思主义在意识形态领域中的指导地位形成冲击，影响到马克思主义思想在意识形态领域的指导地位；少数民族跨境而居和民族地区经济、社会发展的滞后，使少数民族群众容易受到境外敌对、腐朽思想的影响，影响到以爱国主义为核心的民族精神的树立，危害到边疆的繁荣、稳定；经济发展的不平衡和滞后问题影响到整个社会主义核心价值体系的构建。因此，要解决云南意识形态领域的主要问题，就必须解决好民族问题、宗教问题、边疆稳定问题和经济发展问题。通过实际措施，从思想上肃清存在于人民群众中的腐朽、错误观念，从实际行动上促进少数民族地区的经济、社会发展。

四、以构建社会主义核心价值体系为研究视角，提出了应对云南意识形态领域问题的对策建议

社会主义核心价值体系四个方面的内容相互联系、相互贯通、相互促进，是一个有机的统一整体。马克思主义指导思想是我们立党立国的根本指针，坚持马克思主义的指导地位，就抓住了社会主义核心价值体系的灵魂；中国特色社会主义共同理想，是全国各族人民团结奋斗的强大动力，树立共同理想，就突出了社会主义核心价值体系的主题；以爱国主义为核心的民族精神和以改革创新为核心的时代精神，是中华民族生生不息、薪火相传的精神支撑，培育和弘扬民族精神和时代精神，就把握了社会主义核心价值体系的精髓；社会主义荣辱观，是中华民族传统美德、优秀革命道德与时代精神的有机结合，树立和践行社会主义

荣辱观，就打牢了社会主义核心价值体系的基础。该课题提出了以社会主义核心价值体系引领社会思潮的基本要求：首先要坚持弘扬主旋律与提倡多样性的统一；其次要坚持先进性和层次性的统一；再次要坚持整合性和开放性的统一。以社会主义核心价值体系引领社会思潮的主要途径有：引领社会主义市场经济条件下的社会思潮；凝聚包括新社会阶层在内的社会各阶层；增强主流意识形态的影响力。必须以建设社会主义核心价值体系为中心任务推进云南意识形态领域工作。首先，在云南这样一个少数民族边疆地区构建社会主义核心价值体系，无论是对国家安全还是对云南的经济、社会发展，都具有特别重要的现实意义和深远的历史意义。这是维护国家安全和边疆繁荣、发展的重要前提，是构建社会主义和谐边疆的基础和促进各民族团结、和睦的纽带，是激发各民族人民改革创新、奋发向上的精神力量。其次，在云南构建社会主义核心价值体系，必须处理好主流意识形态与包容多样的关系；处理好坚持马克思主义指导思想与宗教长期存在的关系；处理好跨境民族心理的同一性与差异性的关系。再次，必须以加强基层文化建设为基础，加大社会主义核心价值体系建设的宣传力度，加强在实践中建设社会主义核心价值体系，注重导向作用和法制建设，为社会主义核心价值体系建设提供有力的保障。

课题名称：云南省意识形态领域问题研究

课题负责人：戴世平

所在单位：中共云南省委宣传部

主要参加人：姚德超　李佳佳　李永康　谢和均

结项时间：2007 年 9 月 17 日

全面建设小康社会中经济理论与
经济实践的哲学分析

党的"十六大"提出的全面建设小康社会的经济和社会发展目标，是一个极其宏大的社会发展系统工程，其内涵涉及经济理论和经济实践与政治、文化、生产方式、制度安排、运行机制及其社会生活的方方面面之间的内在联系，从广义哲学的角度考察经济理论与经济实践问题，是不可缺少的特殊视角，可以得出有意义的结论。本课题从哲学的视野针对全面建设小康社会的经济理论和经济实践中的若干重大理论问题进行考察，试图在这些问题上作较为深入的问题分析和理论推进。

一、研究的主要内容

课题的主要研究内容和重要观点为：研究哲学与经济理论的关系，说明哲学观念是经济理论与经济实践的思想基础。哲学观念是形成经济理论的基础，某些哲学内容直接就是经济理论特定部分的内容，哲学研究方法与经济学研究方法有着很强的相似性，实际经济生活也同样深受哲学观念的影响，个人的经济活动方式受到头脑中哲学观念的支配，整个社会则在哲学引领下的政治理念和政策的制约中进行社会经济活动。

研究自由主义的哲学基础，对自由主义的哲学基础进行哲学考察。近、现代哲学理论和经济理论都产生在西方，近代工业革命和现代科技革命也发生在西方，而作为西方哲学、经济学、政治学等的共同思想基础的则是自由主义，要考察广义哲学与经济理论和经济实践之间的联系，自然有必要首先考察自由主义思想关于经济的一系列系统的观点，私有制的观念则是自由主义思想的核心。

研究哲学视野中的市场经济基础，对历史和现实的市场经济进行哲学分析。中国正在建立和完善社会主义市场经济体制，有必要考察市场经济的起源、发展和性质。市场制度与等级制、官僚制和政府体系源于权威完全不同，它是社会劳动力有效配置最大的协调组织者。市场制度使人们拥有虽然不充分却相对最大的选择劳动和发展的自由，市场制度必然存在的弊端有可能通过社会的补救而减轻。

研究哲学视野中的计划经济，对计划经济进行哲学分析。中国长期实行的是计划经济体制，管制经济与公有制或者说国有制有着密切的联系。公有制要求统一、集中的计划经济体制，但计划管理的成本十分高昂。计划经济体制是一种最典型的权威管理形式，它可以集中力量办大事，却不能解决短缺问题。国家所有制不等于公有制。在管制经济条件下，公有制会发生程度不同的异化，其极端的表现将是"风险共担，收益独占"。

研究私营企业、资本主义与国有企业、社会主义的关系，对其关系进行哲学分析。生存与发展本身比实现生存与发展的方式更为重要，但如果把市场经济、私营企业、资本主义、管制经济、国有企业和社会主义视为各自独立的六项因素，它们相互之间并不能任意组合、任意搭配。

研究社会形态中经济制度、生存方式与社会生存竞争的关系，对其关系进行哲学分析。经济制度决定人们的生存方式、生存竞争形式和社会经济的发展模式。如果计划体制是高度集中的命令式的，那么无异于经济专制制度。没有政府管理经济不行，但管理过多也不行，过多过烂的管理恰恰是导致经济灾难的根源，应该探索在社会主义市场经济条件下政府管理经济的新形式。

研究经济发展、经济危机与国民生活水平及其关系，对其关系进行哲学分析。经济发展的指导思想、模式与目标只有在哲学意义上才能得到合理的确定。政府有自己确定的经济发展目标，学者也有自己的特殊经济见解。只有站在社会发展的制高点上，以哲人的眼光考察发展经济的终极目的，才可能真正"以人为本"，而非以政绩为本。

研究价值、劳动价值、资本价值及其关系，从哲学视野进行分析。劳动价值理论探讨是当前有关经济理论与实践中的一个根本性问题，关系到我们如何制定经济方针与政策。对于价值理论的基本观点上的差异，反映了人们为了维护某种意识形态或者某种经济利益，才在价值理论的价值取向上产生差别。纯客观的科学理论、不受任何意识形态和实际利益"污染"的理论并不存在。多数情况下，在理论的背后，是政治的和经济的利益，在现实社会生活中，人们只能服从不以人们的主观意志为转移的经济规律。

二、研究的特点和价值

课题研究的特点和价值主要体现在：在全面建设小康社会的过程中，由于当代社会发展进程中各种条件因素的相互关联性，需要在社会发展所关系的几乎所有一切理论领域，特别是经济理论中进行深入的理解和思考，进行缜密的理论分析，方能对社会发展和全面建设小康社会的大局和细节、核心和外围、系统和要素、历史和现实、趋势和方向有较为清晰的理解和把握。考量全面建设小康社会的经济和社会发展目标及涉及经济理论和经济实践与政治、文化、生产方式、制度安排、运行机制及社会生活的方方面面之间的内在联系，从广义哲学的角度考察经济理论与经济实践问题。从横的方面来讲，研究和探索的理论论域包括社会生活和社会实践的主要领域，当然以经济领域为主，需要考察社会生活和经济生活的现实状况及其凸显出来的主要问题；从纵的角度来讲，研究和探索的理论论域需要考察人类社会发展历史，特别是资本主义经济发展历史、社会主义经济发展历史为我们所提供的历史经验和思想资料。在这种现实性、社会性、宏观性和理论性较强的研究中，特别需要从哲学的视角来对研究的领域进行审视，以探讨较为深入的理论根基。

本课题是作为人类社会活动深刻基础的哲学观念和哲学方法对现实经济理论和经济实践的强力回应。用哲学观照经济理论和经济实践是经济增长和社会发展的必然，经济启动和运行在基础上是由于哲学理念的驱动，经济良性增长的动力杠杆也是出于哲学的推动力，在经济运行过程中运用哲学思维进行引领的自觉程度不同可能造成经济发展后果的根本差别。

改革开放以来中国的经济理论和经济实践是一个十分活跃和动荡的领域，其间各种观点并行争鸣又相互冲突，人们有大量的悬而未决的理论和实践问题需要得到相对合理的答案，但一劳永逸的解决办法和正确无误的答案是没有的，需要我们进行深入的研究。同时，在世界范围内，经济哲学的研究也是一个新兴的学科领域，其研究正方兴未艾，这不能不对中国的经济哲学理论研究产生辐射效应，建立具有中国特点的经济哲学的研究对象和研究方法，构筑相应的理论框架的体系内容，是我们涉足经济哲学理论前沿所必须要做的工作。该研究是在长期研究积累基础上、从经济哲学的角度所作的一个创新尝试，也是对社会发展进程和全面建设小康社会的生动的社会实践的一种理论回应，这种探索对解决若干重大的理论问题和正在进行的现代化建设的实践来讲，可以起到积极的影响和作用。

课题名称：全面建设小康社会中经济理论与经济实践的哲学
　　　　　分析
课题负责人：李和宽
所在单位：云南师范大学
主要参加人：贾星客　陈　路　邱　强　杨　艳
结项时间：2007 年 11 月 13 日

高等学校党务管理研究

一、课题研究的目的和意义

通过该课题的研究，全面系统地构建高校党务管理的理论体系，有利于提高高等学校党务管理的水平，不断加强党的思想、组织、作风和制度建设，促进高等学校党建工作的顺利发展，通过党的建设促进高等教育的发展；通过高校党务管理研究，维护党员权利，调动党员的积极性，增强党性观念，始终保持共产党员的先进本色，保持党的纯洁性；通过研究，不断加强高等学校党务管理，有利于顺利地把党的建设的各项任务落到实处，促进高等学校依法行政，维护师生的合法权益；通过研究，有利于健全党内民主，完善党内监督机制，促进党员干部廉洁自律，不断增强组织性、纪律性，提高党的战斗力。

二、研究成果的主要内容和重要观点

（1）高校党务管理导论。主要讨论了党务管理的指导思想、基本原则、性质、特点和任务，以及加强和改造高校党务管理的意义。高校党务管理必须以马列主义、毛泽东思想、邓小平理论以及"三个代表"重要思想为指导；坚持党要管党、党务公开、精干高校和改革创新等原则；把握高校党务管理所具有的鲜明的党性、自觉能动性、作用形象性、时效的长久性等特点，这是促进高校党建发展的有效途径，也是把党的建设任务落实到实处的重要保证。

（2）高校党务管理工作机构及职能。主要论述了高校党务管理工作机构的特点、机构设置的原则；从教育、管理、协调、监督、调研和领导等方面论述了高校党务管理的基本职能。高校党务管理机构应体现偏重服务、执行、调研和参谋，提高整体队伍素质，设立以教研室、班级为单位等特点；机构设置应坚持改革、精简、统一、效能等原则，充分发挥机构的教育、管理、协调、监督和服务等职能。

（3）高校党的纪律检查工作管理。高校党的纪律检查工作是高校党务工作得以顺利进行的重要保证。本研究从党的纪律检查工作的性质、任务和职责来探讨高校的党的纪律检查工作的内涵；坚持继承与创新相结合，提出高校党的纪律检查工作必须坚持实事求是、人人平等、维护党员民主权利、区别对待等原则；提出高校党的纪律检查工作的内容以及程序。

（4）高校党委办公室工作管理。高校党委办公室工作是校党委设立，受党委直接领导，处理党委日常文秘、会务、事务的机构，它具有辅助性、政策性、服务性、综合性和机动性等特点；提出高校党委办公室工作可分为公共关系、辅助决策、专项工作和常规工作四个类型；在提出党委办公室工作中的日常工作的基础上，对高校党委办公室的工作改革问题作了详细的论述；提出高校党委工作管理的改革应实现党委办公室的"三化建设"（规范化、制度化和科学化）、"四个转变"，加强管理工作的意识创新、思路创新、工作创新、机制创新、方法创新和作风创新。

（5）高校党的组织工作管理。首先探讨了高校党的组织工作的地位，认为做好高校党的组织工作是实现党的领导的基本条件，对贯彻、执行党的路线、方针和政策具有决定作用，是实现教育健康发展、全面推进社会主义现代化建设的根本保证：提出高校党的组织管理应坚持党的民主集中制，加强党的代表大会制度、党务制度建设，注重基层党组织的建设；对高校党的干部的管理进行了全面阐述，明确干部管理应走任人唯贤的路线，坚持德才兼备的标准和革命化、年轻化、知识化、专业化的方针；在高校干部选拔和任免管理上，对干部任用制度、选拔程序、交流和考察、考核等作了详细论述。

（6）高校党的宣传工作管理。高校党的宣传工作管理是指高校党委宣传部门对学校宣传工作进行有计划的组织、协调、指挥、控制的过程，其管理内容包括宣传工作干部队伍的管理、工作内容的管理、工作档案的管理、各类活动的组织与管理等；提出宣传管理工作的方针是"坚持以科学的理论武装人，以正确的舆论引导人，以高尚的精神塑造人，以优秀的作品鼓舞人"；在提出宣传管理工作应坚持党性原则、实事求是原则、以正面宣传为主原则、服务原则的基础上，提出抓好思想理论教育、加强校园网络阵地建设、切实为师生解决实际问题、加强宣传工作队伍建设、加强师德建设、建立有效的管理机制等是加强高校党的宣传工作的主要途径。

（7）高校党的统战工作管理。高校党的统战工作是高校党务管理工作的重要组成部分，是高校工作的重要方面，对社会具有重要的影响。本研究从统战工作的原则、对象、主要任务及主要功能等方面揭示高校统战工作的内涵，并较为全面、系统地阐述了统战工作的主要内容：党外知识分子工作、民主党派工作、港澳台和海外统战工作、少数民族知识分子工作；探究了统战工作的主要形式。

（8）高校党的学生工作管理。主要讨论了高校党的学生工作管理的内涵、指导思想和基本原则、任务与方法以及管理的科学化。高校党的学生工作管理是高校党务管理工作的重要组成部分。高校党的学生管理工作具有教育、管理和服务等作用；在管理中，必须坚持社会主义办学方向，坚持科学发展观，坚持"以人为本"等指导思想，坚持德育为先，教育、管理和服务相结合，理论教育与社会实践相结合，依法管理和民主参与相结合等原则，实现管理工作的科学化，即思想观念的科学化、管理制度科学化。

（9）高校党的群众组织工作管理。高校群众组织主要是指工会、共青团和学生会，这三种组织有着各自的职责和工作任务。高校工会是广大教职工自愿结合的工人阶级的群众性组织，它具有联系广大教职工的桥梁和纽带的作用；共青团是高校党组织的助手和后备军；学生会是学校党委领导下的学生"自我管理、自我教育、自我服务"的群众组织。高校的群众组织要坚持高校党的领导，在目标、政治、思想、组织和行动上统一；高校党委要通过制订学校发展规划、在群众组织中建立健全党组织、教育群众组织中的党员并发挥其先锋模范作用等途径来实现高校党对群众组织的领导。高校党组织要为各种群众组织创造良好条件，积极支持群众组织独立自主开展工作。

（10）高校党务管理干部的素质和工作的方法与艺术。加强高校党务管理干部队伍建设，提高党务管理干部的基本素质和工作艺术和方法，直接关系到高校教育目的和培养目标能否实现，关系到广大师生的切身利益能否得到维护，关系到高校能否真正发挥先进文化和先进生产力的作用。为此，党务管理干部应具备良好的政治素质——掌握坚实的政治理论基础，具有坚定的政治方向和事业心、责任感；具备良好的思想素质——加强政治理论学习，树立科学发展观，加强自身的党性修养；具备良好的知识素质——具有扎实的科学文化知识基础和广博的知识面，精通专业知识，有丰富的社会生活实际知识；具备能力素质、作风素质和心理素质。要提高高校党务管理干部的素质，首先要以加强学习为先导，不断提高理论素养；其次要以队伍建设为重点，不断优化干部队伍结构；再次要以制度建设为保证，不断加强考核与监督；最后要以教育培训为重点，不断提高干部的综合素质。

（11）高校党务管理工作的评估。高校党务管理工作评估是党务管理工作的重要内容，建立科学、合理的评估指标体系，开展实事求是的评估，可以及时总结党务管理工作的先进经验，探索党务管理工作的新理论、新机制，发现问题，从而提高管理工作的效率和水平，开创党建工作的新局面。高校党务管理工作评估是高校党委根据一定的标准，以党务管理工作目标为导向，以激励为基本手段，以目标分解、分级、分析党务管理信息的基础上，对党务管理工作过程和效率作出实事求是的评判的过程。它具有导向、鉴定、改进、调控和服务功能。本课题研究在提出党务管理工作评估的原则和要素的基础上，提出党务管理评估工作的方法和步骤。

三、成果的学术价值、应用价值

该课题研究成果的学术价值在于：高校的党务管理是加强党的建设的一个极其重要的方面，是落实党的教育方针、加强党的执政能力建设的重要体现，是一个需要认真探索的新课题。因此，从管理学和行为科学的视野探讨高校党务管理的一般规律，在此基础上探索高校管理的特点，建立较为完善的高校党务管理的理论与实践体系，既为高校党务管理工作提供了理论基础，也丰富和完善了高校党务管理工作的学科体系。

该课题研究成果的应用价值在于：全面、系统地探讨高校党务管理的内容，一方面，为高校党务管理工作者开展党务管理的实际工作提供了指导性的方法、艺术和策略；另一方面，课题的研究成果最终以著作的形式出现，适合做高校党务管理工作者培训和日常学习的参考书。

课题名称：高等学校党务管理研究

课题负责人：伊继东

所在单位：云南师范大学

主要参加人：陈志青　张　玮　徐天伟　白云祥　谭　超

　　　　　　李　宏　李明永　张天明　刘六生　杨　超

结项时间：2008 年 4 月 12 日

经济学

云南小城镇发展与农村空间结构优化研究

一、课题研究的目的和意义

当前，中国正处于工业化、城市化快速发展的时期，经济、社会空间结构变化巨大。空间结构是经济、社会活动在空间上的投影。随着经济、社会的发展，空间结构会发生相应的变化，而空间结构的状况，对于经济、社会的发展具有重大影响。农村也不例外，农村社会经济活动最终都要落实到空间上，不同的空间结构带来的农村整体经济效益和社会、环境效益不同，优化农村空间结构有利于使农村的各种生产要素实现其最大的价值，人尽其才、物尽其用。优化农村空间结构，是促进农村经济和社会发展的重要措施。

虽然国内外已有大量有关空间结构的研究成果，这些成果涉及了空间结构的宏观和微观的很多方面，但是关于农村空间结构研究的成果相对来说还比较少。因此，对有关小城镇发展和农村空间结构演变的理论和国内外历史经验加以总结，研究农村空间结构演变过程及其一般规律，探讨小城镇发展与农村空间结构优化之间的良性互动关系，提出农村空间结构评价的指标体系，有利于"三农"问题的解决，具有重要的理论意义和现实意义。

二、研究成果的主要内容和观点

（一）探讨了农村空间结构演变的一般规律

课题研究认为，按照区域经济活动的稳定与否，区域空间结构可以分为均衡的空间结构和非均衡的空间结构两种基本形态。均衡是一种理想状态下的空间结构，现实中更多的是非均衡的空间结构。对应的，农村空间结构也有均衡和非均衡两种形态，并且总是由均衡向非均衡，再由非均衡向着均衡螺旋式发展，具有一定的阶段性特征。

农村空间结构是农村区域内某一时间点上村庄和小城镇的数量、人口、规模、经济发展水平的静态的对比关系及其空间分布状态，以及在不同时点上该区域内小城镇与小城镇、村庄与小城镇、村庄与村庄之间的空间相互作用所带来的空间变化状况。小城镇和村庄是农村空间结构的主要构成要素，并且小城镇发挥着主导作用，而村庄和小城镇的发展都具有阶段性特征，因此小城镇与村庄发展的阶段性与农村空间结构演变的阶段性有一种相互对应的关系。农村空间结构的发展大致有四个阶段，即低水平的均衡阶段（第一阶段）、各生产要素向小城镇积聚的非均衡阶段（第二阶段）、乡镇重组的非均衡阶段（第三阶段）和城乡空间结构一体化的高水平均衡阶段（第四阶段）。

（二）分析了改革以来中国小城镇发展和农村空间结构的演变

课题研究认为，中国的城镇布局与行政区划格局具有一种相互适应、相互制约的对应关系。就农村地区而言，小城镇与基层政府驻地保持高度同一性，作为农村基层政府的公社或乡、镇的数量，大致就是小城镇的数量；一般说来，农村基层政府驻地都是小城镇，小城镇通常都是农村基层政府驻地。目前，中国小城镇发展的基本特点是，总量减少，但规模扩大、质量提高。小城镇的发展已经从以数量增长为主要特征的阶段进入了以规模扩大、质量提高为主要特征的阶段。村庄的数量也开始逐年减少。

按照农村空间结构演变的一般规律和特征，对目前我国的农村空间结构作一个粗略的划分，可以得出以下结论：

（1）我国西部地区的部分农村，特别是处于边远山区、落后地区的农村空间结构还具有第一个阶段的特征，即这些农村还处于低水平的均衡发展阶段。

（2）中部地区和西部发展较好的地区的农村空间结构具有第二个阶段的特征。

（3）东部地区的农村空间结构总体上看具有第三个阶段的特征。

（4）东部长三角地区、珠三角地区的农村空间结构已经具有第四阶段的一些特征。

（三）分析了改革以来云南省小城镇的发展和农村空间结构的演变

课题研究认为，目前云南省农村空间结构的基本特征是：建制镇仍处于以数量增长为主要特征的粗放型发展阶段，小城镇规模小、分布密度低、辐射带动功能不强、区域分布差距大，作为小城镇发展主要推动力量的乡镇企业发展严重不足，总体上看，小城镇的发展还处于从以数量增长为主要特征的粗放型发展阶段向以规模扩大和质量提高为主要特征的集约型发展阶段的过渡时期。村庄的数量也有所减少，但发展水平低。采取有力措施，在小县重点建设 1~2 个大镇，在大县重点建设 2~3 个大镇，进而发展一批 2~3 万人以上规模的建制镇是当前云南省建制镇发展的重大课题。在一些经济发达地区对一些规模过小的临近乡适当加以合并，有利于促进小城镇的进一步发展。

（四）提出了一套农村空间结构评价的指标体系

课题研究首先选取了村庄总数/小城镇总数（％）、建制镇占乡镇和村庄总数比例（％）、建制镇分布密度（个/平方千米）、小城镇人口密度（人/平方千米）、村庄分布密度（个/平方千米）、人均农业总产值（元/人）、人均国民生产总值（元/人）、农产品商品率（％）、小城镇工业中农产品加工业所占比重（％）、小城镇第三产业中为农村服务的比例（％）这10个指标来说明农村空间结构的变化情况，因为这10个指标可以用来衡量农村空间结构的状况。但由于这套指标的数据获取较为困难且具体评价标准不好量化，因此，我们根据农村空间结构的不同发展阶段农村经济、社会的发展情况也不相同这个道理，尝试从农村经济、社会发展情况的角度来评价农村空间结构。

课题研究从经济发展、社会进步、环境改善三个方面选取了人均农业总产值、第一产业产值比重、人均国民生产总值、农民人均纯收入、人均社会消费品零售总额、非农业就业人口占就业总人口比重、城镇人口比重、农村公路网密度、恩格尔系数、农村居民基尼系数、农民平均受教育年限、每千人拥有医生人数、人均年电力消耗量、农村人均住房面积、电视机家庭拥有率、卫生厕所覆盖率、养老保险覆盖率、农民人均占有的耕地面积、人均公共绿地面积、饮用清洁水比例等20个指标作为评价农村空间结构发展演变的辅助方法。然后根据各个指标在农村空间结构演变过程中的不同作用，确定了各个指标的权重，最后参照我国的实际情况和国外发达国家的经验，设定了农村空间结构不同阶段的各个指标值，并测算了各阶段目标值对农村空间结构发展演变的贡献度。从各阶段所得的评分来看，低水平阶段对农村空间结构发展的贡献度为23.17％，积聚阶段对农村空间结构发展的贡献度为40.57％，重组阶段对农村空间结构发展的贡献度为

59.64%。可以看出，积聚阶段和重组阶段对农村结构的发展起着十分重要的作用，而这两个阶段也正是我国农村空间结构发展最关键、任务最艰巨的阶段。这两个阶段的顺利完成，是我国农村空间结构达到最优的关键。

（五）对云南省农村空间结构进行了评价

课题组采用上述指标体系，运用上述基本理论和方法，对目前云南省农村空间结构所处的阶段和特征进行了分析和评价。2004年，云南省农村空间结构已经完成了20个指标的28.64%，顺利完成了农村空间结构第一个阶段的目标（23.17%），进入了农村空间结构的第二个阶段的初期。

（六）提出了优化农村空间结构、促进云南农村经济社会发展的若干建议

云南省农村空间结构处于低级发展阶段，与农村地区经济发展水平低下密切相关。要优化农村空间结构，必须加快农村地区的经济发展。各地区要根据当地资源状况，发展特色农业，大力推动农业产业化和农业现代化建设；积极促进农村工业化的发展，特别是积极发展农产品加工业和以当地资源为开发对象的资源型工业；大力发展与农业相关、为发展农业服务的第三产业。在此基础上科学、合理地编制县（市）域城镇体系规划和村庄规划，适当撤并乡镇和村庄，引导和控制小城镇和村庄向合理的方向发展和布局。

农村空间结构具有系统性、区域性和动态性的特征。农村空间结构的系统性即农村经济发展的各个要素之间和空间构成要素之间存在着稳定的联系；农村空间结构的区域性即不同类型的地区（如平原和山村）、不同发展水平的地区，其农村空间结构具有明显的个性特征；农村空间结构的动态性即空间结构的组成要

素、结构和功能方面都会随时间的推移而发生一定的变化。因此，优化云南省农村空间结构，促进农村经济社会的发展，要因地制宜，根据各个地区经济发展的实际情况来进行。

优化农村空间结构，要统筹推进城乡改革，消除体制性障碍，逐步建立城乡统一的劳动就业制度、户籍管理制度、义务教育制度和税收制度等，逐步形成有利于城乡相互促进、共同发展的体制和机制，促进资源要素在更大范围的流动，提升工业化、城市化和农业现代化水平，为城乡统筹的制度创新提供更广阔的空间，从而最终实现城乡经济互动、社会和谐发展。

由于目前云南省农村空间结构总体上还处于农村空间结构演变的第二个阶段的初期，乡镇合并的步子不宜迈得太大。要根据省内不同地区的经济发展水平和农村城镇化水平的具体情况，因地制宜地推进小城镇的发展和乡镇合并、村庄合并。

三、成果的学术价值、应用价值

课题研究将农村空间结构作为一个整体进行探讨，对目前农村空间结构的研究成果进行了综述，提出了"农村空间结构"的概念，探讨了农村空间结构演变的一般规律，探讨了农村空间结构的评价指标体系，分析了全国和云南省农村空间结构所处的阶段和特征，提出了若干优化农村空间结构、促进云南农村经济社会发展的建议，具有一定的理论价值和应用价值。

课题名称：云南小城镇发展与农村空间结构优化研究

课题负责人：罗宏翔

所在单位：云南财经大学

主要参加人：卢正惠　徐天祥　哈　颖　张艳红　张彦龙
　　　　　　杨润高　葛莹玉

结项时间：2008 年 2 月 17 日

云南民族地区区域产业集群化发展研究

一、研究的目的及意义

云南省是我国多民族聚居的区域，同时也是我国经济欠发达的地域。当前经济发展存在的主要问题是：经济、社会发展综合竞争力弱，主要表现在经济总量偏小、实力不足，经济绩效较差，工业化进程慢，市场化程度、开放程度低，基础设施薄弱等。如果只借助外力来推动经济发展，而忽视本地"内生"能力的培养，最终很难取得持续发展。因此，云南民族区域实现经济转型的主要内容就是实现工业化，而产业集群恰恰以其特有的集聚优势，使产业集中化、网络化、植根化，在迅速提升产业竞争优势和区域竞争力，提升区域经济总量，拉动就业、增加税收，推进农村工业化与城镇化的进程中发挥重要作用，从而为欠发达的民族地区实现跨越式发展提供一种新的发展模式与路径。产业集群模式作为新型工业化得以实现的重要载体正越来越多地受到学术界乃至政府部门的关注，并在经济实践中广泛运用。因此，研究产业集群与提升区域经济竞争力，解决云南民族区域经济发展转型问题，对促进云南全面小康与和谐社会建设，协调区域开发秩序和优化区域经济结构具有重要意义。

二、研究的主要内容

本课题以云南民族区域为研究对象，对区域产业集群化发展进行了较为系统、深入的研究。

（一）剖析了云南民族区域产业集群的基本特征和存在的问题

云南民族区域产业集群具有地方集聚现象明显、都建立在特有或特殊资源基础上、较强的民族互动性、以民族聚居区为主要活动空间、较强的地方文化性等特征。存在的问题有：产业集群发展所急需的高级生产要素大量缺失；区域内龙头企业带动能力弱，知名品牌少，产品需求弹性大；产业集群内部创新能力弱，有竞争优势的产业集群数量少、集中度低、产业链较短、生产网络联系不紧密；相关和支持产业联系不紧密，企业雷同性强，差异性较弱，集群效益表现不突出；区位条件不优，缺乏产业集群急需的大量优秀企业家和创业家精神；政府引导力度不够，制度环境阻碍了产业集群的大发展。

（二）云南民族区域产业集群化发展驱动因子可分为基础性驱动因子、内在驱动因子和外部驱动因子三种类型

基础性驱动因子主要包括资源禀赋、专业化社会分工、需求条件、技术创新等；内在驱动因子主要包括生产成本、区位品牌、产业竞争、产业效率等；外部驱动因子主要包括基础设施、健全的市场体系和有序的竞争环境、主导产业及其关联产业、地区产业氛围，政府等。

（三）揭示了民族区域产业集群发展与城镇化、经济增长的互动关系

产业集群有利于提升城镇竞争力，城镇竞争力的提高会吸引更多的产业向城镇集聚，使城镇的规模不断扩展，城镇的辐射作用增强。同时，产业集群的发展可以降低城镇化的成本，为城镇化拓展了地理空间，进而促进城镇群的形成和发展。城镇可以为产业集群提供良好的创业环境和经济文化氛围，促进产业集群的可持续发展。城镇化的推、拉力又吸引很多的企业和人口向城镇集聚，为产业集群提供了更多的劳动力。所以，把产业集群的空间定位与城镇发展结合起来，能够促进产业的健康、快速发展。产业集群在发展壮大的过程中极大地促进所在区域的经济的发展。产业集群为民族地区经济发展提供了一个新的增长极，利于增加收入，提供新的就业机会，促进产业结构的优化升级。

（四）提出了云南民族区域产业集群发展可选择的模式

优势产业延展产业链模式、工业园区集群模式、特色城镇化带动模式、引进外资模式、品牌带动模式、政府主导模式等。

（五）针对云南民族区域产业集群化发展存在的主要问题及其形成机理，课题提出了若干政策、建议

1. 多种政策组合，全方位促进集群的发展

云南民族区域经济发展不平衡，不同发展阶段的产业集群政策不一样。多数民族区域产业集群处于诞生阶段，集群政策往往带有传统产业政策的特征，其重心一般在于为集群提供税收、交通、通信和基础设施等方面的优惠条件，降低集群地区的经营成本，吸引外商投资和企业在本地的聚集，促进企业分工和专业化，培育各种促进集群发展的驱动力。在集群成长阶段，集群政

策往往是产业政策和科技政策的结合，一般侧重于为集群提供教育和培训服务，引进新技术或鼓励企业技术创新，吸引新企业的加入，促进企业间的网络式协作，形成共同的使命感和一致的发展目标。在成熟阶段，集群政策带有明显的科技政策特征，其侧重点在于鼓励集群扩大开放，并参与全球价值链分工和全球营销体系，加大对集群研发的投入，建立集群科技创新网络和交流平台，制订科学、合理的科技创新和科研成果产业化激励机制，帮助集群寻找新的市场增长点。在衰退阶段，集群政策趋向于转变为区域发展政策，其重心在于制订集群发展的宏观调控措施，规避集群风险，引导集群及其企业进行生产和发展目标的战略转移。

2. 充分利用后发优势，发展特色产业集群

云南民族区域不能一味地照搬其他地区的成功模式，而要结合自身的特点，植根于区域的经济特色，发展特色产业集群。(1) 资源加工型特色产业集群：主要包括农产品与生物资源开发加工创新产业、烟草业、水电业、矿产开采与冶炼业。(2) 朝阳服务型特色产业集群：文化产业，如信息产业、房地产业和建筑业等。(3) 开放服务型特色产业集群：主要是以旅游业、物流业为主的第三产业部门。(4) 生态基础型特色产业集群：茶叶、水果、橡胶林的种植以及森林培育等。

3. 行业协会及其他中介组织对云南民族区域的集群发展尤为重要

中介组织是保证市场经济顺利运转的润滑剂，是企业集群正常运转的支持系统，它的主要功能是为交易双方提供中介服务，以便降低交易成本，中介组织的活动有助于企业集群的形成。云南民族区域在产业集群发展初期，民间企业实力弱小，"社会自主型"的中介组织难以形成。因此，应该采取诱致性变迁和强制性变迁相结合的方式，也就是地方政府除了鼓励中介机构自发

成立之外，更重要的任务还在于发挥自身的资源、信息和组织优势，建立起"政府主导型"的专业中、小企业服务机构，从而进入促进产业集群的成长过程。随着发展，自主型中介机构出现之后，政府要及时推出，将促进集群发展的任务"归还"给独立的中介机构。也就是说，地方政府通过进入和退出对提供专业化服务的中介机构的扶持，间接地进入以及推出扶持产业集群成长的过程，促进区域经济的发展。

4. 加强与东南亚国家的经济一体化，创造形成经济活动集聚中心的可能

云南加快推进与东盟国家之间的区域经济合作进程，形成一体化组织中的经济核心优势，促进经济活动向区域的集中，为产业集群的发展创造可能。

5. 根据区域实际情况，科学制订产业集群的发展规划

云南民族区域的产业集群占据的主要是产业价值链的低端，专业化程度较低，还处于同类企业"扎堆"的阶段，集群效应较弱。产业集群的形成可以从两个方面入手：在科教、文化发达的昆明市主要依靠高收入要素；在其他地区则依靠基础要素。云南民族区域拥有基础要素的优势，特别是拥有水电、生物资源等自然资源的优势，充分发挥和利用这个优势，研制龙头产品，开发主导产业，形成以资源为依托的中、小企业集群。并且，云南拥有丰富的劳动力资源，劳动密集型产业或者资源密集型产业，由于其所需技术水平低，进入门槛和经营风险低，因此，比较容易在优惠政策、外资进入等的诱发下，通过地方内在力量催生集群效应，从而实现收益。

6. 培育地方企业家，促进产业集群的可持续发展

地方企业家不仅是地方产业网络的重要主体，而且还是促进集群发展的重要人力资源。企业家群体的创业及在技术与制度方面的创新活动不但决定企业的成长路径，而且还通过他们的社会

网络对网络成员产生深刻影响，从而最终影响着集群的发展轨迹。落后地区之所以落后，关键的原因并不在于物质资料的稀缺，而是具有创新精神的企业家群体的缺乏，从更深层次看，则是由于缺乏促进企业家成长的地方社会文化。因此，提高地区产业竞争力，必须加强地方企业家队伍建设，努力培养一批善于寻找创新资源，注重提高经济效益，敢于大胆学习、模仿，精于捕捉市场机会的企业家队伍。

7. 大力发展大中城市，提高经济民族地区的城镇化水平，促进产业的空间集聚

在云南这种经济欠发达的民族地区，首先应当极力发展大、中城镇，鼓励城镇人口、农村人口向城镇移民，既减少人口增长对土地的压力，保护生态环境，又可以提高人民的生活水平，缩短城乡差距。其次，加强云南民族区域的城镇基础设施建设，建设城镇之间的高速公路、信息高速公路。城镇之间应当有高速公路连接，以降低企业的运输成本，缩短运输时间。

三、研究成果的价值

课题运用区域经济学、产业经济学等学科的基本理论，采用区域系统分析方法、资料收集与文献综合分析法、定性与定量相结合的方法、实证研究法等研究方法对云南民族区域产业集群化发展进行了全面、系统的研究，取得了一系列重要的研究成果。重点解决了云南民族区域产业集群的驱动因子及其作用机理，民族区域产业集群发展与城镇化、经济增长的互动关系等关键问题，并将其应用于对云南省曲靖市、个（旧）开（远）蒙（自）城市群、香格里拉等产业集群化发展的研究实践中，并收到了满意的效果。有关云南民族区域产业集群化发展研究成果在省内处于领先水平。该研究成果丰富了欠发达民族地区经济发展

理论研究的内容，推动了区域经济学的学科建设与发展，具有较强的理论意义；针对欠发达民族地区产业集群化发展问题的研究，为我国西部地区，尤其是为云南社会、经济发展提供了科学依据和具体对策，因而具有重要的实践价值。研究成果发表在《农业经济问题》等核心刊物上，在国内学术界产生了较好的反响。

　　课题名称：云南民族地区区域产业集群化发展研究
　　课题负责人：武友德
　　所在单位：云南师范大学
　　主要参加人：周智生　吴映梅　李瑞林　李　瑛　徐丽华
　　　　　　　　李灿松　李佩燊　张学波
　　结项时间：2008 年 4 月 5 日

云南旅游人力资源开发战略研究

——以昆明市为例

一、课题研究的目的和意义

近年来，云南省旅游业突飞猛进地发展与旅游队伍的素质低下的矛盾，已成为迫切需要解决的问题。云南旅游产业体系已基本形成，支柱产业作用逐渐显现。旅游产业在扩大消费、增加创汇、脱贫致富、安置就业等方面发挥了积极作用，已成为云南省国民经济中新的增长点之一，全省旅游主要指标位居全国前列。高速发展的旅游业需要越来越多的高素质人才。但云南旅游人力资源总量仍然缺乏，人员素质也不高，少数优秀人才及各类专业人才与大量文盲、半文盲并存，这将成为制约云南省旅游业持续、快速、健康发展的重大障碍。例如：第一，对人力资本认识尚需进一步深化。各地区、各部门依然比较重视物质资本的投入，而把人力资源开发方面的投入置于被动、从属的地位。第二，旅游从业人员的知识结构不合理和文化层次偏低。在全部旅游从业人员中，具有中专或高中学历的占50%以上，但具有大专学历以上的仅占10%左右，其中本科、硕士学历的比例还不到3%。整个旅游从业人员队伍中，高素质人才和优秀人才非常缺乏，这与建设旅游强省、旅游大省的目标非常不协调，不适应旅游业日益发展壮大的要求，不利于提高旅游业的国际竞争力。

第三，各种专业管理人才、行业专业人才明显缺乏。第四，旅游人才培训层次不高，人才流动频繁。随着市场竞争的不断加剧，旅游管理人员开始把培训作为人力资源开发的重要手段，并取得了一定的成绩。但培训缺乏整体开发的意识，在培训手段和方法上较为单一，缺少创新，加上管理机制和激励机制的不完善，也影响了受训人员的自觉性和主动性。第五，旅游教育在一定程度上还缺乏系统性、科学性，理论与实际相脱离。同时，现阶段旅游业的人事管理较为传统，强调制度制约和控制性的管理，缺少激励机制，加上用工制度落后，造成人才流失，对企业保持骨干队伍的相对稳定、扩大人才存量极为不利。

总之，旅游人力资源开发与管理的问题将是制约或促进云南省旅游业发展的至关重要的因素，课题的研究意义也就显而易见了。

二、研究成果的主要内容、重要观点和对策建议

（一）主要内容

该课题分为五个子项目：饭店、景区、旅行社、餐饮业人力资源项目组和人力资源战略开发对策组，分别对相关企业、政府部门、行业管理部门进行了调查研究，对原来设计的内容有所突破，全方位地研究了旅游企业的人员状况、工作分析、员工招聘、薪酬、福利、绩效考核、培训、职业生涯设计、企业文化等。从内容的深度和广度上有所拓展，在此基础上提出了云南省人力资源管理开发对策。

（二）主要观点

1. 饭店人力资源管理研究提出的主要观点

世博会之后，昆明市高星级饭店的高速发展，虽然满足了云南省旅游业持续增长的需要，为云南省旅游业的发展作出了巨大的贡献。但是，饭店数量的过度膨胀也随之带来了一系列问题，如：人力资源结构分布不合理；从业人员素质下降；许多饭店经营陷入困境，步履维艰；员工流动率高；饭店招聘和留住高素质的员工难；饭店之间低价恶性竞争等。解决这些问题的途径：一是饭店人力资源管理从一般的操作性管理向战略性管理过渡；二是饭店人力资源管理的职能呈现多样化；三是饭店人力资源管理的全球化；四是饭店与员工形成战略合作伙伴关系；五是培训、开发成为实现饭店战略目标的重要手段；人事事务"外包化"，校企联系紧密化。

2. 景区人力资源管理研究提出的主要观点

此部分研究着重对昆明市旅游景区的人力资源开发与管理进行实证研究，分析了昆明市旅游景区人力资源的现状，指出了昆明市旅游景区存在的问题，并提出了相应的对策：突出重点，分层次、有针对性地进行教育培训；调整充实，建立一支高素质的景区人才队伍；创新景区用人机制，优化人才环境；建立景区员工的绩效考核制度；进行文化整合，塑造景区新型企业文化；完善对景区员工的激励机制；以创建学习型企业作为最终目标。

课题研究还提出了景区人力资源开发与管理必须坚持的原则：企业与员工互利双赢原则；刚性与柔性结合原则；效益原则；目标一致原则；竞争原则。这些原则结合了中国企业人力资源开发与管理的实际，具有指导性意义。

3. 旅行社人力资源管理研究提出的主要观点

（1）优化整合各种教育培训资源，完善省、州（市）企业三级教育、培训体系，统一规划，合理分工，充分调动旅游行政部门、培训中心、旅游院校、旅游行业协会和旅游企业等多方面参与人才培训与开发的积极性、主动性、创造性，推进联合办学，拓展国内外培训、教育合作渠道。

（2）要提升培训管理的专业化水平，务必建立系统、规范的培训管理流程，涵盖培训需求、培训实施和培训效果评估等重要环节。其中，培训需求分析体系是一切培训活动开始的基础，培训实施过程是关键，培训评估体系是保障。

（3）充分开发和利用现代高科技培训手段。利用高科技来丰富培训方式和提高培训质量及效益，是近年来国际上兴起的培训潮流。特别是电脑多媒体技术的广泛运用，使培训、教育方式产生了质的变化。这种技术创新，使培训管理更为便捷，影响更为深远，从而提升培训效益。

（4）高效的培训管理机制应注重将个人和组织的职业生涯开发与管理相结合。组织职业生涯开发是指组织为提高员工的职业知识、技能、态度和水平，以提高员工的工作绩效促进职业生涯发展而开展的各类有计划、有系统的教育培训活动，形成有利于人才脱颖而出的培训、考核、报酬、晋升制度及企业文化。

4. 餐饮业人力资源管理研究提出的主要观点

昆明餐饮企业要做好人力资源管理，首先必须树立科学的人力资源管理理念。一是树立现代人力资源管理理念；二是树立个性化人力资源管理理念；三是树立服务型人力资源管理理念。其次，要做好企业人力资源的过程性管理。这包括：多渠道招募管理和服务人员，实现人力资源的竞争配置；增强培训效果，提升员工能力，建立科学性与适用性相结合的绩效考评管理系统；实施岗位绩效工资方案，经济激励与非经济激励相结合。最后，可以引入战略人力资源管理思想。

对餐饮企业来说，人力资源开发和管理的成效如何，直接决定了企业的前途。企业人力资源的开发和管理应坚持"以人为本"，才能提升企业员工满意度。

（三）对策建议

该课题在上述研究的基础上提出了云南省开发旅游人力资源开发战略措施：一是优化旅游人才成才环境；二是健全旅游人才成长的激励机制；三是发展旅游人才市场；四是加强旅游人才培养的基础性工作。

三、成果的学术价值、应用价值以及社会影响

（一）学术价值和应用价值

（1）运用多学科的方法和理论。本课题注重理论与实践相结合，从人力资源开发与管理的相关理论出发，尝试运用经济学、管理学、统计学、社会学、心理学等相关学科的理论，采用文献法、问卷调查法、访谈法、案例分析和现场观察等多种方法，将理论研究与实地调查相结合。

（2）借鉴国内外旅游人力资源开发与管理模式的成功经验，剖析了具有典型意义的发达国家旅游人力资源开发与管理模式。在此基础上，对云南省旅游人力资源开发与管理体系的建立与完善问题进行了深入的分析与探讨。

（3）追溯历史与现实人力资源管理状况相结合。本课题从云南旅游人力资源管理实践的角度出发，通过分析我国旅游人力资源管理的竞争态势和云南省旅游景区原有的竞争优势，明确云南省人力资源管理面临的挑战，揭示了云南人力资源管理面临的问题，梳理了云南旅游业中的饭店业、景区、旅行社、餐饮业国内外研究的历史、现状、发展趋势等理论问题，并深入分析了云南省旅游人力资源管理的现状。

（4）本课题问卷的设计主要依据国内外有关学者关于中国企业人力资源管理问卷表，并具有创造性地设计一套人力资源管理调查访问提纲和问卷调查表。覆盖了员工的结构、招聘、培训、激励、绩效考核、福利待遇、企业文化等方面。以昆明市中高级饭店、旅游景区（世博园、民族村、石林、西山、大观楼）、旅行社、餐饮企业为研究对象，深入企业、行政管理部门，多次与管理人员、基层工作人员进行座谈，对旅游业人力资源进行问卷调查，收集了大量的第一手资料。

（5）定性分析与定量分析相结合。对本课题所收集的资料进行了定性、定量分析与研究，这是本课题研究的突出特色。一般而言，国内社会科学研究大多是定性研究，缺乏深层次的调查与分析，本课题在收集第一手资料的基础上，对饭店业、著名景区、旅行社、餐饮业以及旅游行政管理部门的数据进行了定量分析与研究，得出了较为客观、可靠的结论。

（二）社会影响和效益

该课题从云南省旅游人力资源的现实情况出发，分析了当前饭店业、景区、旅行社、餐饮业存在的问题，及其宏观外部环境与内部运行机制，提出了云南省人力资源开发战略，具有以下的经济和社会效益：

（1）课题研究关注了员工的工作满意度问题，这将促使旅游企业更加重视员工的需求、激励员工的积极性和创造性，从而产生极大的经济效益和社会效益。

（2）课题提出了旅游教育者、培训者提高模式，可以为云南省造就更多的人才提供新的思路，为完善旅游教育、培训机构提供新的途径，使这些机构更加快捷地应对旅游业发展需求。

（3）课题对少数民族地区旅游村村民的培训进行了探索性的研究，提出了系统的思路，为云南省广大的少数民族地区乡村旅游人才的开发提供了思路。

（4）课题提出了云南省人力资源开发与管理的对策和有效途径，从而为云南省改进人力资源管理状况提供了理论依据，使课题得出的结论具有实际的应用、参考价值。

课题名称：**云南旅游人力资源开发战略研究**
　　　　　　——以昆明市为例
课题负责人：薛群慧
所在单位：云南大学
主要参加人：张　德　邓永进　李瑞霞　李红梅　采胤杉
　　　　　　史春华
结项时间：2008 年 4 月 10 日

民营企业重组国有企业的成功总结
与持续发展

——云南德胜钢铁有限公司研究报告

这是一个民营企业重组国有企业成功的典型案例，被云南省政府授予"云南省非公有制企业参与国有企业改革先进企业"荣誉称号。云南德胜钢铁有限公司（以下简称"德钢"）创立于2000年8月，是在对原破产的国有企业——禄丰钢铁厂（以下简称"禄钢"）改造重组的基础上发展起来的，经过七年艰苦的努力，目前公司已形成年产150万吨铁、150万吨钢、150万吨材、70万吨焦的综合生产能力，发展成为目前云南省最大的民营企业和非公有制企业纳税大户。课题力图对德钢七年来的做法、经验、问题及其发展作一个全面、系统的总结和探讨，旨在对深化国有企业改革提供有益的启示和促进民营经济进一步健康发展。

一、德钢发展的主要做法与成功经验

（一）德钢的跨越式发展与显著成效

禄丰钢铁厂始建于1956年，是仅次于昆明钢铁厂的云南省第二大国有钢铁企业，但由于体制和历史沉积问题，债务、冗员及社会负担沉重，资产负债率高达214.24%，2000年6月正式破产。2000年8月，四川德胜钢铁集团公司依法收购、重组禄钢的破产资产，成立了云南德胜钢铁有限公司。

德钢重组禄钢至今，从恢复生产、铁变成钢、钢变成材，到100 万吨钢规模的形成、150 万吨钢规模的形成，七年走了五大步，实现了跨越式的发展，创造了惊人的德钢速度。德钢在快速发展的同时，取得了显著的经济和社会效益。

七年来，德钢在云南投资累计达 20 亿元，企业资产总额从改制前的 4 亿元发展到现在的 33 亿元，是改制前的 8.25 倍；现价产值从 4 000 万元增长到现在的 42 亿元，是改制前的 105 倍；税收从改制前的年实现税金 2 500 万元到现在的 5.9 亿元，是改制前的 23.6 倍；其所在地禄丰县目前财政收入的一半来自德钢；职工人均工资从改制前的 570 元到增长到现在的 1 250 元，人均增长 680 元，增长 119%。七年来，德钢先后招录大中专学校毕业生 1 400 余人，安置国企下岗职工 1 804 人（原禄钢下岗职工 1 600 人，四川大岗职工 204 人）分流了原禄钢下岗职工 389 人，本地员工占员工总数的 90% 以上，为解决当地的就业问题作出了重大的贡献。2002 年以来，公司连续四年名列全国私营企业纳税排行前 10 位、云南省非公有制企业纳税大户、云南省非公有制企业优强经济首位、云南省十大重点工业企业，并于 2006年进入了中国民营企业 500 强。

（二）德钢快速发展的总结与启示

1. 深化改革，从产权上保证市场机制作用的发挥是前提

德钢重组禄钢，出资者的所有权到位了，所有者和经营者权责明确了，使企业的发展有了制度保证。企业成为真正的市场竞争的主体，建立并实施了一套严格的管理制度，形成了以市场为取向的、高效的经营管理模式，开辟了民营经济参与国有经济改制的全新投融资渠道，创立了面向市场、以企业为主的投融资体制。

2. 顺时应势，发挥民营企业的体制优势是条件

民营企业机制的引入带来了国有企业需要较长时间才能完成的制度效率，德钢带来了一种突发性的变革，如人员任免的重新安排、薪酬制度的重新设置、鼓励职工在企业发展中追求体现自身的利益和价值等。

3. 确保稳定、调动职工积极性是动力

公司自成立开始，一直重视员工的劳动保障，按时、足额缴纳了"养老、医疗、工伤、生育、失业"五大保险，并缴纳了大病补充医疗保险。切实为员工解除了后顾之忧，使员工能够全身心投入到生产工作中，调动了职工的积极性和创造性。德钢由此获得了"全国就业和社会保障先进民营企业"称号。

4. 自主创新，保持技术领先是核心

德钢已基本形成以企业为主体、市场为导向、产学研相结合的技术创新和新产品研发工作体系，形成了科研基础设施建设加强、科技投入增加的良好格局。在高效采选技术、钢铁冶炼技术、轧钢技术、大型冶金成套装备技术集成、节能节水和废弃物综合利用新技术等方面有了突破，在同行业中保持了领先地位。

5. 注重环保，实现循环发展是关键

原禄丰钢铁厂曾被云南省政府确定为全省 100 家重点污染排放企业，德钢重组禄钢后，在先后进行的四期技改工程建设过程中，淘汰了落后和高能耗的生产线，在环保方面累计投入资金超过 2.6 亿元，环保投资占总投资的 20%，新建了炼钢、轧钢、制氧、煤气发电、高炉余压发电等国内先进的生产工艺线。目前，环保项目已全面验收达标。

6. 政府因地制宜、做好服务是保障

在重组过程中，当地党委、政府在不违背国家有关法律、法规的前提下，大胆探索解决问题的方法，创造性地开展工作。州政府在税收减免、土地征用、协调水等方面向德钢作出 19 条承

诺，并以合同的形式固定下来，开创了政府与企业签订合同支持企业发展的先例，较好地稳定了企业所处的外部环境，保证了企业的快速发展。

二、德钢持续发展面临的制约因素

随着国家宏观调控政策的趋紧和导向，钢铁行业的整合兼并势在必行，为了避免被关闭或淘汰的命运，德钢必须达到 500 万吨生产规模的发展水平，才能生存、竞争和继续发展。结合云南省到 2010 年全省钢铁产能实现 1 000 万吨钢的钢铁产业规划目标，德钢确定的预期规划目标，是在 2007 年 5 月实现 150 万吨钢的基础上，实施新增 350 万吨钢的项目，力争在"十二五"末达到 500 万吨钢的综合生产能力。实现此目标后，德钢预计新增产值超过 180 亿元，实现利润 40 亿元，上缴税金 10 亿元。比 2006 年分别增长 5.14 倍、15.2 倍和 4 倍。

经过多年的改革和发展，德钢已具备了一些快速发展的有利条件，同时也面临着许多制约因素。

1. 持续发展与资源制约问题

一是铁矿石资源的来源问题。现在，德钢铁矿石 20% 自有，80% 靠外购。二是电力资源支撑的问题。目前德钢电力虽然经过技术改造和大量投入，利用热能发电 48% 可实现自供，但 52% 还需要靠省电网解决。三是煤炭资源因素制约。要实现"十一五"规划目标，德钢需要增大近 300 万~400 万吨的煤炭运力，运力的紧张和成本的加大显然对企业发展来说是一个严峻的挑战。四是资本资源因素的制约。实现规划目标需投资 188.2 亿元，巨大的资本投资来源和风险也是重要制约因素之一。

2. 持续发展与节能减排问题

一是环保治理方面。公司在污水处理、水循环利用、废气排放、粉尘排放、固体废弃物回收利用面临的困难和压力不断增加。二是资源综合利用方面。在生产循环中,以科技为先导,加大资源的综合利用是实现节能减排的主要途径。三是在节能新技术推广方面。采用新技术是实现节能减排的突破口。

3. 持续发展与公司体制、机制优化问题

一是在投资主体方面。德钢作为民营企业,其投资主体比较单一。二是公司治理机制方面。德钢要把四川的先进管理与云南本地的实际结合起来,注意选拔使用云南本地企业管理干部,最大限度地发挥本土人力资源优势。三是公司发展机制方面。切实改变一、二线职工工资收入相对偏低的问题,建立合理的职工工资增长机制。

4. 持续发展与国家政策制度的安排扶持问题

一是从云南的生产力布局中重新定位德钢集团的存在和发展,真正把德钢集团打造成云南民营企业的旗帜,在云南的土地上扎根并不断做大做强。二是省、州、县要大力支持德钢集团的发展,在铁矿石来源调配和渠道畅通,煤炭、电力、铁路运输等方面,继续加大政策扶持的力度。三是在条件成熟的时候,鼓励、支持德钢集团在证券市场上市,促进企业利用资本平台发展走向全国。

三、进一步做大做强德钢的途径和重点

(一) 整合资源保源头——奠定企业做大做强发展的基础

从战略的角度考虑,为建设以铁矿石和炼焦煤长期稳定供应的原燃料供应产业链,企业应进一步加大对外投资办矿或联合办矿的力度,采取多种措施并举,通过收购、参股、兼并等多种方式,建立长期稳定的铁矿石、炼焦煤资源基地。同时,政府应从区域经济发展战略层面上,通过组织和协调,把矿山资源、炼焦煤产业创新性地整合，使昆钢、德钢等各自突显自己的产业核心竞争力，优势互补，形成经济共同体，从区域范围上取得"1 + 1 > 2"的效果。

（二）借助资本经营——打造云南民营钢铁"大船"

企业发展到一定程度后要想实现跨越式的发展就必须进行资本经营，但不能仅靠自身的积累。一方面，通过上市融资等来实现资本扩张。借助国家鼓励中小企业上市的平台，深化融资创新，建立有效支撑民营经济大发展的资本扩张机制。另一方面，政府要努力为民营企业发展营造良好的融资环境，塑造资本运营的平台，进行金融体制改革，降低民营企业融资的交易成本，为有发展潜力的民营企业做大做强创造条件。

（三）狠抓节能减排——建设可持续发展企业

德钢要把建设"环境友好型"、"节能降耗型"、"资源综合利用型"企业作为"十一五"期间发展的重要任务。努力将企业发展成科技含量高、经济效益好、资源消耗低、环境污染少、经济与环境、社会共赢的企业。公司在形成500万吨钢铁产能规模过程中，需要实行整体搬迁，才能彻底解决这一问题。

（四）推进企业技术创新——营造企业的核心竞争力

构造民营企业的技术创新动力机制。一方面，企业要形成一套有效的人才激励机制，充分调动员工的积极性；另一方面，政府应为民营企业技术创新创造条件，鼓励民营企业科技投入。特别是要鼓励加大对高能耗、高污染企业的技术改造力度，提升技术装备水平，支持企业实行自主创新。

（五）调整内部劳资关系——创建共享发展成果的和谐企业

企业的发展需要构建劳资和谐、共享发展收益的新型劳资关系。一是加强对企业主的劳动法制教育，使企业主增强社会责任意识，强化道德约束，自觉、主动地尊重劳动者的人格尊严和合法权益。二是加大对一般劳动者的人力资本投资。必须把农民工的培训问题统筹考虑，关键是经费问题的落实。培训的重点应是两个方面：劳动技能的培训和劳动者权益的保障教育。三是进一步完善社会保障制度，特别是要改变和完善目前单一的个人账户养老方式。四是加强民营企业工会建设。要突出工会的代表性和独立性，政府要在制度上保护工会领导人的权利和利益，同时进一步完善集体谈判和劳资协商制度。

（六）发展地域性产业网络——构建企业与当地社会的互惠共生关系

德钢是一个外来企业，集团目前已形成四川和云南两大经济板块，企业中层以上的管理人员绝大多数是四川人。外植企业在与当地经济社会的契合中，互惠互利是非常重要的。若双方都能从共生关系中获取利益，这种共生方式能使共生系统产生新的能量，并使新的能量惠及共生各方，促使引资企业在当地持久、稳定地发展壮大。因此，企业与当地社会的互惠共生关系是区域"引得来，活得好，带得动"的重要保证。

（七）构建人力资源体系——营造可持续发展的强劲动力

民营企业发展到一定阶段以后，将面临再次创业的问题，其核心问题是为企业奠定可持续发展的基础，引入和培育智力资本。一是要认真做好行业培训和人力资源开发工作，依据企业的需要和要求，设计出多样化、多层次的激励措施，充分发挥员工潜能和积极性。二是推进企业经营管理、专业技术、岗位高技能等人才队伍的建设。三是不断提高企业领导者的素质，能够从容应对日益变化和复杂的市场，从而作出科学的决策和清晰的发展思路。

（八）健全完善制度——提供企业跨越式发展的空间

当前，优化民营企业发展的环境，应重点从四个方面着手：一是优化政策环境。关键是落实已有的国家和云南省的有关政策，并真正享受与国有企业的同等待遇。二是优化法制环境。民营经济发展环境的管理与维护，必须纳入法制化、规范化、制度化轨道，进一步完善民营企业财产利益等方面的法律、法规。三是优化服务环境。要建立健全企业的社会化支持和服务体系，为企业的发展提供金融、信息、管理、技术、人才、法规、税收等全方位的综合服务。四是正确引导企业在保持与国家宏观经济调控政策步调一致的前提下不断发展壮大。

课题名称：民营企业重组国有企业的成功总结与持续发展
　　　　　——云南德胜钢铁有限公司研究报告
课题负责人：李　敏
所在单位：中共云南省委党校
主要参加人：肖　雁　梁　萍　徐明康　咎雪峰
结项时间：2008 年 4

政 治 学

关于社会主义政治文明若干问题研究

一、课题研究概述

该课题研究从政治文明的内涵和特征入手，论述了物质文明、政治文明和精神文明"三个文明"的相互关系，从文化学、社会学、历史学的角度，综合他人的研究成果，对社会主义政治文明建设中的若丁问题作了深入的研究和探讨，为充实和加强社会主义政治文明建设的理论和实践提供一些有益的参考。

在大量参阅相关资料的基础上，通过综合其他相关研究成果，形成了"关于社会主义政治文明若干问题的研究"的研究报告。报告从"政治文明"及"社会主义政治文明"概念产生的背景及形成过程入手，论述了政治文明的内涵及特征，进而分析了物质文明、政治文明和精神文明的相互关系；根据我国社会主义政治文明建设的实际，从社会主义政治文明与民主政治建设、社会主义政治文明与和谐社会建设、社会主义政治文明与小康社会建设、社会主义政治文明与民主党派建设、社会主义政治文明与全球化趋势五个方面作进一步深入的探讨和研究，以充实社会主义政治文明建设的理论和实践，并提出了一些建设性意见和做法，以作为社会主义政治文明建设的参考。

二、研究成果的主要内容、特色及创新点

（一）研究成果从"政治文明"、"文明与文化"的概念及马克思主义关于文明的定义入手，对有代表性的几种观点进行了较为详细的论述

对"政治文明"这一范畴，我国学术界有不同的认识，形成了"民主、自由、平等、解放的实现程度说"、"政治成果总和说"、"静态动态说"、"政治进步说"、"政治制度进步说"、"政治社会形态说"、"狭义广义说"、"国家治理形态说"、"政治行为合理说"、"政党权力运作成熟说"等诸多不同观点。这些观点既有共同之处，也有不同之处。其共同之处在于它们都认为政治文明是一种复合形式，即政治文明并非单一结构，而是蕴涵着诸多要素，有着丰富的内容。其不同之处在于它们所强调的重点有所不同，有的集中于政治制度，有的集中于人类政治权利的实现和解放程度；就分析的方法而言，有的观点侧重于制度分析法，有的运用动静观察法，有的从广义、狭义两个视角予以说明。不容否认，这些观点都有一定的合理性，为我们科学地界定"政治文明"的含义奠定了一定的理论基础，提供了不少方法，然而有些观点仍有进一步探讨的必要。

总而言之，政治文明是整个社会文明的有机组成部分，是人类政治生活的进步状态，是人类所创造的政治成果的总和，是人类政治智慧的结晶。它是由政治意识文明、政治制度文明和政治行为文明构成的有机整体。其中，政治意识文明是政治文明的精神支柱，政治制度文明是政治文明的规范要求，政治行为文明是政治文明的外在表现。社会主义政治文明的核心是民主政治，是社会主义民主政治的制度化、规范化和程序化。政治文明的基本要素是：政治关系与政治制度应该进步合理；政治行为应该规范

合理；政治机构和政治组织的设置和活动应该科学合理；政治文化要体现政治文明的先进性。

(二) 研究成果着重论述了物质文明、政治文明和精神文明的相互关系

"三个文明"是一个有机整体，相互渗透、相互促进、相辅相成，共同推动社会的全面发展。物质文明是精神文明、政治文明的基础，为精神文明和政治文明提供基础条件，它决定着精神文明和政治文明的发展状况和进步程度；精神文明为物质文明和政治文明提供理论指导、智力支持和精神动力；政治文明决定精神文明的性质和物质文明发展的方向，为物质文明和精神文明提供正确的方向和政治保证，是社会发展的制度保障和重要条件。

1. 物质文明对精神文明的决定作用

物质生产是人类社会最基本的实践活动，是人类社会赖以存在和发展的基础，因而也是精神文明形成和发展的基础；物质文明的发展，为精神文明提供必要的物质条件和物质保障。只有具备了一定的物质生产这个基础，人们才有可能从事教育、科学、艺术等其他社会活动；物质文明的发展，还在一定程度上规定着精神文明的发展水平。精神文明尤其是教育科学文化建设的发展，受到物质文明发展程度的制约。

2. 精神文明对物质文明的推动作用

建设物质文明，需要有精神动力。历史唯物主义认为，社会存在决定社会意识，社会发展的根本动力是物质力量，是生产力和生产关系的矛盾运动；建设物质文明，需要有智力支持。这种智力支持，只有通过社会主义精神文明的教育和科学文化建设才能获得；建设物质文明，需要有思想保证。如果社会主义精神文明搞不上去，社会上各种丑恶现象就会滋长蔓延。这不但会阻碍社会主义现代化建设的发展，还会使经济建设受到破坏，使物质

文明的建设走向邪路。

3. 物质文明对政治文明的作用

物质文明是政治文明产生的基础；物质文明的发展影响着政治文明的发展；物质文明为社会政治文明运行提供物质基础与经济保障；物质文明的进步是公民进行政治参与的重要前提。

4. 精神文明对政治文明的能动作用

精神文明对政治文明模式的确立具有指导作用；先进的思想意识形态是政治文明变革的先导；精神文明对政治文明具有积极的维护作用；精神文明可以为政治文明的巩固与发展提供精神动力；政治文明对物质文明和精神文明建设起着主导方向和保证作用。

社会主义政治文明是一个创新概念，这个概念弥补了以往对文明理论阐述的不足。2002 年 5 月 31 日，江泽民同志在中央党校发表的重要讲话中提出："发展社会主义民主政治，建设社会主义政治文明，是社会主义现代化建设的重要目标。"这是中央领导人第一次正式使用"社会主义政治文明"的提法。2002 年 7 月 16 日，江泽民同志在考察中国社会科学院时的讲话中再次指出："建设有中国特色社会主义，应是我国经济、政治、文化全面发展的进程，是我国物质文明、政治文明、精神文明全面建设的进程。"这次讲话明确提出了"三个文明"协调发展、全面进步的任务。党的"十六大"报告进一步将"三个文明"并列使用，表明我们党已从对文明的"两分法"发展到"三分法"，既在社会文明系统中为政治建设、民主政治定位，又理顺了政治文明同物质文明和精神文明的关系。

（三）研究成果对社会主义政治文明建设中的若干问题进行了较为深入和全面的论述

根据我国社会主义政治文明建设的实际，民主政治建设、和谐社会建设、小康社会建设、民主党派建设、全球化趋势的研究与讨论自始至终贯穿于我国社会主义政治文明建设的理论与实践中，课题研究将此作为研究的重点，有其重要的理论意义，更保证了研究成果的实践意义。

三、成果的学术价值和应用价值以及
社会影响和效益

随着我国改革开放的深入和发展，特别是社会主义市场经济体制的确立，给党的领导和执政方式，给我们的政府管理体制，给我们的司法制度等各个方面，带来了新的课题。正是在这样的情况下，党的"十六大"提出了建设社会主义政治文明的任务，并把它列为全面建设小康社会的奋斗目标之一。课题对社会主义政治文明建设的相关内容和问题进行了较为全面、深入的研究，其成果对云南省的"三个文明"建设，特别是对"三个文明"的协调发展，具有一定的理论价值和现实意义。

课题名称：关于社会主义政治文明若干问题的研究

课题负责人：张仁福

所在单位：云南财经大学

主要参加人：李 蒙 陈宇红 杨快英 李德清 徐 波

结项时间：2007 年 9 月 27 日

云南民族自治地方全面建设
小康社会对策研究

一、课题研究目的及意义

中国的社会主义现代化建设面临着一个重要问题——民族自治地方现代化的滞后发展。虽然经过五十多年的建设，中国民族自治地方获得了巨大发展，但在全国建设小康社会的伟大进程中，其突出的问题仍然表现为民族自治地方与内地、沿海地区发展的较大差距上；如何解决好民族自治地方的发展问题是中国历届政府工作的重点，同样也是目前政府工作的重点；中国政府领导人对民族自治地方的发展问题予以高度关注，国家领导人以及中国发展研究中心、国家计划发展中心等机构的专家及政治学、管理学、民族理论学、经济学的学者对民族自治地方发展问题进行了深入的调查研究，对其问题的实质、表现作过全面阐述，对解决问题的关键进行深刻分析，并提出了多种解决方案，政府也采纳了相应的建议并提出了"两个大局"的发展思想、"三步走"的发展措施和西部大开发战略。中国社科院郝时远教授、清华大学胡鞍钢教授等学者特别对西部、民族地区如何全面建设小康社会作过多方论证，但就云南民族自治地方怎样根据实际情况全面建设小康社会还没有提出过可行性论证或指导。因此，对云南民族自治地方全面建设小康社会的对策进行研究、提出可行性方案、措施，对云南建设小康社会的整体推进具有重要的理论和实践意义，对进一步解决好云南民族自治地方贫困落后面貌，促进各民族发展具有重要的现实价值。

课题研究的理论意义在于通过云南民族自治地方社会发展的实证分析、对策研究，论证实现现代民主型社会政治发展的整合模式理论的可行性；现实价值在于实现云南民族自治地方的小康社会建设，推动和促进云南全面建设小康社会。

二、课题研究的主要内容和重要观点

课题主要采取文献、对比、图表、数例等分析方法，对云南民族自治地方全面建设小康社会的基础、条件、存在的困难进行了全面的分析，总结了云南民族自治地方社会主义建设过程中有益的经验和方法，综合评价了云南民族自治地方目前为全面建设小康社会已提供的条件和基础，以制度分析途径和理论模式分析角度研究、分析了云南民族自治地方全面建设小康社会的战略选择、实现的途径和模式，并提出实现云南民族自治地方小康社会的对策建议。

课题研究的特色和主要观点包括以下方面：

一是归纳、分析了云南民族自治地方全面建设小康社会的主要理论：（1）科学发展观；（2）全面建设小康社会；（3）构建社会主义和谐社会；（4）各民族"共同团结奋斗、共同繁荣发展"。

二是全面总结了云南民族自治地方全面建设小康社会进程中的有益经验：（1）始终保持和发扬党对民族自治地方的绝对领导地位，大力提高党的执政能力，探索和创新党的执政方式，大胆开拓，锐意进取，保证云南民族自治地方全面建设小康社会这项伟大工程有序、协调发展；（2）牢固树立"三个离不开"的思想，准确把握"四句话"要求，营造团结、稳定、和谐的社会环境；（3）认真贯彻《民族区域自治法》，全面落实党的民族政策；（4）围绕中心抓稳定，服务大局促发展；（5）重视民族干部的培养使用，实施好人才发展方略。

三是归纳了云南民族自治地方全面建设小康社会的政府抉择：（1）各级党委、政府高度重视，切实加强领导；（2）实事求是，因地制宜，分类指导；（3）切实采取积极措施加快民族地区的经济社会发展；（4）大力培养、选拔少数民族干部；（5）实行民族团结目标管理责任制，有力维护民族团结与边疆稳定。

四是明确了云南民族自治地方全面建设小康社会，首先要正视、面临的严峻挑战：（1）基础设施落后，自我发展能力弱；（2）科教、文卫落后，城市化程度低；（3）社会管理滞后于经济体制的变迁，适合市场经济体制的社会管理方式尚未建立起来；（4）经济实力薄弱及规划跟不上，社会保障制度建设严重滞后；（5）受到市场机制冲击，各种优惠政策弱化；（6）贫富悬殊现象和不公平、赌博等阻碍小康社会建设的重大现实问题。其次应抓住西部大开发中基础设施、科教文卫等项目的实施；抓好中国—东盟自由贸易区的建设，中国走向东南亚、南亚国际大通道的建设，民族文化大省建设；加强上海对口帮扶、泛珠三角区域合作及西南六省（区、市）合作等。

五是就云南民族自治地方全面建设小康社会对策分析进行了阐释：（1）依法行政，完善民族区域自治和促进民族法制建设，保障各民族人民的合法权益；（2）因地制宜，积极促进各民族经济体制的改革和创新；（3）统筹兼顾，逐步推进经济结构的转型和合理化；（4）鼓励发展方式多样化，促进各民族跨越式发展（5）深化科教兴滇战略，优先发展民族教育；（6）以人为本，重视培养和提升各民族的自我发展能力；（7）注重协调、可持续发展，保护民族文化生态环境；（8）加强能源、基础设施建设，推动社会的全面进步；（9）加大对民族传统文化资源的挖掘、保护和利用的力度，充分尊重各民族的风俗习惯，珍存各民族的优良传统，把它作为民族文化大省建设的宝贵财富和基础；（10）高度重视文化、卫生、体育、计划生育等工作，建立、健全民族地区的社会保障体系，维护各民族的根本利益。

六是提出了云南民族自治地方全面建设小康社会措施、建议：（1）云南民族自治地方各级政府要切实推动"兴边富民工程"的全面实施；（2）分类指导，加大扶贫攻坚力度；（3）加大对民族地区基础设施和教育科技事业发展的扶持力度，优先发展民族教育，积极促进少数民族人才资源的开发与利用；（4）制定和完善适应社会主义市场经济要求的民族发展优惠政策和法律、法规体系；（5）加大民族干部培养、选拔和使用的力度，加快民族干部成长步伐；（6）加强生态环境保护与建设，坚定不移地实施可持续发展战略；（7）加强民族文化开发、保护与发展工作；（8）加强对民族地区发展的战略性、前瞻性问题的研究，为各级党委、政府决策提供科学依据。

三、成果的学术价值、应用价值以及社会影响和效益

该课题研究过程中已出版的著作《中国少数民族地区公共政策案例分析》、《云南民族地区人力资源的开发与利用》、《云南乡村政治发展》均成为云南民族大学行政管理、马克思主义民族理论与政策专业硕士研究生的学习辅导书和政治学以及行政学、行政管理、公共事业管理本科专业的教学参考资料。2005年度省级部门政府决策咨询研究重点项目"促进云南少数民族地区共同团结奋斗、共同繁荣发展"的研究成果已为政府决策、咨询提供了借鉴。发表的27篇学术论文多篇被引用，其中《农

村社区建设的条件分析》一文于 2006 年被《新华文摘》论点摘编，并于 2007 年获得云南省哲学社会科学研究优秀成果三等奖；《抗日民族统一战线与中国民族关系的发展》于 2005 年评为云南省纪念中国人民抗日战争暨世界反法西斯战争胜利 60 周年学术研讨会优秀论文。

课题名称：云南民族自治地方全面建设小康社会对策研究
课题负责人：李若青
所在单位：云南民族大学
主要参加人：龙　珊　　张亚雄　　马介军　　曹　鲲　杨　凯
　　　　　　李　姝　　成永红　　王龙国　　杨　刚
结项时间：2007 年 12 月 20 日

云南少数民族地区人才资源开发战略研究

云南是少数民族众多的边疆省份，少数民族地区人口素质较低的现状，不仅制约着当地经济发展和经济效益的提高，而且已成为制约全省经济发展与可持续发展的极大障碍，与现代化建设的要求极不适应。基于以上认识，课题通过全面、深入分析云南少数民族地区经济发展与人才资源开发的现状及其相互关系，提出开发人才资源、提高人口素质的战略，为转变粗放的经济增长方式，提高资源的利用程度，缓解人地之间日益加剧的矛盾，实现人口与经济、社会的可持续发展提出积极的建设性意见。

一、云南少数民族地区人才资源开发的必要性与重要性

少数民族地区人才资源开发工作是人才工作中不可忽视的重要组成部分，关系到全国经济、社会的均衡发展，同时少数民族地区所具有的特定社会及经济发展特征也决定了人才资源开发的必要性和重要性。

民族众多、地处边疆是云南的基本省情之一。云南少数民族地区一方面具有人口地域分布小聚居、大杂居、经济社会发展极不平衡、相对贫困、人口受教育比例较低的社会特征；另一方面，人口总体文化素质不高，少数民族地区就更低，占全省总人口49.7%的少数民族自治地方生产总值（GDP）仅占全省的

37.4％，工业生产总值更是只占全省的 30.6％，地区人口总数与生产总值明显不相符合，特别是在对人才资源要求相对较高的工业领域更为明显，少数民族自治地区人口文化素质不高及人才资源存量低制约了经济的发展。

少数民族地区人才资源开发对全省社会、经济发展都具有重要的意义。具体体现在以下三个方面：（1）云南少数民族地区人才资源开发对促进云南少数民族地区团结进步、社会和谐发展具有重要意义；（2）云南少数民族地区人才资源开发对加快云南省经济、社会发展，全面实现小康具有重要作用；（3）云南少数民族地区人才资源开发对加快云南人力资源总体水平具有重要作用。

二、云南少数民族地区人才资源开发现状分析

（一）云南少数民族地区人才资源开发取得的成效

云南省委、省政府先后制定了《关于进一步做好培养选拔少数民族干部工作的实施意见》等一系列文件以及《贯彻〈全国人才队伍建设规划纲要〉的实施意见》等中长期规划，在少数民族地区实施"边疆民族地区人才振兴工程"。为加大少数民族人才培训工作力度，切实提高少数民族人才队伍的整体素质，结合云南省实际，制定了《云南省"十一五"期间少数民族和民族地区人才培训工作实施方案》。各地州也积极采取措施促进人才资源管理工作水平的提高，使少数民族人才资源开发取得了显著的成果：少数民族人才资源总量有了显著增长；全省 25 个少数民族都有了厅级领导干部，实现了历史性的突破；少数民族党政领导人才茁壮成长，成为建设边疆、巩固边防、带领各族人民脱贫致富奔小康的骨干力量；少数民族专业技术人才和经营管理人才队伍粗具规模，一批少数民族拔尖人才在云南经济、文化

等各个领域崭露头角；乡土人才培养机制初步建立，产生了
"培养一批能人，带动一方百姓，搞活一片经济"的人才效应。

几年来，除全省统一渠道培养少数民族人才外，还采取了一
系列特殊措施。如坚持采取"低门槛进，高门槛出"的原则，
对少数民族学生降低录取分数线、制订招生优惠办法；在民族地
区实施"农村寄宿制学校建设工程"、"农村中、小学现代远程
教育工程"；把实行免除教科书费、杂费、文具费的"三免费"
教育与"两免一补"工作有效结合起来等，在少数民族人才资
源培养方面取得了明显成效。

（二）云南少数民族地区人才资源开发中存在的问题

当然，在肯定前期工作的基础上，还必须清醒认识到云南少
数民族地区人才资源开发中存在的一些问题。如，缺乏人才资源
任用的理性观念；整体而言，人力资源丰富，人才总量不足；人
才分布不合理，区域差异明显；人才整体素质不高；高层次和复
合型人才紧缺；人才结构不合理；人才开发难度大，使用效益不
高；人才大量流失，"孔雀东南飞"的现象严重，留不住拔尖人
才；人才机制不健全，浪费与不足并存；少数民族地区农民人均
收入、教育条件及传统习俗制约了人才培养。

三、云南少数民族地区人才资源开发战略

时代的发展要求我们从少数民族地区经济社会实际出发，积
极研究、探讨少数民族地区人才资源开发战略，加速人才资源开
发，应对挑战，走出困境。

（一）战略指导思想和原则

首先，云南少数民族地区的人才资源开发应以"第一资源"

思想为指导，坚持以人为本和全面、协调、可持续的科学发展观，进一步深化对教育战略地位的认识，以提高少数民族人口的整体素质为着力点，以推进人才资源的市场化进程为动力，以营造良好的人才资源开发环境为突破口，围绕加强党的执政能力建设和实施"人才强省、科教兴滇"的战略任务，切实把教育放在优先发展的位置，加大人才资源开发的力度，优化教育结构，促进义务教育均衡发展，提升少数民族人才整体技能素质水平，多渠道就业、创业，服务于提高民生水平，促进社会全面发展，争取实现人才资源开发与云南少数民族地区跨越式发展的有效互动。同时，在人才资源开发中要贯彻服务社会发展实用原则、快效益激励原则、多级多渠道扶持培训原则、与时俱进长效机制原则。

（二）云南少数民族地区人才资源开发的战略目标

根据现代化建设和西部大开发的总体部署，以及我国国民经济持续、快速、健康发展的总旋律，在人口、环境、资源、经济全方位、协调的可持续发展的新世纪战略背景下，云南少数民族地区人才资源开发的目标应是提高人才资源素质，增加人才资源存量。即充分挖掘云南少数民族地区人才资源的潜力，进行有效的人才资源开发，提升区域经济核心竞争力，构建科学、合理的人才资源发展观。从短期、中期、远期三个方面，有针对性地进行战略目标定位，把握远期教育投资、中期制度创新与近期人才引进三者的关系。

（1）近期。紧紧抓住国家实施西部大开发战略的历史机遇，积极贯彻"科教兴滇"的基本方针，重视科技、教育与经济紧密结合，增大实施"普六"、"普九"的力度，提高儿童入学率，特别要改善女童的受教育状况，防止新文盲人群的产生。在有条件的地区应实现12年基础教育，加速普及中等教育和中等职业教育，适度发展高等教育，大力推广科技成果和新技术、适用技术。

（2）中期。注重制度创新、环境改变，形成合理的人力资源结构，实现人口、资源、环境与经济的协调发展和可持续发展。推进高层次人才、紧缺人才和边疆民族地区人才为主的"三大人才工程"，到2015年，力争全省少数民族人才达到40.2万人。

（3）远期。远期内着眼于通过自身教育发展实现总量增加，通过产业结构调整实现人才资源结构优化，把握教育投资与固定资产投资比例的关系，把握持久发展与当前发展的关系，注重固定资产投资的同时，转变财政职能，从政府主导投资的模式摆脱出来，引导民间教育资本向少数民族地区投资，加强宏观调控，建立人才结构调整与经济、社会结构调整相适应的动态机制，以"培、引、用"三个基本环节为着力点，大力培养和用好现有人才。继续深化少数民族干部人事制度和人才管理体制改革，建立和完善人尽其才的有效机制，采取有效措施鼓励各类人才到少数民族地区工作。

（三）云南少数民族地区人才资源开发的主要工作任务

云南少数民族地区人才资源开发的主要工作任务可归纳为六大工程（人才累积工程、人才环境工程、人才投资工程、人才评价工程、人才激励工程、人才配置工程）、两项机制（人才竞争机制、人才保护机制）。如下图所示：

人才积累　　环境塑造　　人才投资

构建多元化的教育体系　　工作环境　社会环境　　教育投资　健康投资

竞争机制　　下岗、转岗、待岗　　云南少数民族地区人才资源开发　　劳动法规则、社会保障　　保护机制

评体系建立　考试、评审等测　　物质激励　精神激励　　劳动力市场及　合理流动

人才评价　　人才激励　　人才配置

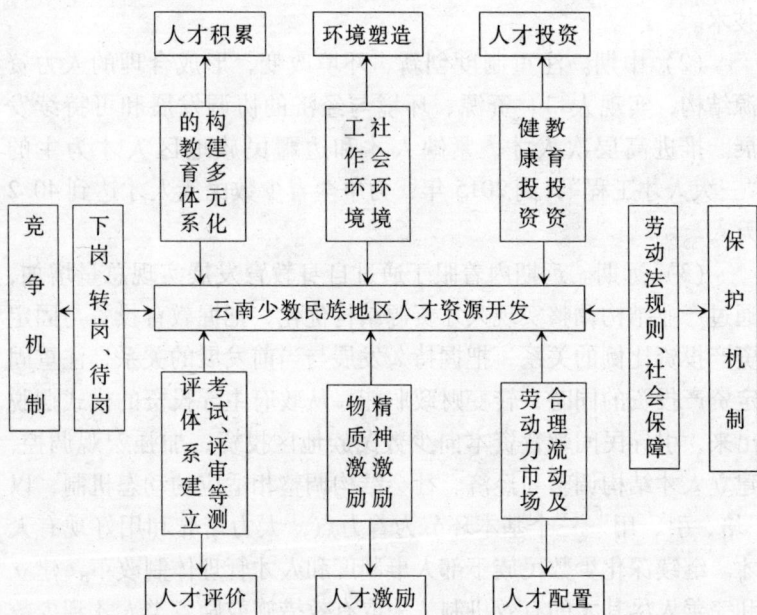

云南少数民族地区人才资源开发的主要工作

四、提升云南少数民族地区人才资源的途径

少数民族地区人才资源开发是一个系统工程，云南省的这一工作尚处于起步阶段，未形成合理的人才资源开发制度，一切还需从头做起。提升云南少数民族地区人才资源的途径包括，提高人才资源的供给能力、提升现有人才资源的层次和对人才资源进行科学管理等方面。

（一）增强云南省少数民族地区人才资源的供给能力

云南省少数民族地区目前的人才资源主要来自本地，少部分来自外地。各少数民族地区作为人才资源的主要提供地，人才培养能力必须跟上。具体可通过如下途径来加强少数民族地区人才的自我造血功能：重视基础教育，改革高等教育，完善职业技术教育；提高初次就业者的学历；加大对人才教育的投资力度；积极采取措施疏导少数民族地区某些抑制儿童就学，特别是抑制女童就学的传统不良习俗，增加少数民族儿童受教育程度等。

引进人才是开发人才资源的方式之一，可以促进人才资源的跨越式开发，是保持云南省拥有高水准的少数民族人才资源的必备条件。因此，除了内部培养之外，还需要增强少数民族地区就业环境对省内外其他地区人才的吸引力。具体措施包括：完善引进人才方式；创造宽松优厚的人才吸引环境；提高引进人才的稳定性，等等。

（二）促进云南省少数民族地区现有人才资源的合理化配置

人才资源开发的实质在于素质和能力的提高。民族地区的现有人才是当地的主体力量，因此，在少数民族人才资源开发过程中，盘活现有的人才资源，提升其素质和层次，促进现有人才资源的合理化配置应是主要方式。不仅要树立终身学习的理念，建立以市场需求为导向的"政府调控、行业指导、单位自主、个人自觉"的继续教育管理体制；大力加强各类人才的培训工作；坚持把培养少数民族干部作为人才培养战略的一个重点，制定相应的倾斜性政策和措施；选拔中青年科技骨干人才进行培养。在具体岗位人才配置上，还要根据少数民族地区的具体情况，慎重对待"唯学历"的标准，"唯才是用"地选择真正能发挥实效的人才。在人才资源有限的条件下，通过合理配置，充分发挥人才的作用。

（三）对人才资源进行科学管理

营造人力资源开发的良好服务氛围，高度重视对云南省少数民族地区人才的选拔使用、人才的交流、人才的激励与稳定等管理工作。人才选拔使用方面，要逐步建立资格认证制度，少数民族地区人才任用可适当降低学历要求，积极选派本民族干部及教师。人才交流方面，聘请高层次人才传授知识、交流信息；吸引国内、国际一流的高新技术企业到当地设立分支机构或办事处，它们使用大量本地人，为少数民族地区培训一批高层次的技术和管理人才；建立全省少数民族系统紧缺人才库。人才激励方面，提高现有人才的待遇，稳住已有的人才队伍，拉动人才向该地区流动。

课题名称：云南少数民族地区人才资源开发战略研究

课题负责人：张明清

所在单位：昆明大学

主要参加人：吴　瑛　李跃波　马继刚　蒋素梅　刘　林
　　　　　　詹七一　窦志萍

结项时间：2008 年 2 月 20 日

民族问题研究

云南人口较少民族实施分类
发展指导政策研究

一、课题研究的目的及意义

人口较少民族一般特指人口在 10 万以下的少数民族。人口较少民族是我国少数民族中较为特殊的群体。据第五次人口普查数据，我国 10 万人以下的民族共有 20 个，其中的布朗、阿昌、普米、怒、基诺、德昂、独龙等民族主要分布在云南，为云南的世居民族。新中国建立后，云南人口较少民族整体上进入了社会主义社会，但原有经济社会形态的遗留影响仍然存在，大部分生产力水平比较低下，经济和社会发展相对迟缓，在政治上、经济上和社会生活中处于少数民族中的弱势群体地位；由于社会、历史等多种因素，云南人口较少民族大多居住在自然条件相对较差、生存和发展条件较为恶劣的地方，边缘性、过渡性、封闭性特征明显，并由此形成了独特的民族文化体系。改革开放以来，国家在农村所实施的一系列改革措施和发展政策对这些民族的发展收效甚微；国家在民族地区实施的发展、优惠政策对这些民族影响有限；这些民族受所在地区区域经济发展的辐射较小，难以分享所在地区区域经济的发展成果。直至今日，这些民族几乎整体上仍处于贫困与发展滞后状态。因此，人口较少民族的发展问题也是"三农"问题中的一个特殊方面。

我国人口较少民族虽然人口绝对数较少，但民族成分多，解决这些民族的发展问题，也就解决了我国 1/3 少数民族的发展问题；缩小各民族之间的发展差距，主要是缩小人口较少民族与发达民族之间的发展差距。对人口较少民族的发展实施分类指导政策，是把党和国家的宏观发展政策与这些民族的具体微观情况相结合进行因地制宜加以指导发展的一种尝试。因此，本课题的研究也有利于丰富社会发展理论、完善现行各项发展措施与政策，具有一定的理论意义和实践意义。

布朗族是云南省 7 个人口较少民族中人口最多的民族，上述人口较少民族当前所面临的发展问题和劣势地位在布朗族中表现明显，布朗族迫切要求加快社会、经济、文化的发展愿望与自身发展能力严重不足的矛盾突出，处于致富无门、发展无路的困难境地。本课题选择布朗族作为人口较少民族实施发展分类指导政策的研究对象和分析案例，通过对布朗族实施分类指导政策以促进其发展的实证性研究，可为我国实施人口较少民族发展分类指导政策提供典型案例和经验借鉴，具有较强的针对性和现实意义。

二、研究成果的主要内容

该课题研究成果的形式为研究报告，主要由 1 部总报告和 8 部分报告组成。总报告包含四个方面的内容。

（1）对布朗族实施发展分类指导政策的客观依据。通过对云南各地布朗族自然生存环境及社会发展发育程度的展示，揭示了对布朗族实施发展分类指导政策的客观依据。

（2）开发与治理云南过程中分类发展指导政策的历史借鉴。通过对中国历史上最为强大的元、明、清三个朝代对云南边疆开发与经营的成功经验的总结，以及民国时期国民政府及地方政权对云南边疆社会的调查与开发治理的政策与举措的回顾与分析，为布朗族实施分类发展指导政策提供了学习与可资借鉴的历史经验。

（3）新中国建立以来，尤其是改革开放以来，国家有关发展政策在布朗族社会中贯彻与实施的绩效检讨。通过审视新中国建立以来尤其是改革开放以来在布朗族社会贯彻实施国家有关农村与民族地区发展政策的结果，论证了对布朗族实施发展分类指导政策的必要性与迫切性。

（4）对布朗族实施分类发展指导政策的实现路径分析。通过对项目所选取的不同地区布朗族发展的典型案例进行分析，提出了对布朗族实施发展分类指导政策的实现路径、原则。通过这四个方面内容的论述，提出了由于历史上长期的迁徙与逃亡而形成的分布格局，使布朗族虽然人口总数不多，却散居于云南西南部澜沧江流域中下游两侧，横跨四个州（市）、二十余个县（市）的广大地区，与汉、傣、彝、佤、拉祜、哈尼等民族杂居共处，并因此而融入、借鉴其他民族文化而使本民族的文化因不同的地区和杂居民族而呈现出不同的特色，本民族的社会因不同的地区和杂居民族的影响而发展、发育程度各异。各地发展程度不平衡的布朗族，相互间不相往来，其不同地区"形质装束各殊"，这种状况延续至今，并成为当代中国布朗族社会文化变迁与发展的基本历史背景和文化基础。因此，对布朗族必须实施分类发展指导政策。由于长期以来我国扶贫政策与机制的缺陷，导致在对布朗族实施发展扶助政策的过程中忽视了布朗族的发展主体地位，从而使布朗族对党和政府的扶助缺少主动参与与积极配合的意识，自我发展的能力与意识薄弱，从而使党和政府对布朗族长期实施的发展扶助结果与扶助的目的有着不小的距离。因此，实施分类发展指导政策的原则首先在于要充分重视和尊重布朗族的发展主体地位，这是实施布朗族分类发展指导政策的前提和保证。实事求是、因地制宜地制订布朗族的发展规划，是有效实施布朗族分类发展指导政策的关键。这些观点的提出，较为充分地论证了对人口较少民族实施分类发展指导政策的依据与原则，对于分类发展指导政策具有较强的指导意义。

项目成果的 8 部分报告分别涉及当前在布朗族社会中正在实施的发展扶助政策，包括义务教育的普及与基础教育问题、农村教育改革问题、退耕还林政策的实施及后续发展问题、振兴民族传统文化促进民族社会经济文化协调发展问题、少数民族自我发展能力和意识的培养问题、民族文化的保存与发展问题等，这些问题既是当前布朗族社会在全球化背景下正面临的严峻考验和挑战，也是党和政府多年来为布朗族社会的全面发展与进步所一直努力进行帮助扶持的主要方面。通过对这些问题的调查与研究，提出了各具针对性并具有可操作性的对策与建议，为实施分类发展指导政策提供了直接的参考与咨询。

三、研究成果的价值

该课题成果在学术上的价值在于：针对人口较少民族的生存与发展问题，世界各国都进行了一些有益的探索，但至今还没有完美的先例。长期以来，国内外在这方面的理论和实践也没有实质性的突破。该课题的研究成果对于推动这一问题的深入探讨与研究提供了历史的借鉴与现实的佐证，从而有助于这一问题在理论上和实践上的创新与突破。由于课题成果的内容与结论都来自于现实问题的调查与研究，因此课题成果具有较强的应用价值：在具体政策与扶助方式上，针对具体问题提出了可供有关决策部门和实际工作部门咨询与参考的对策建议；在实施发展思路的实现路径方面，也提出了具有指导意义的宏观路径分析，从而有助于在实施分类发展指导政策的过程中提供实施指导原则。

正是基于课题研究成果的以上价值，课题研究的部分成果在研究过程中就产生了一定的社会影响。如有关少数民族的教育问题及农村教育综合改革的调查与研究，课题组深感是一个值得加以特别重视的问题，所以在形成报告以后，向有关地方部门和领导以及民委系统作了汇报，国家民委民族问题研究中心对此给予了特别关注，分别在核心刊物《民族问题研究》上，连续两期全文刊发了《西双版纳布朗山乡的布朗族基础教育问题》与《双江县农村综合教育改革的调查与思考》，并配发了"编者按语"；实施改革试点的临沧双江县、永德县也为此对改革中存在的少数民族教育不公平问题展开了激烈的讨论。此外，在2006年召开的"文化多样性与当代世界"国际学术研讨会上，西双版纳布朗山乡的布朗族基础教育问题的提出，引起了较为广泛的关注与反响；思茅芒景布朗族通过《振兴和发展民族传统文化促进经济社会文化协调发展的调查报告》，引起了国家民委文化宣传司的关注与重视，因而被纳入2006年"人口较少民族的文化保护与发展"重点调研项目之中，并取得了较好的社会影响。

课题名称：云南人口较少民族实施分类发展指导政策研究

课题负责人：张晓琼

所在单位：中共云南省委党校

主要参加人：黄彩文　李华贵　岩　三　金常学　杨自忠
　　　　　　李继承

结项时间：2007年9月5日

红河州金平跨境民族文化发展研究

一、课题研究的目的和意义

云南是一个多民族聚居的省份，社会文化呈现出多样性，因而历来受到国内外民族学家和人类学家的关注，由此形成的研究领域和研究成果众多。然而，由于历史发展轨迹不同、经济社会状况有异、分布地域有别，居住在不同地区的民族又有不同的社会文化特征。在长达 4 061 千米的边境线上，云南有壮、傣、布依、苗、瑶、彝、哈尼、景颇、傈僳、拉祜、怒、阿昌、独龙、佤、布朗、德昂等 16 个少数民族跨境而居，人口近 200 万。澜沧江、湄公河、怒江、萨尔温江、独龙江、恩梅开江以及红河等闻名遐迩的国际河流，将居住在云南边境或腹地的各族人民同东南亚各国人民紧密地联系在一起。在长期的历史发展进程中，云南跨境民族与邻国边民长期保持着通婚互市、探亲访友等友好往来，对边境沿线地区的经济发展及与毗邻国家的睦邻友好作出了重要贡献。因此，重视和加强对跨境民族的研究是由云南省的特殊地理位置和民族特点等方面的客观实际所决定的。加强对云南跨境民族的文化研究不仅对建设民族文化大省有十分重要的意义，而且对落实省委、省政府关于打通中国连接东南亚、南亚的国际大通道的战略也有实践价值。

金平苗族瑶族傣族自治县位于云南省红河哈尼族彝族自治州

南部边陲山区，与越南接壤，国境线长 502 千米，是云南省国境线最长的县之一。金平县境内居住着具有鲜明特色、不信仰南传上座部佛教的傣族分支中的白傣和黑傣人支系及拉祜族等 8 个民族和至今尚未确定族属的莽人，使金平成为多民族跨境而居的特色突出、族群文化丰富的地区。金平傣族是我国傣族中独具特色的一个族群，在服饰衣着、传统民居、宗教信仰、语言文字、人生礼仪、节日习俗等方面都有着许多与其他地区傣族不尽相同的社会文化特征。神奇的金平傣文，古朴的宗教信仰，特殊的家庭结构与社会生活……都使得拥有自称"傣端"、"傣罗迷"、"傣泐"以及"布芒"的 4 个不同分支的金平傣族，在中华民族百花园中以其独特的芳姿、艳丽的色彩显得异彩夺目，成为祖国西南边陲中越边境一朵瑰丽的奇葩。中华人民共和国成立之前的漫漫历史长河中，生活在金平境内的民族、族群鲜为人知；中华人民共和国成立后，越来越多的民族工作者踏上了金平这块美丽的土地，把金平白傣、黑傣、莽人、苦聪人（拉祜族的一个支系）等史册中罕见的民族、族群的社会文化逐步介绍到国内外，引起了世人的瞩目。

但迄今为止，全面系统、深入细致地描述、研究金平民族、族群社会文化的成果却并不多见，这对边疆民族地区"两个文明"建设是不利的。本课题的研究，一方面是为了能更好地贯彻落实党中央的有关文件精神，尽快地改变上述的不利状况，充分地展现独特的民族和族群文化，探究出金平跨境民族社会文化发展和建设的路子；另一方面也将极大地丰富我国民族学、人类学界对于云南不同民族、族群的研究，并提供了进行比较研究的鲜活案例。因此，该课题研究具有较强的现实意义和理论价值。

二、研究成果的主要内容和重要观点

（一）主要内容

傣族是一个具有悠久历史和灿烂文化的民族，金平傣族是我国傣族中独具特色的一个族群，以其十分独特的社会文化而闻名于世。金平跨境民族文化发展研究在国际泰傣学界和人类学界都具有十分独特而重要的地位。《守望国境线上的家园——金平傣族的社会文化》是课题组成员在多次对金平县境内的傣族进行实地调查的基础上，经过反复修改之后完成的，是一部首次采用图文互辅的方式，较为集中地反映金平傣族社会文化及其变迁的专著。其研究内容涵盖了金平傣族4个分支中的白傣、黑傣、普洱寨傣、曼仗傣，以及苦聪人和尚未识别族属的莽人等民族、族群的社会结构和文化特色。这4个分支的傣族大都不信仰南传上座部佛教，而信仰传统的民间宗教。他们各有自己的语言，而且还有自己的文字。该研究成果分为十二个章节，着重从地理位置、人口分布、族称与族源、民族关系、生计方式、人生礼仪、日常生活、社会组织、婚姻家庭、民居建筑、宗教信仰、语言文字、教育、医疗、传统体育、集市与商贸、伦理道德、生态观等方面描述、分析该族群的社会文化及其变迁。最后，课题组还对建设"生态村"、"小康村"的理论模式进行了反思，认为民族文化生态村不是一般意义上的民族村或旅游度假村，而是人与自然和谐相处、民族传统文化与现代文明有机结合、保持了可持续发展良好势头的村寨。所以，民族文化生态建设不可能一蹴而就，一定要树立起常抓不懈的建设理念，并以不断创新的观点去进行建设。

在对金平跨境各民族或族群的研究中，课题组并未面面俱到、泛泛而论，而是重点将研究对象集中于傣族的4个不同支系以及苦聪人、莽人，将研究内容集中于社会文化的语言文字、族群关系、婚姻形态、家庭结构、伦理道德、宗教信仰、民居建筑、饮食习俗、岁时礼俗、人生礼仪、社会组织、观念世界、民间禁忌等方面，同时注意将自然环境、人口分布、族称族源作为研究背景，使研究能够更加深入。

（二）重要观点

通过研究，课题组得出了这样的结论："文化特色是使一种文化能够跻身于世界民族文化之林的'立身之本'，没有特色的文化是难以存活的。"金平跨境民族的社会文化具有以下四个特色：一是丰富多样，二是开放兼容，三是跨国、跨境，四是和谐共存。这也是对云南民族文化特色的概括。因此，课题组在"结语"中指出："守望是一个永恒的话题，金平傣族人对国境线上家园的守望不仅是一种兼具实际意义与精神意义的双重守望，而且还包含了更加丰富多彩的内容。他们为了完成好守望西南边陲大门这一神圣使命，不惜一切代价放下了自己手中的活计，放弃了外出打工挣钱以改善生活的机会，总是在自觉自愿、默默无语地守望着祖国和自身的家园。"

三、成果的学术价值、应用价值以及该会影响和效益

该课题负责人具有中西方民族学、文化人类学理论素养和民族学、文化人类学调查研究经验，并多次对金平县境内的白傣与黑傣、苦聪人以及莽人进行了实地调查，其成果发表后在学术界产生了较大的反响。课题组成员多年从事民族学、文化人类学调查研究，也对金平县的傣族等主体民族以及苦聪人、莽人作过实地调查，并拥有大量的第一手资料，这些资料为本课题的完成奠

定了一定的基础。因此，本课题的成果可以避免停留于表面、以点带面、一般化等弊端，在深入、细致和全面、系统方面将有新的创新与突破；将为民族学、文化人类学的研究提供一流的素材；为当地政府实施民族文化发展建设工程提供理论依据；将为云南民族文化大省建设和大通道建设提供参考，使其具有多方面的应用价值。

该课题是在民族学、人类学的基本理论和方法指导下，在充分利用前人的调查研究成果和通过各课题组成员脚踏实地调查的基础上完成的。在执行课题预期研究计划的过程中，课题组成员多次赴金平县的中越边境一带，对当地的傣族、苦聪人、莽人等跨境而居的民族、族群的社会文化进行了深入、细致的田野调查。研究成果着重从这些民族、族群的自然环境、人口分布、族称族源、语言文字、族群关系、婚姻形态、家庭结构、伦理道德、宗教信仰、民居建筑、饮食习俗、岁时礼俗、人生礼仪、社会组织、生产生活、观念世界以及禁忌等方面入手进行描述，较为全面地展示了这些族群的社会结构和文化特色。

课题名称：红河州金平跨境民族文化发展研究
课题负责人：和少英
所在单位：云南民族大学
主要参加人：王正华　刀　洁
结项时间：2007 年 11 月 30 日

云南"直过民族"全面实现小康社会研究

一、课题研究的目的和意义

"直过民族"是指新中国成立后，未经过民主改革，由原始社会末期跨越几种社会经济形态而直接过渡到社会主义社会的民族。云南是"直过民族"集中的省区，其包括景颇、独龙、怒、傈僳、德昂、佤、布朗、基诺八个民族和部分拉祜、哈尼、瑶等民族人口。众所周知，经济、社会发展的不平衡性，使云南诸少数民族社会形态呈现出多元特征。人类社会由低级向高级的纵向进程的社会历史发展形态，在云南诸少数民族同一时空中横向展现出来，使原始公社制、奴隶制、封建领主制、封建地主制等前资本主义诸社会形态同时并存。新中国成立后，云南各少数民族从不同的历史起点跨越一个或几个社会发展形态，成功地走上了社会主义道路。这是云南少数民族前所未有的历史性飞跃，而云南"直过民族"的飞跃尤为壮观。

云南"直过民族"进入社会主义社会后，在党的领导和各族人民的帮助下，政治、经济、社会等方面均发生了巨大的变化。但是，就总体而言，云南"直过民族"仍是一个弱势群体，生产力发展水平较低，人口整体素质不高，人们的生活较贫困，有相当一部分人口至今尚未解决温饱问题。如何改变这一状况，已成为全社会关注的问题。党的"十六大"提出全面建设小康社会的奋斗目标，对云南"直过民族"来讲，意义更为重大："直过民族"全面建设小康社会是其全面实现现代化和民族繁荣的必经之路；作为中华民族大家庭中的重要组成部分，"直过民族"不实现小康，就谈不上中华民族全面建设小康社会；作为历史起点最低的弱势群体，全面实现小康社会任务最为艰巨，对国际、国内产生的影响也尤为重大。

二、研究的主要内容与对策建议

课题组所形成的研究成果，以科学发展观为指导，回顾了云南"直过民族"过渡到社会主义的历史探索，以及进行社会主义实践的经验、教训，探索了云南"直过民族"全面实现小康社会的历史机遇，分析了云南"直过民族"全面实现小康社会的条件以及阻力和难点，提出了云南"直过民族"全面实现小康社会的指导思想、基本原则、具体途径与对策。

研究指出，云南"直过民族"全面实现小康社会，必须坚持以邓小平理论和"三个代表"重要思想为指导，以科学发展观、社会主义和谐社会和新农村建设的发展战略来统领云南"直过民族"经济、社会发展全局，围绕云南"直过民族"全面实现小康社会的宏伟目标，加快云南"直过民族"地区经济、社会发展，推动云南"直过民族"地区社会主义物质文明、政治文明、精神文明、社会文明与新农村建设的全面进步。

研究重点就云南"直过民族"如何全面实现小康社会这一问题提出了以下对策和措施：

（1）抓好思想的解放、观念的更新工作。"思想的解放，观念的更新"是行动的先导。各民族的干部群众，只有解决了这些思想、观念问题，才能为"直过民族"地区各民族脱贫致富、建设全面的小康社会打下坚实的思想基础。

（2）控制人口数量，加大民族教育投入，全面提高人口素质。当前，"直过民族"地区人口增长太快、素质过低是其发展缓慢的一个重要原因。而实行计划生育，是解决人口问题的唯一出路。

（3）抓好人力资源尤其是人才资源的开发和利用。当今世界的一个鲜明特点，就是国家间、民族间、地区间的竞争越来越集中表现为人才的竞争、人才资源开发的竞争。"直过民族"地区人才资源开发工作必须遵循以下方针：一是坚持人才开发为经济和社会发展服务；二是坚持人才资源的整体性开发与重点开发并举；三是坚持把建设好专业技术队伍放在首位。

（4）稳定粮食生产，走农、林、牧、副全面发展的路子。农业是国民经济的基础，更是落后的"直过民族"地区经济、社会发展的基础。"直过民族"地区的大部分群众还存在着原始的生产方式，正处于基本解决温饱的阶段。农业问题，特别是粮食问题是关系到"直过民族"地区稳定和脱贫致富奔小康的根本问题。

（5）大力发展优势产业和特色经济，调整经济结构，增强经济实力。当地党委和政府要以市场为导向，立足发挥当地资源优势，引导农民发展增收项目，大力发展优势产业和特色经济。当前，"直过民族"地区不仅要大力发展优势产业和特色经济，而且要在继续加强农业建设的同时，做好经济结构的调整和完善工作，通过调整经济结构，为资源的永续利用和经济的持续发展增强后劲。

（6）依靠科学技术，走科技脱贫致富的道路。大力推广各项农业科技措施，不断提高农业的产量、产值和效益，是帮助"直过民族"群众增加收入、提高生活水平的最有效、最迫切的手段。科学技术是最大的生产力，农业科学技术和各项农业科技措施，是农村最直接、最现实、最有效的生产力，是农民增产增收、脱贫致富的有效捷径。

（7）培育和完善市场体系，在对外开放中发展民族经济。由于历史、地理等诸种因素的制约，"直过民族"地区的市场发育程度极为低下，农产品的集贸规模很小，而且品种单调。"直过民族"地区要从培养、引导农民的商品观念入手，扩大乡村街子，建立一些具有地方民族特色的各类农副产品市场，打破城乡条块分割和地区间的封锁，建立起跨区域、开放的综合性市场。

（8）加强基础设施建设，改善投资环境。"直过民族"地区要加强和改进道路交通、水库沟渠、电力通信、广播电视等基础设施的建设，为"直过民族"地区的经济发展、文化繁荣、社会进步提供支撑，创造条件，注入活力，这是"直过民族"地区全面建设小康社会的基础和前提。

（9）依靠科技进步，在保护环境的前提下对各种资源进行综合开发。"直过民族"地区对各种资源的综合开发时，要坚持科技领先，坚持可持续发展战略，特别是要坚持经济效益、社会效益和环境效益的"三统一"，坚决避免一哄而上、掠夺式开发。在开发全过程中，要注重区际优势重组，实现区域间经济优势互补、协同发展。

（10）重视生态环境和生物多样性的保护，实现人与自然的和谐发展。"直过民族"聚居区必须从可持续发展和全面建设小康社会的高度，重视环境保护和生态建设，把它列入全面建设小康社会的重要内容，有规划、有步骤地实施。坚定地保护生态环境，维护好"直过民族"地区独特的生物多样性，合理、高效开发区内自然资源，已成为本区域经济、社会发展的重要指导思想。这样，在保护生态环境、保持生物多样性的前提下发展"直过民族"地区经济，才能实现人与自然的和谐发展。

（11）推进"兴边富民工程"，加大扶贫开发力度，着力解决群众的贫困问题。"直过民族"地区要与全省同步实现全面小康生活和现代化，国家必须从各方面对"直过民族"地区采取特殊的扶持措施。综合开发、整体推进相结合；把政府行为与市场机制相结合，确保实现"直过民族"地区解决群众温饱的目标。

（12）加快"直过民族"文化、卫生、体育事业发展，促进社会全面进步。要高度重视"直过民族"的文化工作。文化的贫乏不可能孕育和保持经济的高速增长，只有大力提高各族人民的思想道德和科学文化素质，"直过民族"地区的经济才能不断发展。

（13）坚持和完善民族区域自治制度，认真贯彻民族法律、法规，结合实际执行党对少数民族的扶持政策。要全面贯彻落实民族区域自治法，进一步加强民族法制建设，用足、用好、用活党对少数民族的扶持政策。同时，"直过民族"地区各级党委、政府及有关部门要加强联系与沟通，及时了解广大少数民族群众的意愿和要求，以便结合实际执行好民族政策和法律、法规。

（14）加强农村基层民主政治和精神文明建设，完善农村社会保障制度。要加强农村基层民主政治建设，加强精神文明建设，建立和完善农村社会保障制度。

（15）切实加强禁防工作，消除毒品和艾滋病的危害，振奋民族精神。"直过民族"地区大都地处国际毒品基地缅甸金三角的前沿，多年来，各族人民深受毒品危害。因此，必须进一步深化对毒品的认识，高度重视禁毒和防治艾滋病工作，有效解决毒品和艾滋病问题，采取强有力的措施禁绝毒品，为全面建设小康社会营造文明、健康、良好的社会氛围和基础。

（16）认真贯彻落实党的民族、宗教政策，加强民族团结，巩固和发展社会主义民族关系，努力创建平安、和谐的边疆环境。"直过民族"地区各级党委、政府和广大少数民族群众要珍惜和发展安定团结的大好局面，认真贯彻落实党的民族、宗教政策，要牢固树立民族、宗教无小事的思想，依法加强对宗教事务和宗教活动的管理。要通过扎实有力的工作，切实维护"直过民族"地区的社会稳定及边疆的长治久安。

三、研究的学术价值、应用价值以及社会影响与效益

（一）研究的特色

本题组所形成的研究成果，以马克思主义辩证唯物论、唯物史观和科学发展观为指导，遵循发展中国特色社会主义的理论、党的民族理论与政策、建立和谐社会的思想，对云南"直过民族"全面建设小康社会的历史与现状展开了理论论证与实证分析，运用各种现代科学研究方法和技术手段，在对云南"直过民族"的政治、经济、文化、社会历史、现状全面调查、研究的基础上，结合云南"直过民族"的实际状况，探索了云南"直过民族"全面实现小康社会的政策、措施和途径。课题调查组成员由多名少数民族组成，有的直接负责对本民族的调查，为课题的顺利研究打下了良好的基础。

（二）研究成果形式

课题组成员按照课题所设计论证的内容，通过实事求是、深入细致、严肃认真的实地调查，对云南"直过民族"全面建设小康社会的特点、规律、途径等作了较为全面、深入的了解和把握，并在获取文献资料和实地调查的基础上进行分析、研究，形成了独龙族、傈僳族、怒族、布朗族、德昂族、基诺族、景颇族、佤族等八个专题研究报告和一个综合报告。

（三）成果的学术价值和应用价值

该成果在总结云南"直过民族"第一次历史跨越的成功经验和规律的基础上，以矛盾普遍性与特殊性基本原理为指导，结合云南"直过民族"的具体实践，从理论上探索并论证了云南"直过民族"社会发展共性与个性的辩证关系，为社会基本矛盾发展规律理论提供了个案分析论证，也为云南"直过民族"寻求到了实现第二次历史飞跃的理论依据。

（四）成果的社会影响和效益

作为实证性研究成果，其立论和调查研究的基点都立足于实践，研究成果可直接用做云南"直过民族"地区各级党委、政府全面建设小康社会的决策参考。作为各民族经济、社会发展的最低层次的弱势群体，其全面实现小康社会的历史过程，对我国乃至世界各国的后进民族的发展也将起到积极的示范作用。

课题名称：云南"直过民族"全面实现小康社会研究

课题负责人：张晓松

所在单位：云南民族大学

主要参加人：普同金　李　根　刘文光　赵学先　赵云合
　　　　　　杨文顺　陈云芝

结项时间：2007 年 12 月 28 日

云南民族文化产业发展实证研究

一、课题研究的目的和意义

课题的主要目的是以云南少数民族文化和文化产业作为研究、考察的重点，从文化哲学和文化人类学、民族学及产业经济理论的角度审视云南少数民族文化在现代化和全球化发展中的重要意义，探讨民族文化的传承（保护、发展）的机制、探讨民族文化产业在云南发展的现状和未来发展的方向、对策，研究民族文化和文化产业发展之间的互动关系。

在经济全球化和文化多元化格局的当下，云南民族尤其是经济落后地区的人群，如何在现代化语境中，既传承和发展自己的文化，同时又借助旅游经济和文化产业的发展，迅速发展地区经济、摆脱贫困、提高生活水平是非常重要的。本课题研究的主要意义就在于通过广泛的调研和深入的分析、研究，探讨区域民族文化产业发展的资源基础、有效途径和发展对策。

二、研究成果的主要内容和重要观点或对策建议

课题主要包括如下几个方面的内容：

一是对云南民族文化资源的现状、保护与开发进行研究。在现代经济尤其是在以旅游经济为典型的体验经济的发展中，进一

步在文化产业的发展中，传统的民族文化在一个新的、更大的经济活动范围内成为一种可以转化为资本的资源。民族文化资源有其稀缺性与脆弱性，因此在开发的同时更要加以保护。民族群体是民族文化资源保护与开发的主体，地方政府在民族文化保护与开发中起着重要的作用，选择合适的方向和目标以发展、促进保护是民族文化资源开发的必然路径。

二是对近年来云南文化产业发展进程进行跟踪。先后完成了包括《云南省地州市文化产业发展调研报告》、试点调研验收报告部分地区文化产业发展规划调研以及滇西民族民间工艺品调查等在内的研究内容，从宏观和区域多层次上掌握了云南民族文化产业发展的基本状况，并在此基础上形成了多篇论文。

三是对云南民族文化产业进行了分行业门类的深入研究。综合国家和云南目前文化产业发展的主要门类，我们认为，云南文化产业主要包括八大门类，即新闻出版业、广播影视业、演出演艺业、休闲娱乐业、会展文博业、体育产业、乡村文化产业、民族民间工艺业。在此基础上，整合省内外各行业门类的专家成立子课题组，对各行业门类进行了深入的信息统计、数据分析、发展现状、存在的问题和发展对策的研究和论证。

课题研究最终成果即研究报告的形成，建立在对以上三个方面内容深入研究的基础上，主要分析了云南民族文化产业发展的基本态势和特点：宏观政策的保障给云南民族文化产业的发展源源不断地注入了新的动力；云南民族文化产业依托旅游业平台发展起来，和旅游业相关的产业门类和区域发展迅猛，构成了云南文化产业发展的重要特征；经过几年的努力，云南民族文化产业发展的试点工作取得了巨大进展，民族文化产业发展的区域布局在全省内基本形成；云南民族文化品牌初步树立，品牌效益日益凸显。在对态势描述的基础之上，也客观地提出了云南民族文化产业现阶段发展中存在的瓶颈和问题：文化企业及其从业人员在数量上都明显不足，制约了文化产业的规模化发展；民族文化产业中的主导产业不明晰，产业结构需要进一步调整；现阶段云南民族文化产业中的文化产品生产较为低端和单一，没有复合产品和延伸产品的开发，营利模式较为单一；创意、营销人才的缺乏，也构成了云南民族文化产业发展的一个重要"瓶颈"。

针对现阶段云南民族文化产业发展存在的问题，通过研究分析，进一步提出了云南民族文化产业发展的对策和建议：第一，强调云南民族文化产业的发展要找准定位，在差异化发展中形成优势，应围绕云南丰富的民族文化资源，做强做大文化旅游业及与之相关的民族民间手工艺品业、乡村文化业等；第二，要确立民族文化产业发展的主体，在市场开拓中寻求发展的动力；第三，要积极培养人才，激发民族文化产业发展的活力；第四，要加强资源保护意识和措施，走可持续发展的路子。

三、成果的学术价值和应用价值

该课题研究的学术价值主要体现在两个方面：一是多年来由省委、省政府和各级地方政府积极推动云南文化产业发展实践及理论研究，因此大部分的研究成果都必然受到政府政策、发展思路等或深或浅的影响，站在政府层面审视云南民族文化产业发展的研究很多，在很大程度上没有看到或者忽略了民族文化产业真正在地方、民众间发展的实际情况。本课题从一开始就确立了非政府层面的立足点，研究中除官方提供的权威数据外，更多的是根据课题组自己到各区域调研搜集和长期跟踪观察而获得的信息资料进行分析、研究。因此，本课题的主要成就在于和过去的政府工作报告、一般的研究报告形成了区别，而以更为客观的角度，真实地描述了云南民族文化产业发展的态势。二是本课题在研究方法上作了一些新的探索。如整合了省内各产业门类专家的观点和意见，在权威数据的基础上开创性地进行一些计算，以说明产业发展的现状等。本课题应当能从学术研究方面提供给其他研究以新的思路和新的方法，同时也是云南民族文化产业理论研究的一项重要成果。

课题研究有较高的应用价值，通过对云南民族文化产业发展态势的深入分析，提出了具有较高实践指导意义的对策。如提出云南优先发展的产业门类和区域产业门类选择的具体方向；把握云南民族文化产业发展的准确定位，提出特色化市场和分众化市场的培育；针对人才缺乏的瓶颈，提出了"百千万传统民族工艺人才"培养工程等具体的人才措施；在保护民族文化资源方面，提出了立法、文化资源信息库建设、民族文化品牌建设等方面的具体措施。

课题名称：云南民族文化产业发展实证研究
课题负责人：施惟达
所在单位：云南大学
主要参加人：李 炎 林 艺 王 佳
结项时间：2008 年 1 月 3 日

旅游业对民族文化变迁的影响及其
相关问题的解决对策

一、课题研究的目的和意义

云南以其多样的自然景观和民族风情吸引了大量来自国内外的游客。但是，随着游客的大规模拥入及某些旅游资源的过度开发，旅游目的地的生态环境、社会环境和传统文化受到了一定的负面影响，甚至部分民族文化也发生了变异并丧失了原有的民族性。虽然旅游业为当地带来了巨大的经济效益，但由于对传统文化保护的认识不足，缺乏科学有效的指导、管理和保护措施，使得上述问题日益严重，给旅游业的可持续发展带来了严峻的挑战。

课题主要从云南民族旅游发展的实际出发，从旅游人类学的视角，对旅游业给云南少数民族社会、文化带来的负面影响进行了多方位的理论及实践研究，并提出了相应的解决对策。希望通过此课题研究能够给云南旅游业的可持续发展提供一定的参考。同时，也希望能够引起政府部门、旅游企业及其开发商对民族文化保护的高度重视。

二、研究成果的主要内容

该课题从云南民族旅游发展的实际出发，从旅游人类学的视角，对旅游业给云南少数民族社会、文化等带来的负面影响进行了多方位的理论及实践研究，并提出了相应的解决对策。这些研究包括对民族文化变迁、文化真实性（舞台真实、商品化）、民族传统文化的开发与保护，舞台真实、民族传统文化的保护及变迁问题，民族旅游工艺品的开发与创新问题，民族旅游中角色转换问题和民族村寨的保护及开发问题等。主要可归纳为无形文化的开发和保护、传统文化活动中的真实性问题和民族文化商品化及传统文化的发展等方面。

（一）无形文化的开发和保护

无论是自然资源还是文化资源，开发和保护的关系历来都是人们探讨最多的，无形文化资源的开发和保护就更值得我们关注。无形文化资源或遗产的最大特点就在于它们的真实性和传承性，如果不加以开发和运用，它们就有濒临消亡的危险；但是如果开发过度，就可以使文化的内涵变异甚至消失。对此，众多学者发表了各自不同的观点。从西方国家来说，他们更多地强调保护的原则。可是，随着时代的发展和变迁，在全球化的今天一味谈论保护是行不通的。按照文化变迁的理论来看，任何一种文化都处于一种恒常的变迁当中，即文化不是一成不变的，而是不断发展变化的。另外，文化是可以被创造出来的，而且这种文化可以随着时间的变化而变成一种世界性的文化而被大众游客所接受。因此，部分学者提出了"本土化实践"理论，即在开发文化遗产的实践中，首先必须遵循在原有文化形态基础上加工发展的原则；其次，这种传承和创新，必须确保当地人为真正的传承者，并保持其本土化的特色。本土化意味着某种无形文化的地域性、民族性、传承性、真实性等多方面的问题，本地区、本地人应该是该种文化的主要传承者。研究和处理好经济开发和文化遗产的传承、发展和现代化的关系，是人类学中研究"文化变迁"所要关注的问题。只有处理好这些问题，才能真正做到经济和文化的双赢。

（二）传统文化活动中的真实性问题

正如保护文化遗产的重点和难点在于无形性文化遗产，"真实性"问题也突出地体现在为旅游而"包装"的传统活动、庆典和民间艺术之上。批评家们对旅游导致的这些遗产性活动商业化深恶痛绝，认为地方文化经常由于被当做一种旅游吸引物而遭到破坏，变得面目全非，毫无意义。但是，他们的观点总是基于这样一个论断：目的地的文化在旅游活动影响它之前本来是处于一种原封未动的状态。而事实上，在通信设施如此发达、传媒力量如此强大的今天，大部分传统社区早就经历了各种外来文化的冲击和影响，再者，既然真实性的本质是其文化内涵，那么基点必须是由东道社区来确定什么是对他们最有意义的。从这个意义上来说，真实性就不一定是仪式、比赛、壮观的场面或庆典本身，而只是专门为旅游者、媒体上的成功而把这些成分加工、改造和利用的程度而已。

（三）民族文化商品化与传统文化的发展

随着旅游业的发展，游客的大量涌入和在东道国的活动使得东道国的传统文化发生变迁，在游客和东道主的互动作用下，传统文化为迎合外来游客的需要，自觉不自觉地更新与变化。大量的研究案例表明，民族旅游文化的商品化对民族传统文化的影响非常复杂，它既可以促进民族传统文化的延续，又可以刺激民族传统文化的变迁。在我们看来，旅游活动不但是一种经济的活动，而且更大程度上是一种文化活动，且这些文化活动转过来又更加促进了经济的发展。旅游要产业化，就必然要商品化，关键是如何使这些文化旅游资源商品化。

1. 真实性与商品化

现代旅游业本身就是商品化的产物，民族旅游工艺品既然是市场的选择与结果，那么就不可避免地要被商品化。对于今天民族工艺来说，虽然商品化的确在某些方面破坏了民族文化的真实性，使一些民族传统文化成分丧失了原有的内涵，但是商品化似乎是其得以传承下去的最好途径。同时，真实性和原生态使民族村寨旅游与其他民族旅游相比更具吸引力。因此，民族传统文化的完整性和真实性要优先于商业考虑。一旦走了样，变了味，失去了特色，旅游业也就失去了根基。

2. 涵化与创新

文化涵化正是本土文化与外来文化在价值观相互冲突过程中的双向建构与调适。民族旅游工艺品的产生实际上也是对传统工艺品的一种创新，虽然它与传统的工艺品再生产背景、目的、方式、工艺及功能等方面有显著的区别，但是它是传统工艺品在现实需求与"涵化"基础上开发和创新出来的，是某种程度上对民族器物表征文化的发展与创新。

3. 传统与现代化

民族旅游工艺品作为某一民族传统文化的一部分，能够反映某一民族地区某一历史时期的文化状态，是民族文化的载体。在旅游业的开发中，它被作为民族地区重要的文化表征物而受到旅游者的欢迎。然而，随着工业化和现代化的推进，少数民族传统文化将不可避免地面临一次空前的变迁，其中不少民族传统文化将面临失传、消失和无以为继的危险。理性地对待民族传统文化而不是简单地否定和抛弃民族传统文化，不但可以促进民族传统文化的繁荣，而且还可以降低变迁成本，最重要的是增强本民族居民对自己的民族和民族文化的自信心。

三、成果的社会影响和效益

云南在 21 世纪的今天还保留着各具特色的民族文化，就在于其地理的封闭性和与外部强势文化过少的交流。而旅游开发就促使和加速了这种文化的交流。一方面体现在外来游客带来的文化对当地文化的影响上，另一方面体现在旅游的开发极大地改善了当地的交通状况，也增加了其与外部文化交流的机会和频度。但是，社会要发展，人民要富裕，这是不争的事实。同样，云南在旅游开发中所带来的经济和社会效益也是有目共睹和令人欣慰的。但由于缺乏一些有效的保护措施，部分民族文化随着旅游的开发有加速异化的趋势。文化变迁并不等于文化异化。民族文化可以创新，但必须是在保护传统文化根基的基础之上，是在保留其文化元素和精髓的基础之上。如果一味地只谈开发，而忽略了开发与保护之间的互动机制，最终将会造成传统文化的变异、破坏，甚至消失。反之，如果能在保护的基础之上进行有意义的开发和创新，将有利于民族文化的保护和传承，同时也会给当地人带来巨大的经济收益，真正做到开发和文化保护的共赢。该课题从人类学的视角来看旅游业对民族文化变迁的影响，并且提出了相应的解决对策，为相关部门在作旅游发展决策时提供了适当的参考。

课题名称：旅游业对民族文化变迁的影响及相关问题的解决
　　　　　对策

课题负责人：张晓萍

所在单位：云南大学

主要参加人：黄　泽　彭兆荣　马翀伟　李燕妮

结项时间：2008 年 4 月 13 日

云南名村名镇与云南民族文化
强省建设的关系研究

一、课题研究成果的主要内容和观点

（一）第一编是"总论"

"总论"部分包括"导言"。"导言"部分结合人类学、社会学关于村镇的定义，结合目前我国国家和省级有关部门正在做的"古村落保护"和"名村名镇"评选活动等，对"村镇文化"作了比较细致的论述，特别是对该课题聚焦的"名村名镇"的概念作了阐述。"总论"对几个关于云南村镇文化调研和保护实践的大课题作了简要的回顾。其中，包括"民族文化生态村"的调研和实践课题、"滇西北保护与发展行动计划"中的文化生态保护村调研、云南试点探寻乡村文化特色发展之路。然后分几个专题来阐述课题的主题：

（1）民众的"文化自觉"是保护好云南名村名镇的首要前提。

（2）民俗的保护是名村名镇保护的根基。

（3）村镇文化的保护、发展要走多元化的道路。

（4）文化传人的培养是名镇文化保护的关键。

（5）在村级学校进行乡土知识教育对名村名镇保护的重要

意义。

（6）云南古村镇文化保护、发展与社会主义新农村建设。

（7）国外视野：意大利乡村生态博物馆对云南省名村名镇文化保护和发展的启示。

该课题所指的"名村名镇"包括两个方面的含义：一方面是指国家或省级有关部门已经正式授予"历史文化名镇名村"等称号的村镇；另一方面，也包括那些虽然还没有获得官方授予的荣誉称号，但在本地已经是很有知名度，在历史文化遗产和民俗文化的各个方面或某个方面已经形成突出特色和优势的村镇。如，课题第二编里所选维西县的塔城村、丽江市玉龙纳西族自治县以传承东巴文化见长的塔城乡署明村、以传承纳西族"祭天"仪式文化和民俗的丽江市古城金山乡贵峰三元村等。

目前，建筑学界物质和非物质文化遗产研究和调查中涉及村镇时，常常用到"古村落"这个词汇。国内建筑学界对"古村落"这个词汇的定义主要有以下内容：所谓古村落，是指民国以前建村，保留了较多的历史沿革，即建筑环境、建筑风貌、村落地址未有大的变动，具有独特民俗民风，虽经历久远年代，但至今仍为人们服务的村落；作为完整的生活单元，它们由于历史发展中偶然兴衰因素的影响，至今空间结构保护完整，留有众多传统建设遗迹，且包含了丰富的传统生活方式，成为新型的活文物。1997年，建设部将一些文物古迹比较集中，或能较完整地体现出某一历史时期的传统风貌和民族特色的街区、建筑群、小镇、村寨等，根据他们的历史、科学、艺术价值核定为历史文化保护区。因此，我们目前所见到的古村落是可以亲历的生命史中的一个阶段，它与遗址不同，是农村乡土环境的重要活见证，对历史文化区的保护工作具有典型的指导意义。我们在此所作评价的目的不是分清其在生活方式、文化传统方面的优劣，而是能正确地、以可度量的标准为基础判定古村落的当前状况，为保护、发展作准备。经过几百年的演变，传统的乡土建筑疮痍满目，基础设施陈旧，改造势在必行。但改造应小心谨慎，以免不可再生的历史文化遗产遭受损失。

云南 70% 以上的人口在农村。云南的几大支柱产业都和"农"字有关。云南经济和文化的发展，都与乡村有密切的关系。保护好乡村文化，是云南省建设"民族文化大省"并向"民族文化强省"迈进的根基和各民族文化赖以可持续发展的平台。村落和小镇历史文化遗产和民俗文化等的保护，应首先从一些具体的、有突出特色的点上做起，这就是我们把本课题定位在一些"名村名镇"上的原因。名村名镇，是一个地方最具有代表性的村落和古镇文化的缩影。经过长期的历史积淀和积累，各地、各民族的名村名镇有非常浓郁的文化特色，集中了一个区域和一个民族（或一个族群）最具个性化和民俗特色的历史文化。如，课题中所选的丽江的束河、云龙的诺邓、腾冲的和顺、鹤庆的新华村等，或方方面面皆具特色，或在某一方面独领风骚，总之，都是各地、各民族本土文化的集大成者。保护和发展好各民族和各地的名村名镇，就可以引领其他大量的村落和小镇的文化保护和保护基础上的创新和发展，所以，名村名镇文化的保护和当代发展的研究，对云南这样的民族文化大省来讲，是至关重要的。

目前，不能不引起我们警觉和正视的一点是，云南的很多乡村正处在急剧的社会变迁中，在主流文化、外来文化的冲击下正发生着变迁，村寨民俗、歌舞艺术、节庆、传统民宅等有形和无形文化、风采卓然的村寨个性特点正在逐渐地、悄悄地衰落、消失。云南作为一个广为人知的"民族文化大省"，旅游经济等支柱产业的发展又在很大程度上依靠文化资源。因此，云南村落文化的保护比其他很多地方更显得迫切和重要。重视保护和发展云南的"特色乡村文化"，是促成云南民族文化强省建设的重要条件和关键的基础工作。

（二）第二编是对云南的 9 个名村名镇的个案调研

该课题的第二部分是对一些有代表性的名村名镇的个案调查。课题选取了全省比较典型、且有较为典型的区域和民族特点的几个名村名镇作为个案，有的不一定是已经入选国家和省级的名村名镇，但在各民族和各个地区确实闻名遐迩，是民众认同的名村名镇。这些名村名镇分别属于汉族、傣族、藏族、纳西族、白族，是该地和这些民族中历史悠久、特点突出的一些村镇。有的村镇在目前旅游发展的过程中，其文化资源开始造福本地民众；有的村镇则没有受惠于旅游等，但保持着比较本真的乡土文化面貌和日常的村落生活。挖掘和充分利用其文化资源，使之裨益于村落的社会和谐、人地关系和民众生活质量的提高，则是这些所调研的村镇民众的共同愿望。

课题组根据自己的调研，结合各地的情况，分别对这些村镇进行了文化、民俗、宗教、经济和社会诸多方面的介绍和剖析。从这些个案中我们能进一步深入认识到云南名村名镇的多样性及其在云南整体文化中举足轻重的意义。

第二编包括以下村落个案的调研：

（1）傣族的村寨文化及其当代价值——西双版纳曼飞龙村的个案研究。

（2）孟连县娜允傣族古镇保护的价值和存在的问题。

（3）白族千年古村云龙县诺邓传统文化保护与生态旅游示范村建设的研究。

（4）鹤庆县新华村民族手工艺传承发展研究。

（5）玉龙县束河（龙泉）传统文化和生态保护村调查。

（6）腾冲县和顺镇及其文化品牌打造。

（7）维西县塔城村藏族男子箭友会及其活动。

（8）宁蒗县永宁乡扎实村摩梭母系文化和生态保护村。

（9）玉龙县宝山乡"宝山石头城"纳西古城文化保护村。

（10）以古民居为亮点的建水县团山村。

二、课题研究的主要创新点

该课题围绕云南名村名镇与云南民族文化强省建设的关系这个主题，从上述各个与云南民族文化强省建设密切相关的方面进行有大量事实根据的论述，言之有物，而且还根据研究者的调研实践，在借鉴国外的做法上也有新的建树。课题既有深入的理论探索，又有课题组成员调研的9个具体的村镇案例，做到了理论探讨与实际调研相结合。

（1）课题从村镇文化建设的角度入手，对中国云南乃至西部少数民族地区的村镇文化保护、传承和现代的发展作了结合实际的探讨，在民族现实问题研究上提出了一些新观点。此外，课题对云南的村镇文化保护、发展与云南省建设民族文化强省之间的关系提出了一系列中肯的看法、意见，既有顾及长远的多种建议，又有可操作的具体意见，在国内学术界产生了较大的影响，其研究成果有的被《云南社会科学》、《中国民族报》等登载，有的被《新华文摘》摘录。

（2）课题提出的观点，有助于深 化我们对保护云南名村名镇的认识，促进云南民族文化强省建设目标的实现。课题论述云南名村名镇的保护和发展，是指包括了物质文化和非物质文化两个方面的保护和发展。由于年久日深，遭受自然的损坏和人为的破坏，再加上传承人的自然衰亡和现代文化变迁中人们观念的变化，使物质和非物质文化遗产都处于濒危和失传的状态。因此，要进行大力的保护，使我们的优秀文化传承和延续下去，才能有在继承基础上的当代发展。名村名镇所具有的物质和非物质的文化遗产比一般村镇更集中、更典型，所以更应把对它的保护置于重要地位。名村名镇的保护任务是物质文化和非物质文化的双重保护。在云南的村镇里，与文化变迁剧烈的我国内地村镇比较，非物质文化遗产更为丰富多彩。所以，我们应该致力于营造更多的文化名村名镇，保持云南乡土文化土壤的持续丰饶，为建设民族文化强省打下良好的基础。

课题名称：云南名村名镇与云南民族文化强省建设的关系研究

课题负责人：杨福泉

所在单位：云南省社科院

主要参加人：郑晓云　黄光在　杨国才　和建华　周智生
　　　　　　张海珍　郑　海

结项时间：2007 年 11 月 20 日

法　学

多元政治力量下云南藏区社会秩序
形成的历史考察

一、课题研究的目的和意义

云南藏区由于自己特殊的地理位置，在发展中既形成了青藏高原藏族的一般社会制度文化特征，又形成了有别于西藏、四川、青海藏族社会的文化特点。所以，云南藏族在新中国成立前在法律制度上形成了既具有藏族社会一般特征又具自己特点的法律制度。这些地区的社会由于其特殊性，在社会秩序的构建上比较特殊，近代以来呈现出多元性和特殊性。学术界对云南藏区的研究，过去主要集中在宗教文化、社会发展的问题上，很少有对其清代，特别是近代以来社会秩序形成和支持系统的研究。所以，对云南藏区近代以来社会组织、社会控制和纠纷解决机制的变迁和三者相互关系的研究，可以揭示这一地区社会秩序在近代以来的形成情况，为民族地区的和谐社会构建提供历史的经验和理论的探讨。

二、研究的主要内容及对策建议

（一）研究的主要内容

清代以来，特别是近代以来，云南藏区的社会组织、社会控制和纠纷解决机制三个方面的发展变迁有自己的特征。这三个方面的变迁具体表现如下：

首先，在社会组织结构上。清代以来从云南藏区的社会组织变迁来看，经历了多元向单一，再到多元的发展历程，这种组织的变迁也是国家在多民族、多宗教地区权力发展的变迁。在社会组织的变迁中，清初到清末，国家并没有积极地改变这一地区的基层社会组织结构，国家采用的是传统方式，即自上而下的增设新的组织机构，用此削弱传统社会组织的作用。民国时期，国家虽然想在基层社会组织上进行积极的改变，但收效很小，因为这个时期虽然改设区、乡、保甲等，但仅是国家话语体系，而不是真实的重构。这一地区的社会组织结构最大的、本质性的改变发生在新中国成立后的 1957 年以后，随着土地改革和人民公社的推进，国家新设的社会组织产生了相应功能，并且完全消除了传统社会组织的功能，特别是在人民公社时期，由于实现了政社合一，这一地区的社会组织可以说完全国家化了，国家可以把政令彻底地执行到民间社会的每一个角落。当然，1949 年以后，从国家在乡村社会组织设置变化很快来看，存在着国家对基层社会控制中的矛盾选择：一方面，国家想尽力控制住民间基层社会；另一方面，国家又在行政成本上无法承担完全控制民间社会的负担。所以，如何解决两者的矛盾是基层社会组织设置选择的关键。

其次，从社会控制力量上看。清朝以后，云南藏区经历了多元到一元的发展。其中，1956 年以前整体表现出多元的格局。当然，这个时期国家的选择也不同。在清朝，特别是在光绪以前，清朝中央主要关注的是地方政治的安定、国家边疆的稳定，所以表现出关注的是军事、政治（如对当地不同势力的平衡等），而在民政上，特别不涉及政治稳定的民政事务，国家并不采用主动方式介入。民国时期，国家虽然从目标上有加强控制的追求，但在现实中却出现相反的发展，甚至清朝时获得的政治稳定也不能保证，具体表现在民国政府在该地区的驻军减少、流官政府软弱、该地区出现土匪为患的社会现实。1949年以后，国家对该地区的社会控制在1957年以前与清朝相同，主要是政治稳定、边疆统一，但1957年以后，国家对该地区的社会控制已经发生了变化，国家的目标已经完全是把该地区的社会纳入国家的控制，其中加强民政控制是目的。国家在民政控制上的加强，导致了这一地区传统控制力量的削弱和消除。如土司、宗教势力等在社会生活中不再存在。虽然这种过渡的民政事务的控制到"文化大革命"结束时发生了转变，在计划经济下国家对民政事务的控制还是很强，也有途径和能力进行控制。然而在市场经济时代，国家在民间民政事务的控制上却表现出减弱的态势。这是由两方面的原因造的：首先是国家想减少负担，二是国家缺少途径。

最后，从纠纷解决机制上看。云南藏区到清朝以后，在纠纷解决上发生了重大的变化，那就是流官政府成为当地最高的纠纷解决机构。但同时，在纠纷解决上还受到藏族人民固有的纠纷解决机制（如土司、寺院等）的影响，其中影响最大的是寺院。这些导致云南藏区纠纷解决上呈现出以下特点：纠纷解决机制的多元性。从上面的分析可以看出，在清朝以来，在云南藏区纠纷解决机构上，除了传统的民间组织，还有土司、寺院和流官政府；清朝以来，在纠纷解决上，特别是"改土归流"以后，中央流官政府在权位上取得了主导地位。这表现在如下几个方面：一是"春云会议"审理的判决还要上报流官政府；二是很多案件，特别是重大纠纷往往会被藏民起诉到流官政府中；三是流官政府会根据案件的性质进行直接管辖。由于纠纷解决主体的多元性，在云南藏区也表现出纠纷解决法律适用上的多元性。如有适用习惯法、寺院教律、教规、国家法律等。这在上面分析的案例中都有表现。当然，在云南藏区，流官政府对藏民的纠纷管辖，并不必然意味着国家法的适用。如在陶瑶殴毙杨氏女一案，在法律适用上就适用藏族的习惯法。这种现象保持到 20 世纪五六十年代。当代，特别是 1957 年以后，云南藏区的社会结构已经从传统进入了现代社会结构，所以在社会纠纷的解决中国家起到了绝对的作用。虽然 1980 年以后，国家在民间社会中建立起了各种非诉讼纠纷解决机制，但这些社会纠纷解决机制表现出了十分强的国家性特征。因为它们在社会纠纷的解决中其实起到标准作用的往往是国家法。当然，在 1993 年以后，特别是在 2000 年以后，社会纠纷中一些传统的、民间的社会纠纷解决机制开始出现。

课题组之所以对云南藏区清朝以来特别是近代以来的社会组织、社会控制和纠纷解决机制三个方面进行历史考察，主要是因为这三方面是一个社会秩序形成的主要因素。同时，这三方面的变化对某一地区的社会治理具有重要的作用和意义。

通过分析，课题组得出以下结论：

首先，云南藏区社会的变迁中存在着组织制度的变迁，特别是县一级以下的变迁，结构的变迁对自身社会控制和纠纷解决机制的形成和变化都有重要的影响，特别是基层社会结构的变化对乡土社会的社会控制体系和社会纠纷解决机制的选择上具有决定性的影响。所以，国家对这一地区的治理上如何构造乡村组织结构具有关键性的作用，是国家如何获得乡村权威和能力的关键。

其次，乡村社会与国家权威的关系是复杂的，虽然可以通过改造乡村基层社会的结构来获得一些力量，但存在着国家过于深入乡村基层组织会导致乡村社会的生产功能的弱化。因为，乡村社会中的主要功能是民众通过生产获得生存，而国家的政治权力的深入会导致在获得权威的同时引起生产功能的弱化，这最为明显的就是 1958 年以后人民公社和"文化大革命"时期。因为人民公社让乡土社会成为了国家实现自己政治目标的工具和途径，导致乡村社会基本功能的消融。

再次，云南藏区作为传统社会组织和宗教全民化的社会，它在社会控制和纠纷的解决中表现出明显的多元性和地方性特征。这种多元性和地方性特征会把国家对乡村政治的控制削弱。当然，对于这种多元性特征，国家对这一地区的基层治理上只能采用相对灵活和多样性的方式进行。

最后，国家在这一地区的治理上，整体表现出越来越强的特点，同时社会结构上也越来越一体化。当然，社会组织、社会控制和纠纷解决机制的一体化与社会秩序的获得并不构成同步，甚至会出现相反的现象。如，清雍正朝以后到光绪朝时，虽然国家在这一地区的治理表现出没有深入到基层，但却获得了很好的社会秩序和国家权威。而民国时期，虽然国家努力设立各种社会组织，但由于其他原因，社会秩序的获得反而无法与清朝时期相比。

（二）研究提出的对策建议

课题组认为，在新时期下，特别是在以市场经济为社会运作的基本前提下，农村产生了以户为中心的生产方式时，民间社会理所当然地进入了相对"自治"的生活状态，虽然国家在表面上获得了解脱，可以不负担公共产品，其实相反，国家在这种社会中更需要通过提供民间社会以户和个体为中心的社会生活无法获得的公共产品来获得民间社会的认同和承认。所以我们认为，在新时期为了构建和谐的云南藏区社会，应该注意以下问题：

首先，构建起一个灵活、相对自治的基层社会结构是十分重要的。在云南藏区这样多民族、宗教性较浓的地区，国家在治理上应注意到政治目标的获得和地方自治的平衡。国家在制度设置上如何构建这些地区的基层社会结构具有决定性的作用。这当中也存在一个问题，那就是当国家对基层社会控制太紧时往往会带来一些相反的作用。

其次，在社会控制方式上，研究认为，采用一种多元的、正式的、非正式的社会控制体系是最能适合当地社会的需要的。这是由当地社会中的文化多元、宗教多元等因素所决定的。不主张完全采用国家力量，因为人民公社时期就证明了这种方式存在缺点。同时也认为，在承认民间的、非国家的社会控制力量时，应进行相应的平衡和监管。国家控制力量过强会导致国家权力的滥用；相反民间力量过强也会被滥用。所以我们认为，最好建立一种以国家控制为中心，协调宗教力量、民间力量和国家正式组织之间的平衡关系的社会结构。

再次，建立一种多层次、多维度的社会纠纷解决机制是十分重要的。如何有效地解决社会纠纷是秩序获得的重要因素。从历史来看，国家司法权威的获得并不意味着国家应把所有的社会纠纷都纳入自己的管辖之中。这一点清朝时期就是最好的明证。该地区由于传统社会的因素，很多社会纠纷的解决多由民间进行，加上国家不可能一直采用人民公社时期的政治控制，这就要求国家在纠纷解决中承认一些民间的纠纷机制的作用。但是，民间纠纷解决机制的功能其实与国家提供的正式功能的强弱有关。国家提供的正式功能要是在有效性、公正性等方面具有优势，就会对民间纠纷解决机制产生相应的影响。否则，就会向相反的方向发展。

最后，研究认为，国家在理顺社会基层组织结构、社会控制力量、纠纷解决机制的同时，在新时期，国家对这一地区主要应关注以下问题。一是政治安全。这必须由国家来完成，不可能由民间来完成。二是国家对民间社会的控制应转向提供有效的公共产品，而不是通过简单政治目标的输入。国家进行无限的社会控制是不能获得长期、有效的社会秩序的。现在看来，国家通过提供有效的社会公共事务和公平、公正、高效的公共产品是国家获得民间社会认同的主要途径。所以，我们主张国家减少直接的政治、经济干预，而是通过提供相关的软力量来获得民间社会的认同。这一点可以从"改土归流"后清政府在这一地区的治理历史上看出，当时清政府没有努力把国家的政治力量完全地渗入基层，而是通过提供社会稳定的公共产品来获得当地社会的稳定。

课题名称：多元政治力量下云南藏区社会秩序形成的历史考察

课题负责人：胡兴东

所在单位：云南大学

主要参加人：方　慧　赵文红　朱艳红

结项时间：2007 年 11 月 20 日

和谐社会建设的法制保障研究

一、课题研究的目的和意义

从空想社会主义者傅立叶提出"和谐社会"概念后，对"和谐社会"的讨论已不仅限于哲学家们，而且逐渐进入了政治家的视野，进而成为人人向往并为之奋斗的目标。党中央根据国际、国内形势的变化，从中国特色社会主义事业的总体布局和全面建设小康社会的全局出发，提出构建社会主义和谐社会的战略任务。然而，如何在法律制度上保障和谐社会的建设，国内法学界尚缺乏深入、系统的研究。本课题从法学的视角对和谐社会进行探究，将和谐社会的研究从哲学、政治学层面引入法学层面，将抽象的理论研究具体化为法学实践层面，使和谐社会建设成为可操作的法律制度构建和法律程序的运作。

二、研究成果的主要内容和观点

（一）和谐社会的基本原理及与法治的关系

作为一种具有复杂结构的组织，社会系统的各组成部分或社会体系中诸要素之间形成了以利益为联结纽带的相互联系、相互影响、相互钳制，乃至于相互冲突的持久、稳定的结构模式。只有社会系统中的经济、政治、文化、生活等各个领域都紧密联系、互相协调，整个社会才能始终保持有序、和谐的状态。不同的学科对社会应当达到什么样的状态才算是和谐社会有不同的回答。在法学视野下，和谐社会应当是各种法律关系及其运作和谐的社会。法律关系的和谐包括公法关系和谐、私法关系和谐以及公私法关系之间的和谐；法律运作的和谐包括立法、执法、司法和守法四个基本环节的和谐以及四个环节之间的和谐。

和谐社会至少应有六个方面的表现形式：依法建立的社会管理控制体系能够充分发挥作用；符合法治精神的文化中的核心价值观念有凝聚力；不同利益群体的需求能够依法得到表达和最大限度的满足；社会成员具有依法、有序流动的途径；安定和安全的社会；社会成员之间发生的纠纷能够依法得到有效、及时化解。法治对构建和谐社会有不可代替的作用。这表现在如下几个方面：法治能够保证社会事业的发展和社会纠纷化解机制的建立；保证和谐文化建设的社会主义方向；完善社会管理；增强社会创造活力。

强调法治之于促进"和谐社会"的构建的作用时，同样应当牢牢记住"和谐社会"与法治的两个面相：即"和谐社会"并不是一种十全十美的社会；法治也不是一种没有代价的治理机制。在强调法治之于构建"和谐社会"的意义和价值时，我们同样应当理性地认识法治可能付出的代价。实际上，世界上并不存在十全十美的治理模式，我们的追求和选择只能基于这样的原则："两害相权取其轻；两利相权取其重。"人们选择法治的模式仅仅是因为法治的模式比起人治的模式危害更轻而已。和谐社会的法治保障主要应从国家权力的合理配置、国家权力的有效监督以及公民基本权利的救济机制入手，建立、健全完善的法律机制以抑制和避免"不想要"的社会，从而促进"和谐社会"的构建。

（二）国家、自然和人三种基本力量的和谐

1. 国家权力的和谐

国家权力具有人民性、强制支配性、扩张性和异化性等特点，如果国家权力不能被有效控制，无疑将成为社会主体自身的自主与和谐发展、社会各阶层和不同利益群体诉求的合理实现、人与自然的和谐共生的重大障碍。基于对中国与西方发达国家在国家权力结构和运行的比较分析，研究认为，以分权的方式完善国家权力结构，促进国家权力的和谐、高效、正当的运行和控制是和谐社会的必然前提。国家权力结构和谐才能保障国家权力运行和谐，使社会主体的利益得到有效的实现，也才能防止国家权力被滥用，避免社会冲突和公民权利被侵犯。国家权力的和谐可分为中央与地方权力的纵向和谐以及立法权、行政权和司法权的横向和谐两类。促进国家权力的纵向和谐应通过完善中央与地方关系的法律、深化政治体制和行政机构改革、建立地方的利益表达机制、减少行政层级和改革行政区划体制、推进基层民主自治和有序的政治参与、完善中央与地方的双向监督制约机制来推进。而促进国家权力的横向和谐则应以发挥人大作用，促进立法权归位；依法行使行政权，构建法治政府，促进社会利益协调；促进司法权独立，保障司法公正为重点。

2. 人与自然和谐

人与自然的和谐共处是和谐社会的必然条件，除了行政、经济、道德、宗教等方式外，法律也是一种很重要、很有力的调控手段。通过研究我国现行的环境保护法律和相关制度，并分析、比较西方发达国家的有益经验，研究认为，当前我国人与自然和谐的法制保障存在的问题有如下几个方面：立法思想相对滞后，政策错位；体系和内容均有待完善；GDP 制度的负面作用明显、环境执法和监管不力、环境司法救济贫弱等。只有转变立法思

想，借鉴发达国家的成功经验；提高立法质量，优化环境法律体系；加强环境制度建设，强化相关制度环境；改革环境监管机制，加强环境执法力度，提高司法救济水平，才能有效解决上述问题。在人与自然的关系中，传染病的防治制度也不可忽视和谐保障制度。我们对传染病防治法律框架的设计，2003 年防治"非典型性肺炎"的实践和 2004 年《传染病防治法》所确立的传染病疫情报告、通报和公布制度以及传染病的控制和救治制度、传染病的监督管理制度、传染病防治的财政支持制度进行了分析，指出了相关制度设计的理念缺陷。

3. 人与人之间的和谐

和谐社会涉及人与人关系的诸多法律问题，课题组从民事、行政、刑事以及社会法律制度中各选取一个具有代表性，也是在构建和谐社会中需要进一步加强和完善的制度进行研究。它们是善意取得制度、行政执法制度、刑事再审制度和社会保障制度。在行政执法制度中，存在行政立法不规范；行政执法主体间职责不清，设置较为随意；滥用职权，程序违法，不作为现象突出；行政执法监督不力等问题。解决的基本思路是：加强和改进立法工作；加强行政综合执法力度，推行相对集中的行政处罚；加强行政执法责任追究的力度；加强并完善行政执法监督制度。在刑事再审制度中，存在再审事由规定过于宽泛、原则；法院依职权提起再审违背"自己不能为自己案件的法官"的法律原则；检察院行使刑事审判监督职权不力等问题。解决的基本思路是：细化刑事审判监督程序的法律规定；取消法院依职权提起再审程序；加强检察院的审判监督职能。在农村社会保障制度中，存在农村社会保障缺乏资金支持；地区发展不平衡；农村社会保障体系不健全、覆盖面小；管理体制分散、社会化程度低；法制不健全等问题。解决的基本思路是：增加农村社会保障资金投入；建立、健全农村基本社会保障制度；整合部门资源，提高管理水平；加强农村社会保障法制化建设。

（三）对解决当前影响和谐社会建设的五个热点问题的对策建议

在当前影响和谐社会建设的诸多社会热点问题中，青少年犯罪问题、非法传销问题、传染病防治问题、农民工权利保障问题和毒品犯罪问题尤其值得关注。通过深入分析研究，提出以下对策建议：

对于青少年犯罪问题，应当通过强化社会治安综合治理，净化社会环境，增加就业机会，避免待业青少年无序流动；建立家庭、学校、社区三位一体的教育、预防体制，完善未成年人法律保护体系；建立独立的未成年人司法制度；建立专门的青少年法律援助制度来解决。对于非法传销问题，应当通过缩小城乡差距、贫富差距，实现公平、正义；完善相关法律、规定，加大打击力度；加大宣传力度，积极抵御非法传销的侵蚀；健全制度，建立打击非法传销的长效机制来解决。对于传染病防治问题，要摒弃法律工具主义，而使执法者和司法者时时刻刻恪尽职守，不要平时怠懒，待到运动来时再去努力。对于农民工权益保障问题，关键是要完善劳动立法、加强劳动执法，同时，充分发挥工会组织在表达农民工利益中的作用。对于毒品犯罪问题，应当通过以涉毒人群为重点，加强禁毒宣传教育工作；健全专门的禁毒机构，强化禁毒工作；完善有关法律制度，坚持依法、高效治毒来解决。

三、成果的价值

该课题研究强调和谐社会与法治的良性互动，不仅使法学理论在和谐社会研究中得到了具体运用，丰富了和谐社会研究的内容和理论视角，而且将和谐社会的理论研究转化为具体法律制度设计，在一定程度和范围内填补了我国法学界对和谐社会研究的空缺，具有一定的学术价值。同时，对完善涉及和谐社会建设的诸多法律制度提出建议，对影响和谐社会建设的相关社会热点问题也提出了相应的对策，这些对各级政府建设和谐社会都具有借鉴和参考价值，对促进和谐社会的形成具有积极的现实意义。

课题名称：和谐社会建设的法制保障研究
课题负责人：杨临宏
所在单位：云南大学
主要参加人：沈寿文　邓　博　刘建军　杨得志　陈　颖
　　　　　　苏丽君
结项时间：2008 年 1 月

社 会 学

新型工业化：生态、民族与人文视点

——以云南曲靖为例论多民族地区的工业化道路

一、课题研究的目的及意义

我国是一个统一的多民族国家，民族地区地域广阔，资源富集，战略地位重要。由于历史、自然地理、现实社会等原因，边疆大部分地区属于西部欠发达地区。不仅工业化的时间滞后，而且工业化水平低下，经济、社会发展相对落后，贫困人口相对集中。以往，我国民族地区走的是传统工业化道路，经济发展模式基本上是资本驱动型、资源消耗型，经济增长与资源保障、环境保护之间的矛盾日益尖锐。在当今社会，随着人与自然和谐意识的觉醒，这种粗放型的发展模式已难以为继。

目前，随着世界经济一体化和知识经济时代的到来，多民族地区要加快发展步伐，尽快改变落后面貌，必须要顺应国内外的大趋势。树立科学发展观，以最小的资源代价谋求经济、社会最大限度的发展，以最小的社会、经济成本保护资源和环境，走上一条科教先导型、资源节约型、生态保护型的新型工业化道路，是多民族地区实现全面发展的关键。

党的"十六大"作出了走新型工业化道路的重大战略决策；以胡锦涛同志为总书记的党中央提出了科学发展观的战略方针，明确了"共同团结奋斗，共同繁荣发展"是新世纪，新阶段民族工作的主题；十六届四中全会进一步提出了构建社会主义和谐社会的战略任务，为深入推进西部大开发指明了方向，也为民族地区加速现代化进程，实现全面建设小康社会的奋斗目标提供了重要的理论基础和精神动力。

与发达地区相比，西部多民族地区的主要差距在于工业，难点也在于工业，加快发展的潜力更在于工业。因此，必须把发展工业作为西部地区国民经济发展的主要任务，推进西部民族地区的新型工业化进程。本课题就是以此为基础，以云南省曲靖市为例来探讨多民族地区新型工业化道路的途径。

"坚持以人为本，树立全面、协调、可持续发展观，促进经济、社会和人的全面发展"为核心内容的科学发展观，是我们党在邓小平理论和"三个代表"重要思想指引下，在总结以往各种发展观的基础上提出的重大战略思想；是我们党对社会主义市场经济条件下经济、社会发展规律认识上的进一步升华；是着眼于把握发展规律、明确发展目的、丰富发展内涵、创新发展观念、开拓发展思路、破解发展难题的根本指针。科学发展观对于全面建设小康社会和实现现代化具有十分重要的现实意义和深远的历史意义，对于推进民族地区的新型工业化有着特别的指导意义。

二、研究的主要内容

课题从工业化的一般理论出发，针对中国传统工业所面临的可持续发展的挑战，比较、研究了新型工业化与传统工业化的区别，把推进新型工业化作为贯彻落实科学发展观、构建社会主义和谐社会的战略思路，提出要从生态、民族和人文视点超越传统工业化，树立新型工业化的生态环境观、民族文化观和人本价值观，以把握新型工业化的核心内容和发展方向。在此基础上，本课题以地处珠江源头、生物多样性和民族文化多样性特点突出、工业基础较好的云南省曲靖市为例,具体分析了多民族地区推进新型工业化在条件、目标、内容三方面的特殊性,系统论证了多民族地区推进新型工业化发展的主要路径和保障机制。

通过研究,课题提出并论证了以下观点和对策建议:

(1)传统工业化是一条非可持续发展道路。长期以来,中国民族地区的传统工业化历程造成了发展成本巨大、发展模式单一、发展差距加剧的不良后果。由于政府主导工业化更多的是从政治利益而非社会经济利益的角度出发考虑问题,使工业发展缺乏活力。为"一味赶超"发达国家,所实行的"高积累、低消费"的经济政策造成了一段时期工、农业发展的失衡,使城乡二元结构矛盾突出。民族地区所形成的资源密集型工业结构体系单一、区域产业结构趋同、工业技术落后和工业经济粗放型增长,使地区经济发展的代价巨大,自然环境遭到破坏,产业部门效益低下,工业内部结构畸形,发展导向偏离国情,社会分化严重,使地区内宏观调控乏力。因此,中国在未来的工业化进程中,必须在科学发展观指导下,按照"五个统筹"的原则,坚持以信息化带动工业化,以工业化促进信息化,走一条科技含量高、经济效益好、资源消耗低、环境污染少、人力资源优势得到充分发挥的新型工业化路子,以尽快实现工业化发展模式由传统工业化到新型工业化的重大转变。

(2)新型工业化与传统工业化道路的一个显著区别是在国民经济三类产业的协调发展中完成工业化任务,使工业化发展成业农业现代化和加快服务业发展的基础和动力。其本质就是如何从我国的国情出发,既遵循世界发达国家特别是发展中国家工业化的一般规律和发展趋势,又正确处理好我国工业化过程中的特殊矛盾,克服传统工业化道路存在的种种弊端,走出一条有中国特色的工业化道路。因此,新型工业化完全符合构建社会主义和谐社会的本质要求，都着眼于以人为本、经济社会协调发展、人与自然和谐发展的目标指向。构建社会主义和谐社会，为新型工业化提供了和谐的社会环境和社会机制；新型工业化则为构建社会主义和谐社会提供了科学的物质技术基础。二者互为条件、相互统一于建设中国特色社会主义现代化的实践中。

（3）在强调信息化带动的前提下，重点从生态、民族与人文视点探究新型工业化，把工业化视为社会转型和文化变迁的过程，才能完整、科学地把握新型工业化的丰富内涵。同时，依靠科技进步推动经济增长方式转变，这为从根本上改变传统工业化模式下粗放型经济增长方式提供了可能。工业化与信息化相结合包括两层意思，一是传统工业化没有信息的背景和机遇，只能依靠传统技术、传统产业来推进工业化，新型工业化可以而且必须运用以信息技术为代表的高新技术来改造传统产业、发展新兴产业，以加快工业化发展；二是发达国家在工业化完成的条件下已经转向发展信息化，中国，特别是中国西部地区不可能待工业化完成后再搞信息化，必须同时启动、叠加完成工业化与信息化双重任务。因此，对于少数民族西部地区而言，现代信息化的发展并不能脱离地区内的生态环境、民族和人文背景而独立前行，生态和文化能成为社会经济发展最有力的推动剂，同时也能成为社会经济发展的阻力。如何有效地利用地区内生态、民族和人文的优势，继承和发扬民族文化，可持续地利用自然资源，克服生态环境劣势，将是西部民族地区新型工业化的必经之路。

（4）相对于经济发达的东、中部地区，西部多民族地区推进新型工业化在条件、目标和内容上都具有特殊性，这就决定了多民族地区应特别注意发挥生物资源多样性和民族文化多样性的优势，从实际出发推进新型工业化。历史唯物主义认为，文化是一定社会的经济和政治在观念形态上的反映，同时，对经济和政治的发展具有反作用。当代社会，文化力与经济力、政治力、军事力,同是构成一个国家综合国力的组成部分。民族文化,从狭义上而言,指的是丰富多彩的少数民族文化,它是中华民族迈向现代化的重要资源依托,并伴随着农业文明到工业文明的巨大嬗变而不断地传承、发展。而传统工业化僵化的发展模式和忽视民族特点与人的全面发展的做法,对于民族文化多样性特征的保留和传承有着一定的负面影响。由于传统工业化对民族文化资源的价值并未给予应有的重视,使民族文化观念中的一些优秀内容遭到弃置,这是导致民族地区经济发展代价大、自然生态与文化生态失衡的重要原因。而新型工业化承认、尊重少数民族文化多样性,为经济发展中发挥民族文化优势提供了前提。同时,新型工业化将保护生态环境作为内涵之一,对民族文化形成了生态支撑,使文化与生态的互动趋于良性,进一步促进了生态环境的优化与文化传统的传承。当今,民族文化产业的发展已为新型工业化注入了新的内容,并将推动着民族文化在新时期更大的发展与创新。

(5)"资源消耗低,环境污染小"是党的"十六大"报告关于新型工业化内涵的两大要点。在工业化进程中强调环境保护和生态建设,是新型工业化区别于传统工业化的一大显著特征。在传统工业化的发展历程中,多民族地区的工业经济发展,主要是立足于丰富的自然资源,按照国家宏观生产力布局,推行以资源开发导向型为主的产业发展模式,形成以能源、冶金、化工、机械等产业为支持的结构。由于过分偏重对自然资源的开发,忽视发挥生物资源多样性、民族文化多样性的优势,未能建立起具有区域特点、民族特色的本土化经济体系,带来了一系列问题和矛盾。因此,在推进新型工业化的进程中,多民族地区既要重视增强民族地区工业经济实力,更应突出对经济结构的调整和优化,以发展循环经济和生态工业为方向,实现工业发展与节约资源、保持环境相协调;以发展劳动密集型产业、特色经济为重点，推动新型工业化的民众化；以工业化、城镇化、农业产业化互动发展为动力，弱化、改变二元经济结构，是多民族地区推进新型工业化的三条主要路径。

（6）现代生态文明观是相对于传统农业文明和近代工业文明而言的有利于人类生存和经济社会发展的新型文明观念。它产生于信息工业时代，是在人口激增、资源紧缺、生态失衡、文化遗失、环境恶化等全球性问题越来越成为制约经济、社会进一步发展的因素的情况下，人们探索新型的发展观念和发展模式的结果。工业革命以来，人类利用自然、改造自然、征服自然的能力大幅提高，"人类中心主义"思想急剧膨胀，发展被简单地理解为是走向工业化社会或技术社会的过程。在人类是自然主人、大自然就是供人类索取的对象的观念影响下，传统工业化在创造巨大物质财富的同时，也极大地破坏了生态环境，人与自然的关系走向对立与紧张。经过长期的反思和总结，"可持续发展"理念在全世界得到认可，工业化不能以生态环境遭到破坏为代价，人类的一切经济活动必须与生态环境保持动态平衡，实现人与自然有序、和谐发展，成为当今时代人类共同的生态环境观。因此，构建现代生态文明，形成以经济政策、文化政策为主的政策支持系统，完善适应市场经济的制度安排，是多民族地区推进新型工业化的三大保障机制。

三、研究的价值

研究成果提出工业化发展要树立现代生态文明观，重视生态环境的保护和建设，但不主张"为生态而生态"而使民族地区丧失发展机会的极端生态主义；明确工业化发展要树立民族文化观，注意保护民族文化多样性，民族文化产业的发展为新型工业化注入新的内容，但不倡导"为保护而保护"的文化机械主义；

强调工业化发展要树立人文价值观，赋予新型工业化以公平、正义等人文内涵，但不否定作为市场经济核心的竞争原则、效率原则。该课题的研究为民族地区新型工业化提供了新的视角，从理论研究走向田野调查，从国际发展趋势到地方文化特色，在理论与实践的结合中，突破了单纯从经济学科研究工业化的范式，提出的一系列观点对民族地区推进新型工业化实践具有一定的理论价值和借鉴作用。

课题名称：新型工业化：生态、民族与人文视点
    ——以云南曲靖为例论多民族地区的工业化道路
课题负责人：张海翔
所在单位：中共曲靖市委
主要参加人：陈利君 叶国伟 张耀波 田 云 孙健华
     朱谷生 李健军 田德良 展宏斌
结项时间：2008 年 3 月 27 日

历 史 学

西南民族早期发展历史与中华民族多元一体关系研究

一、研究的目的及意义

该课题从中国西南民族的历史发展过程出发，研究其在中华民族凝聚力形成、发展中的地位和作用，从而丰富和发展中华民族多元一体格局的理论，并对中华民族凝聚力形成的诸因素及其发展的内在规律有一个比较清楚的认识。在世界各地民族矛盾、民族冲突不断激化的今天，通过本课题的研究，可以总结出一些带有普遍规律性的经验，对正确认识和处理我国民族关系、增强中华各民族的民族认同感和凝聚力、团结全国各族人民实现现代化，其现实意义与学术价值不言而喻。

二、研究的主要内容

研究成果的主要内容和重要观点包括：

（一）西南地区旧石器文化研究

西南地区是我国旧石器文化起源最早的地区之一，具有地方特色的西南旧石器文化构成了中华民族多元文化中最初的"一元"。虽然在以后的新石器时代和青铜时代西南地区受到了中原地区文化的强烈影响，但作为中华民族多元一体格局中的重要一元，其地位始终不可动摇。

西南地区的文化发展是多元的。到旧石器时代晚期，由于西南地区山地众多，地形、地貌、生态、气候条件千差万别、复杂异常，又产生了若干富有地方特色的亚文化区域。西南地区基本上以云贵高原、四川盆地、川西高原和横断山脉为骨架构成，与这一特殊的地理环境相对应，考古资料也显示，西南地区从旧石器时代晚期开始，其下至少又可分为横断山区（怒江、澜沧江流域、金沙江上游流域和雅砻江、大渡河流域以及元江、礼社江以西的滇西地区和滇西北地区，含川西高原和藏东地区）、云贵高原（金沙江中下游以南、元江、礼社江以东的云南地区，包括贵州和广西西北部）和四川盆地（成都平原和川东、重庆一带）三个亚文化区域。多元文化的格局业已初步显现，其文化重心在云贵高原。但是，西南三个区域性文化并非是在孤立状态下形成的，而是地方文化与其他区域文化相互交流、相互渗透的结果。

上述三个亚文化区域的情况均说明，旧石器文化发展是复杂多样的，既有传统因素的影响，也有新的文化因素不断出现并发展变化。文化的发展变化与当地的环境特点密切相关。但更重要的因素当与现代人的出现与迅速发展有关。然而，目前已有的材料还远不足以全面认识西南地区旧石器晚期文化发展的整体过程，更难以解释人类演化与当地文化发展间的详细关系。但有一点可以肯定，文化间的相互联系是本区文化发展和自身特色形成的重要因素。

总之，西南地区与祖国内地早在旧石器时代初期就发生了零星的文化联系，在漫长的历史过程中，西南各区域间的文化交流不断加强，到旧石器时代晚期，区域性文化特点开始显现，这些富有特色的文化构成了西南地区一脉相承的文化传统，自成体系。它与华北的旧石器时代文化共同构成了中华民族多元文化中最早的单元。

（二）西南地区新石器文化研究

西南地区新石器文化产生于当地的旧石器文化，同时又为后来的青铜文化奠定了基础。在这一发展过程中，云贵高原、四川盆地和横断山区三个亚文化区域，由于环境因素的影响，都不同程度地接受了西北地区、东南沿海和江汉平原的原始文化的影响，这种影响是借助于西南地区同其他地区和西南各区域间不断进行着的文化交流实现的，它对西南地方性文化的形成和民族分布格局的形成起了重要的作用。

新石器时代其文化内容和文化重心都发生了较大变化。一是土著文化受到了氐羌、百越和百濮等外来文化的强烈影响，多元文化的特点愈加明显；二是文化重心已由云贵高原转移至四川盆地。到新石器时代晚期，外来文化已融入当地文化之中，嬗变成为土著文化。从全国范围看，西南地区进入新石器时代晚期的时间要比其他地区滞后得多。

西南地区新石器时代的几个亚区域考古文化表明：其区域文化有机地构成了西南地区远古文化的框架，为后来西南地区多民族的形成与发展奠定了基础。不仅如此，作为新石器时代中华大地上众多地方性文化之一的西南文化，显示出极其鲜明的民族风格、丰富多彩的文化内涵，构成中华民族悠久文化不可分割的组成部分。

（三）西南地区青铜文化研究

西南地区青铜文化是在该地新石器时代晚期多元文化的基础上形成的，其发展受到了中原青铜文化的强烈影响。一方面，西南地区各区域的文化显示出浓郁的地方特点和民族特色，特别是西南民族创造的铜鼓文化，成为中华民族文化百花园中一枝绚丽夺目的奇葩，在我国青铜文化中占有特殊的地位；另一方面，青铜时代出现在西南地区各区域的文化类型较新石器时代有了明显的减少，这说明各民族文化在中原强势文化的影响下有了较高程度的整合，呈现出文化一体化的趋势。

青铜时代的西南地区相继出现了若干区域性统一体。例如，蜀国、巴国、滇国、夜郎国等，这些政权都是由诸多民族的多元文化汇集而成。它们既构成了西南自身多元的历史发展框架，也奠定了西南逐步融入统一多民族国家的基础，成为中华民族多元一体格局中不可或缺的一元。

（四）西南地区各民族加入统一多民族国家研究

西南各民族加入统一多民族国家是一个渐进的历史过程。先秦的历史已见其端倪：战国末期，巴、蜀并入秦国，滇国、夜郎也在汉代被纳入中央政府的管辖范围。虽然历史出现过反复，但在先秦时期确立的"大一统"趋势是什么力量也阻挡不了的，因为它是历史的选择。

华夏民族或中原王朝在西南民族融入统一多民族国家的历史过程中起到了积极的促进作用。在先秦时期西南地区与内地的文化互动交流中，西南对中原文化的接受是主要的，输出则是次要的。先秦时期奠定了以后两千年来西南民族与中原汉族密不可分的关系之基础。

西南地区独特的地理环境也使得西南民族的融合过程显得异常的缓慢，因而从多元到一体的历史发展过程也显得非常的迟缓和不平衡，这是西南民族发展的一个特点。

三、研究成果的价值

课题研究成果是中华民族多元一体格局理论的一次重要的实践和应用，在西南民族史研究上是一次开拓性的创新。从理论发展方面来说，课题的成果必将丰富多元一体格局的理论，开创西南民族研究的一个新领域；从实际应用上看，这一课题的研究在揭示历史规律的同时，对国家的统一、民族的团结、民族地区的发展与进步具有指导及引导性作用，尤其是当今世界民族主义、分裂主义、宗教极端主义势力抬头的情况下，本课题的研究成果无疑对中华人民共和国的统一、中华民族的团结具有积极的实践意义。

课题名称：西南民族早期发展历史与中华民族多元一体关系研究

课题负责人：王文光

所在单位：云南大学

主要参加人：翟国强　龙晓燕　李晓斌

结项时间：2007 年 12 月 26 日

云南与东南亚跨境民族的形成及其特点

一、课题研究的价值及意义

该课题是对云南与东南亚民族形成及其特点所进行的一个系统的探讨。课题研究具有主要的学术价值和一定的现实意义。

首先，对云南与东南亚跨境民族形成的历史和特点进行深入研究，可以为西南边疆史和民族史开辟出一片新的发展领域。过去，我国的边疆史和民族史主要是以现在我国境内的地方和民族的历史为研究对象，研究的范围很少涉及境外国家和民族的历史。而对云南与东南亚地区跨境民族形成的历史进行深入研究，则可以使中国西南边疆地区史和民族史研究得到深化和拓展。

其次，云南与东南亚地区跨境民族形成和演变的历史也是中国与东南亚关系史的一个重要方面。过去研究中国与东南亚的关系史，主要侧重于中国与东南亚国家主要地区和主体民族之间政治、经济和文化交往的历史。随着国内外学术界对中国云南和东南亚地区民族，特别是跨境民族历史研究的深入，人们越来越认识到，云南与东南亚之间的跨境民族的历史形成和发展、演变的历史，也可以看做中国与东南亚关系史的一个组成部分。因此，对这些民族形成、发展和演变的历史进行研究，还可以为中国和东南亚关系史的研究开辟出一个新的发展空间。

再次，通过对云南与东南亚地区跨境民族的形成、发展与演变的历史以及这一地区跨境民族的特点进行深入研究，可以为我们的民族理论发展提供一些新的资料和参照，有助于我们从新的视角对我们的民族理论问题进行新的思考，提出新的观点和看法，从而使我们有可能在民族理论方面有所突破和创新。

最后，客观地从历史发展的角度对这一地区跨境民族的形成及特点进行深入研究，阐明跨境民族的民族认同与国家认同之间以及跨境民族与国家疆域之间的关系，还有助于我们在反对民族分裂势力利用跨境民族这一阶段性的民族历史现象进行分裂活动的基础上，从正面利用跨境民族这一国际纽带，加强我国与周边国家的政治、经济和文化交流，进一步推动我们与周边国家的友好关系和我国边疆民族地区的社会、经济发展。从这个意义上讲，这一选题还具有重要的现实意义和一定的实用价值。

课题组认为，云南与东南亚地区跨境民族就是在东南亚诸多民族形成和发展的基础上，随着中国与东南亚国家边界的变迁和最后确定以及在这一过程中诸多民族不断迁徙、发展而形成的。在中国西南与东南亚周边国家的边界线逐渐形成和最后确定的过程中，原先居住在这一带的许多民族逐渐形成了跨境民族。后来，仍然不断有一些民族迁徙，主要是中国的一些民族向东南亚国家不断迁徙，使得一些新的民族群体又成了跨境民族。

今天，分布在中国云南与东南亚国家之间的跨境民族主要有操孟高棉语的族群、操藏缅语的族群和操侗泰语的族群。这些民族群体中，有一些民族在很早的时候就已经形成并居住在他们今天所居住的这些地区了，随着这些民族后来在这一区域内的局部迁徙和中国与东南亚现代国界的形成，今天中国云南与东南亚的跨境民族中，从这三个大的民族群体中演化出来的民族或他们的支系是最多的。因此，本课题从这几个群体的起源和历史演变的视角对这些群体中的一些民族跨居今天中国云南与东南亚国家分布格局的形成进行了较为深入的探讨。

除了从很早就已经分布在今天中国云南与东南亚地区的几大民族群体中分化出来并随着中国与东南亚国家现代边界的形成而形成的跨境民族以外，还有一些民族是因为其中的一部分在比较晚近的时候从中国向东南亚地区迁徙过去后形成的跨居中国云南与东南亚的跨境民族，其中最主要的就是苗族和瑶族。因此，本课题对苗族和瑶族的起源和形成以及这两个民族中的一部分人向东南亚的迁徙和发展的历史进行了专门的论述。

许多学者在研究中国与东南亚的跨境民族时，都把华人这个群体也算成跨境民族。但是，就中国云南与东南亚而言，把所有华人笼统地视为这一特定地区的跨境民族并不十分妥当。比如，在东南亚的华人这个群体中，许多人或他们的祖先是从中国的东南沿海地区或其他地区迁徙过来的，这些从其他地区迁徙到东南亚的人与中国的云南省并没有密切的历史联系。实际上，在东南亚的华人这个群体中，与云南有着密切的历史文化联系的并不是这个华人群体中的所有人，而只是东南亚华人群体中独具特色的"云南人"这个地方性华人群体。"云南人"这个群体更符合课题所研究的"云南与东南亚的跨境民族"这一范畴。因此，课题只把东南亚华人群体中的"云南人"列为研究对象，并对这个群体向东南亚的发展及其在东南亚的分布和活动的特点进行了专门的研究。

课题主要采用的是历史学的研究方法，即主要依靠所掌握的历史资料，对所涉及的各个民族群体的起源和演变以及其中一些民族群体最终在中国云南与东南亚国家之间跨国境分布格局的形成进行的较为深入的纵向考察，并对诸如这些民族形成的时间以及他们最后形成跨国境分布的民族的时间或过程提出了自己的见解。在用历史学方法对所研究的对象的演变和跨国境分布格局形成的历史进行纵向考察的同时，也利用了一些其他学者对相关民族进行调查时收集的民族学资料，对这些民族群体文化的变迁与延续的情况进行了分析，并提出了一些自己的看法。

二、研究成果的主要内容

课题的最终成果为一部专著。共分为六章：

第一章是对孟高棉语民族的历史变迁与该族群中一些民族跨居云南和东南亚分布格局的形成的探讨和论述。在今天跨居中国云南和东南亚国家的诸多民族中，佤族、布朗族、德昂族（崩龙族）和克木人等均属于孟高棉语这个群体中的民族。这些民族跨居云南与东南亚的分布格局的形成与他们所属的整个群体的历史发展演变过程与现代中国与东南亚国家边界的形成是密切相关的。

在对这个民族群体的历史进行追溯的基础上，本章对今天分布在云南与东南亚地区的佤族、德昂族（崩龙族）、布朗族、三陶人、克木人和莽人等属于这个群体的这些民族跨国境分布格局的形成进行了探讨。

第二章，在对藏缅语民族的历史进行追溯的基础上，对今天跨居中国云南和东南亚的属于这个群体中的克钦族、独龙族、彝族、哈尼族、拉祜族、傈僳族、阿昌族、怒族等民族以及他们的一些支系跨国境分布格局的形成进行了探讨。

第三章，在对壮侗语民族的历史进行追溯的基础上，对今天跨居在云南与东南亚的属于这个群体的壮族、布依族、仡佬族、傣族等民族跨国境分布格局的形成进行了探讨。

第四章，对比较晚近才出现在东南亚的苗族和瑶族向东南亚迁徙和发展的历史进行了探讨。

第五章，对今天居住在东南亚中南半岛几个国家中的华人群体中与云南关系十分密切的"云南人"这个群体向东南亚国家的迁徙和在东南亚国家的发展情况进行了探讨。

第六章则是对今天跨居中国云南与东南亚的跨境民族及特点进行的分析和总结。笔者认为，跨居在中国云南与东南亚国家之间的这些跨境民族，具有与跨居中国其他地区和与其他地区毗邻的周边国家的跨境民族及只居住在中国一个国家境内的民族不同的一些特点。

课题组认为，与中国西北地区与周边国家的跨境民族不同，跨居中国云南与东南亚地区的跨境民族，除了少数在某一个国家是主体民族（如"云南人"中的汉族是中国主体民族的一部分）以外，绝大多数跨境民族在中国和周边国家都是少数民族。由于中国西南与东南亚的跨境民族多是少数民族，又多居住在边区和山区，所以，即便一些民族中有民族分裂势力，比如缅甸的克钦族、掸族等民族中的反政府武装，老挝的苗族分裂势力等，但他们对所在国家的安全和稳定并没有太大的影响。另外，由于他们各自所居住和所属的国家政府都一直努力在向他们灌输"国家意识"，不断地强化他们的"国家认同"。他们确实也都不同程度地对他们所属的国家有着各自的"国家认同"。但是，从总体上来看，他们在目前阶段仍然属于同一个文化民族。因此，一方面，他们中居住在不同国家的部分已经不同程度地对各自所属的国家有着一种国家认同；另一方面，他们对居住在不同国家的属于他们同一个民族的群体又具有一种内部的民族认同。这种国家认同和民族认同交织在一起的"双重认同"现象是中国云南与东南亚各个跨境民族群体中比较普遍存在的一个特点。

课题名称：云南与东南亚跨境民族的形成及其特点
课题负责人：何　平
所在单位：云南大学
主要参加人：庞海红
结项时间：2008 年 2 月 3 日

国际问题研究

孟中印缅能源合作问题研究

随着世界经济全球化的推进、经济社会的快速发展和人民生活水平的提高，世界能源消费量不断上升。而当今能源价格不断上涨，地区冲突、恐怖主义等时有发生，导致能源不安全问题日益突出。孟（孟加拉国）、中（中国）、印（印度）、缅（缅甸）（BCIM）四国山水相连，战略地位重要，四国加强能源合作，有利于共同应对复杂多变的世界能源问题，有利于共同建立能源安全保障体系，有利于共同推动本区域实现共同发展。

一、孟中印缅开展能源合作的战略意义

能源是现代经济发展的"血液"。随着孟、中、印、缅经济的发展，能源消费水平不断提高，而孟、中、印、缅四国却共同面临着能源短缺问题，唯有加强合作，才能为本国创造更好的发展环境。其战略意义体现在以下几个方面：

（1）有利于共同建立能源安全保障体系。能源安全事关各国经济命脉和民生大计。近年来，世界能源价格高涨，不安全风险大增。孟、中、印、缅四国虽然都能生产大量能源，但能源供应仍然不足。只有加强合作，以集体的力量来应对风险，才能共同构筑更加有利的能源安全保障体系。

（2）有利于推进经贸合作。近年来，孟、中、印、缅经贸合作不断增多，但各国"煤、电、油、运"都很紧张。加强能

源合作有利于扩大能源供应量，从而改善投资环境，促进经贸合作。

（3）有利于优势互补，促进共同发展。BCIM 四国经济互补性强，能源领域各有优势，加强能源合作，不仅可以促进能源产业发展，而且可以更好地满足本国能源需求，促进经济发展。

（4）有利于改善双边关系。能源是一种战略资源，是发展双边、多边关系的试金石，BCIM 四国在能源领域开展合作，必然有利于改善双边关系。

（5）有利于建立新的能源通道。BCIM 四国能源进口主要通过印度洋，而四国开展能源合作可以共同开发能源，开辟新的能源通道。对中国来说，还有利于化解"马六甲困局"。

二、孟中印缅能源供求状况与合作基础

中国能源 20 世纪 90 年代开始出现缺口，之后，呈扩大之势。2006 年，全国能源生产量与消费量的差额达 25 214 万吨标准煤。其中，石油净进口量达 1.69 亿吨。预计到 2020 年，全国石油对外依赖度将从 2005 年的 44% 上升为 60% 左右。印度虽是南亚大国，但能源资源并不十分丰富。多年来，印度一直靠进口石油维持运转，目前石油对外依赖度高达 70%，预计到 2020 年将达到 90%，其能源形势比中国还要严峻。孟加拉国和缅甸天然气资源虽丰富，但石油短缺，需要进口才能满足国内需求。可见，孟、中、印、缅的能源问题都非常突出，仅靠自己难以满足本国的能源需求。

近年来，随着孟、中、印、缅关系的改善，并在国际能源合作的大趋势下，四国已开始了能源合作。中印已签署了能源合作谅解备忘录，孟、印、缅发表了能源合作的《联合声明》，企业间进行了能源投资，并计划修建缅—孟—印、中—缅等油、气管

道。另外，孟、中、印、缅能源合作有互补性，且地缘优势突出。因此，四国开展能源合作有基础和条件。

三、推进孟中印缅能源合作的对策建议

目前孟、中、印、缅能源合作正处于起步阶段，要扩大能源合作，需从观念上、战略上、行动上采取更加切实有效的措施。

（1）抛弃传统的地缘政治观念，树立正确的竞合观。传统的能源地缘政治观是你争我夺、零和博弈的地缘政治观，这不利于开展能源合作。当今，孟、中、印、缅应抛弃这种观念，树立正确的竞合观：既承认竞争，又讲究合作；要在竞争中求合作，在合作中求共赢，极力避免能源竞争的政治化倾向。

（2）建立能源合作机制。要通过构建合作机制来推动能源合作，并促进能源合作的长效开展。当前，应力推六大能源合作机制：一是建立石油购买联盟；二是建立能源合作论坛；三是建立石油储备机制；四是构建亚洲能源机构；五是建立能源信息网络；六是建立能源部长级会晤机制，以推进孟、中、印、缅能源合作经常化、制度化。

（3）建立地区能源网。现今，孟、中、印、缅各自在构筑自己的能源网，这影响了本区域的能源合作效率。今后应积极推动 BCIM 地区能源网络的建设。在运输通道方面，要加快亚洲公路、泛亚铁路、陆水联运、油气管网、电网等的相互连接和互联互通，以提升 BCIM 之间的能源贸易和合作水平。

（4）共同维护能源通道安全。孟、中、印、缅毗邻地区反政府武装林立，极端主义、分裂主义、恐怖主义活动频繁，需要四国共同打击，共同防范，共同改善脆弱地区的能源基础设施和运输网络，共同维护重要海港和能源"要塞"的安全，才能保障本地区能源高效、安全运输。

（5）推进能源一体化和多元化建设。既要鼓励各国能源向"多元化"方向发展，又要大力推进本区域能源合作的"一体化"建设。既要拓宽合作领域，在"大能源"框架下开展合作，又要强化区域合作，注重以集体力量来维护能源安全。既鼓励与能源生产国合作，又鼓励与能源消费国合作。既鼓励双边合作，也鼓励多边合作。从而建立起全方位的能源合作体系。

（6）选准能源合作的方式和途径。能源合作有一般商品合作的特点，但更有能源合作的特性，需要选准合作的方式和途径，才能取得最佳效果。一是要与政府部门合作；二是要与国有企业合作；三是共同组建能源勘探、开发合资公司；四是联手勘探、开发第三国能源资源；五是要扩大相互能源贸易和投资规模；六是扩大能源工程承包、劳务合作、设计咨询的规模；七是寻找最佳合作伙伴；八是选择适当的投资区域和项目。

（7）加大节能、环保、新能源开发等领域的合作力度。节能、环保、新能源开发与石油、天然气相比，各国很少有戒心，且都持开放态度，是最易合作和最能享受优惠政策的能源合作领域。因而，孟、中、印、缅四国应加大这些领域的合作力度，要把其作为未来四国能源合作的重点和突破口。

四、成果的学术价值、应用价值和社会影响

能源合作不仅是解决消费国的问题，也是解决生产国的问题。但相对于生产国而言，消费国在现存的国际关系格局中略占优势。孟、中、印、缅虽然拥有一定能源资源和生产能力，像中国还是世界能源生产大国，但各国生产均不能满足自己的需求。面对共同的能源不安全环境，以集体的力量来维护能源安全比各自为政要好得多。因为孟、中、印、缅四国均不能像俄罗斯那样打"能源牌"，也不能像日本那样怀揣资金"四处逢源"，更不

能像美国那样依靠军事力量控制能源。于是，本研究采取以集体的力量来研究能源合作，这是不同于其他研究成果的立论所在。同时，本研究还不像其他成果只重视油、气领域的合作，而将水能、风能、太阳能以及节能、环保等领域纳入能源合作体系，从而为 BCIM 的合作拓宽了领域和视角。另外，推进能源一体化建设也是本研究的重要视点，这比单纯的"点对点"、"一对一"的合作有更高、更深的考虑。因此，本研究的一些思路和方法可供其他区域能源合作和学术界探讨或参考。

云南是缺油、气的省份，中国能源进口主要走海路，推进孟、中、印、缅能源合作既可以解决云南能源资源的不足，实现优势互补，也可以促进我国能源进口渠道的多元化，从而更好地化解能源的不安全风险。因而，本项研究具有较好的应用价值。

课题名称：孟中印缅能源合作问题研究
课题负责人：陈利君
所在单位：云南省社科院
主要参加人：杨思灵　柳　树　孙建波
结项时间：2008 年 2 月 15 日

语 言 学

云南旅游汉—英双语多媒体信息库

一、课题研究的目的和意义

信息库是依靠计算机极大的存储能力储存大量信息，并连接在网络上，进行远距离信息检索与交换的电子信息系统。信息库具有完善的检索、数据查询功能，能够很快查找、调出大量信息，是实现行业电子信息化的重要组成部分，是宣传、介绍部门职能，发布行业信息，促销产品，推广新技术等多项服务的重要手段。国家中医管理局建设的《中医药科技信息库》共有 50 个子库，涵盖所有中医药学术内容，是我国行业信息库建设的范例。国家旅游局的全国旅游信息库储存了全国旅游行业的主要旅游景点、交通服务等方面的基本资料，但这一全国性信息库不可能对各省区的旅游资源进行非常详细、具体的介绍，也没有外语文字说明。云南省旅游局网站，云南旅游网，部分旅行社及地、州、市的政府网站，都有对云南省旅游或本地旅游资源的介绍，但这类介绍通常只有简短的文字说明，模式单一，既没有利用多媒体声讯技术，也没有将汉语文字说明翻译成外语来进行云南省的旅游推介和宣传工作。

云南省的旅游翻译工作始于改革开放初期。筇竹寺公园早在20 世纪 70 年代末就将其公园简介译成了英语。昆明市园林局、大观公园于 20 世纪 80 年代初就举办了大观楼长联及孙髯翁生平英语翻译大奖赛，广泛征集翻译佳作，在当时掀起了一阵"长联翻译热"。昆明铁路局 20 世纪 90 年代编制的《彩云之路》摄影画册，是当时使用汉语、英语双语说明宣传铁路旅游及云南省自然风光的杰出作品。石林风景区管理局从 20 世纪 90 年代中至 21 世纪初，编辑了双语的《石林旅游丛书系列》，由北京几家中央级出版社出版，在国内外广泛发行，为推介石林旅游发挥了很大作用。云南图片社与云南科技出版社、云南人民出版社密切合作，编辑、出版了包括《昆明揽胜》、《丽江旅游》、《香格里拉》等在内的一批质量很高的汉、英双语摄影画册。德宏州政府、曲靖地区旅游部门出版了介绍本地旅游的双语画册，在摄影、文字及翻译方面都达到了较高水平。云南民族大学有关人员为省政府、省旅游部门翻译了大量旅游法规、《旅游团队出入境须知》等文件，为云南省旅游翻译作出了重大贡献。省外事办为规范云南省旅游景点名称翻译作出了积极的努力。但是，云南省旅游翻译存在的问题也不容忽视。由于部分翻译人员的素质不高，有的旅游景点、旅游食品外语介绍文本让外宾不知所云，甚至还闹出了一些笑话。前几年放在大理地区各涉外宾馆内的一本介绍大理旅游的英文小册子，曾被外宾当做"反面教材"。昆明海埂公园正门内立有一块介绍滇池历史的石碑，汉、英双语对照，不足两百字的英语却错误百出，令人"惨不忍睹"，但至今仍"巍然屹立"在滇池岸边。

旅游业是云南省要重点培育的五个支柱产业之一，云南省要建成的七个基地也包括了旅游会展这一基地。省政府的战略决策是："拓展客源市场，提高产品质量，改善旅游环境，把云南建成水平较高、特色鲜明的国际旅游目的地和旅游集散地。"要实现省政府的这一宏伟战略目标，我们就应充分利用计算机、多媒体技术，充分利用英语这一世界通用语，建立高质量的汉—英双语信息库，在海内外全方位地宣传云南省的旅游优势。

二、课题研究的主要内容

课题研究采用了技术成熟的 JAVA 及 ACCESS 数据库框架建设技术，录入了介绍云南省各旅游景点、旅游服务及旅游交通状况的汉语及英语翻译文本。同时，输入了这些文本信息的录音，输入了各景点的若干彩色数码照片，编制成了一个标准的多媒体信息库，具有完善的汉、英两种语言的信息检索、语音播放、图片展示及打印功能。信息库可根据需要显示中文或英语信息、景点图片，还可选择播放用普通话或用英语朗读的全省各地区每一个旅游景点的综合介绍。这一信息库根据省政府对旅游业的发展规划、云南省的旅游接待设施、交通服务及旅游资源分布情况，再分为 19 个子信息库：昆明地区及其他 15 个地州的旅游景点子信息库；旅游交通（进出省航班、火车、客车时刻表等）子信息库；各旅游景点、景区门票子信息库以及精品旅游线路（介绍云南省旅游部门重点打造、推介的八条黄金旅游线路）子信息库等。课题组向摄影专业人士征集了部分摄影新作，同时，项目组成员自己实地考察，获取了第一手文字、图片资料，使这个多媒体信息库从文字到图片，都给人以耳目一新的感觉。中文解说部分的播音聘请了云南师范大学广播站的专业播音员承担，英语解说部分由英语专业硕士研究生朗读、录制，所有英语翻译文稿都由具有副教授以上职称的项目组成员进行了审读、校对。旅游交通子信息库设计为开放框架模式，用户将这个信息库光盘存入自己的网站或个人计算机后，就可以随时更改航班、火车、汽车时刻表等经常需要更新的内容。

这项研究的成果就是一个运用计算机数据库、多媒体技术及汉—英翻译理论、技能建立的，信息全面、语料翔实、数据可靠实用、易于检索，集声音图像、文字、数据于一体的多媒体电子数据库。成果的形式是一张约 2G 的 DVD 光盘。目前，在全国还未见将某一省区的所有旅游信息编制成双语电子信息库光盘的报道。因此，课题组设计制作的这个光盘是一种全新的网络信息资源，可即时连接在云南省各级与旅游相关的政府部门、旅行社、旅游景区、涉外宾馆饭店、机场、火车站、长途客车站、旅游购物中心、商店、餐厅的网站上，或连接在提供旅游服务信息的计算机查询系统上，供旅游业研究人员，旅游管理、服务人员，旅行社导游人员，交通部门职工及广大中外旅游者浏览、查询、调用。当然，这个光盘也可装入上述各类人员的个人计算机内检索使用。同时，这个旅游信息库也可作为大专院校外语专业、旅游专业及旅游学校的多媒体旅游教学资料使用。

三、研究成果的价值和效益

运用计算机、多媒体、数据库技术录入大量旅游信息汉语——英语文本、声讯资料编制成一个独立、完整的信息库是这项研究所作的努力探索，将汉—英翻译理论、实践与多媒体、计算机软件、数据库开发技术有机地结合起来是课题进行的大胆尝试。

英语是全球最通用的语言，是许多国家教育体系中的第二语言或最重要的外国语；大多数非英语国家的旅游者都懂得一些英语。随着对外开放步伐的加快，加入世界贸易组织以后，我国的综合国力与全球影响与日俱增，与各国人民的交往也越来越多，到我国旅游的外国朋友也越来越多。要让更多的外国游客了解云南，到云南来旅游，当然要首选英语作为宣传语言。当前，世界各国汉语学习热还在不断升温，这个信息库也有助于外国旅游者学习汉语、了解云南。在这个"汉语热"、"英语热"的计算机、多媒体时代，拓展旅游宣传，可以运用这一具有时代特征的手段。

省政府批准实施的云南省旅游业要建设的八大工程之一就是要建设旅游信息化工程，要"搭建一个高效、现代的旅游信息平台"。云南省参与的"九省区泛珠三角区域框架合作协议"也提出要建立这一区域的共享旅游信息平台。这个信息库建设，可以看做是为这两个工程做一点前期基础准备工作，积累一点经验。同时，这个信息库的建成，并在因特网上的广泛传播及调用，对于其他行业同类数据库的开发也具有一定的借鉴意义。

课题名称：云南旅游汉—英双语多媒体信息库
课题负责人：杨端和
所在单位：云南师范大学
主要参加人：曹燕萍　胡德映　孙兴文　杨慧芳
结项时间：2008 年 3 月 11 日

"十一五"规划课题

马列·科社、
党史·党建、哲学

云南省哲学社会科学人才引进对策研究

一、云南哲学社会科学人才队伍建设的现状

（1）云南哲学社会科学研究机构状况。云南省哲学社会科学目前形成了社会科学院、高等院校、党校、行政院校、党政研究部门和军队等五大研究系统。社会科学院系统是党和政府直接创建的专门研究机构，目前由云南省社会科学院和 15 家州、市、县研究机构组成，是云南省哲学社会科学研究队伍的骨干力量。此外，分布在高等院校、党校、行政院校和党政研究部门从事哲学社会科学和理论教育的专业技术人员是云南省哲学社会科学研究队伍的重要组成部分。

（2）云南哲学社会科学人才队伍状况。云南省从事哲学社会科学研究人员主要分布在社会科学院系统、高等院校、党校、行政院校，共有研究人员 7 000 余人。其中，拥有正、副高职称的有 3 000 余人。云南省社会科学院目前拥有 12 个研究所、228 名专业技术人员，人才和学科的整体优势较为突出。与全省高校的哲学社会科学研究机构和专业技术人员相比，云南省社会科学院的专业门类较为齐全，已形成邓小平理论研究、南亚与东南亚研究、民族学研究和地方经济学研究等一批重点学科，具有一定的比较优势。

（3）云南哲学社会科学人才引进情况。云南省社会科学院

系统共有专业技术人员 340 人，近年来，应届毕业生及调入人员呈逐年、平稳增长的态势。其中，具有博士、硕士学位者占其总数的 26.4% 以上。多数单位由于受住房、福利待遇、编制等条件限制，无法引进所需人才。

二、云南省哲学社会科学人才队伍建设中存在的问题

（1）高层次人才流失严重。随着我国高等教育体制改革的不断推进，普通高校的创收能力不断增强，云南省高等院校教师同社会科学院系统研究人员的收入差距不断拉大。因此，近年来社会科学院系统优秀人才流失情况非常严重，急需的高级研究人才引进又十分困难，人才队伍面临着前所未有的窘境，已成为影响社科院发展、稳定的重要因素。

（2）年龄结构逐渐老化，人才队伍出现断层。进入新世纪以来，由于一批老专家的退休和即将退休，加之社科院系统物质待遇偏低，优秀青年人才引进困难，科研队伍年龄老化的问题日益凸显，优秀人才出现断层已成为制约社会科学院系统长远发展的"瓶颈"。

（3）学历层次低，缺乏明显竞争力。由于历史原因，社会科学院系统专业人员绝大部分拥有大学以上学历，但研究生以上学历者与党政研究部门和高等院校相比较少，要不断完成党和政府赋予的各项任务，就需要社会科学院系统科研人员具备相当的学历水平，否则无法完成所承担的工作任务，即使勉强完成，研究成果也缺乏相应的竞争能力。

（4）哲学社会科学人才引进政策急需配套、完善。从引进、培养、使用三个环节来看，引进环节特别薄弱，不仅应有的示范带动作用未能发挥，而且从外部引进的工作尚缺乏制度保障，内部人才流动缺乏必要的规范。

（5）人才引进工作缺乏必要的物质基础，没有专项投入，单位属于公益性事业单位，其经费来源主要是财政拨款，办公经费相当紧张，没有人才引进的专项经费，特别是住房制度改革后，各单位均无法向引进人才提供基本的住房条件。很难吸引高层次的优秀人才，相反是已有的优秀人才纷纷被其他单位吸引而去。

（6）人才恶性竞争，从省外、国外引进人才难度大。近年来，云南省高等院校都把人才工作列为学校发展的重要工作而摆在突出的位置，纷纷出台优惠政策，加大力度吸纳人才，利用高校较优厚的待遇和条件聚集人才，但由于受资源、条件、历史、人文等客观条件的限制和影响，众多高校无法吸引省外和发达地区的高层次人才，只能将目光投向省内和社会科学院系统，以至于在全省范围内形成了"高薪挖人，重金抢人"的人才恶性竞争局面。长此以往，社会科学院系统的竞争力必然会受到严重削弱，使社会科学院系统的事业发展受到影响。

（7）吸引人才的软环境较差，在人才竞争中处于极为不利的地位，引进人才的政策跟不上形式发展的需要，诚信体系不健全，在吸引人才的时候，许多部门、单位在有相关引进人才政策的指导下，承诺了许多条件和优厚待遇，但科技人才吸引进来后，却无法兑现承诺或迟迟不兑现承诺，对人才失去诚信，迫使人才另谋高就。

三、云南引进哲学社会科学人才的优势和迫切需要

（1）云南得天独厚的研究资源禀赋，能够吸引国内外的哲学社会科学研究者到云南从事科学研究，具有引进人才的自然条件。首先，云南具有民族和民族文化研究资源优势。云南民族众多，有近 10 个民族是从封建社会、奴隶社会，甚至原始社会直

接进入社会主义社会的"直过民族"，社会形态多种多样。云南是历史文化多样性非常突出的地区。史前文化、古滇青铜文化、爨文化、南诏大理文化，以及从春秋战国时代一直到元、明、清以来以汉文化为主体的各民族文化丰富多彩。云南是中国世居少数民族种类最多的省份，被称为"民族文化的活化石"。云南少数民族人口超过 1 500 万，人口超过 5 000 并有固定聚居区域的少数民族有 25 个。其中，白、哈尼、傣、傈僳、佤、拉祜、纳西、景颇、布朗、普米、怒、德昂、独龙、基诺等 15 个民族为云南所特有，各民族自古以来团结和睦，创造了丰富多彩的民族文化。云南多种形态、各元类型共生共荣的文化，是中华民族文化的重要组成部分，在世界文化遗产宝库中占有不可替代的地位，不少涉及民族的学科正是因为具有天然的研究优势而成果丰硕、人才辈出，成为在国内外具有一定影响的特色和优势学科。其次，云南具有东南亚、南亚研究资源优势。云南地处祖国西南边疆，与东南亚、南亚国家毗邻，许多民族跨境而居，联系密切，往来便利，有长期交往的历史。这一区位优势为云南开展对东南亚、南亚国家的政治、经济、文化、民族等方面的研究以及云南与东南亚、南亚国家的国际合作研究提供了资源条件。

（2）云南具有引进哲学社会科学人才的迫切需要。从需求状况来看，通过对部分省直单位 2005 年至 2007 年招聘人员情况的调查，发现涉及文科各专业的需要量都比较大。从年龄结构上看，社会科学院系统 40 岁以上人员占 55.3%，50 岁以上的 83人，30 岁以下的 60 人，人员增长的速度赶不上减少的速度，不少单位多年来人员是负增长。从学历结构来看，社会科学院系统的全部专业人员中，博士 12 名，占 3.5%；硕士 78 名，占22.9%；本科 187 名，占 55%；专科 55 名，占 16.2%。与其他系统相比较，高学历人员的比例非常低。从人员的整体素质来看，改革开放初期参加工作的人员已经逐渐退休，许多具有全国影响力的学者、学术带头人、学科带头人都离开了工作岗位，云南原有的优势和特色学科人才队伍逐渐呈现出青黄不接的状况。因此，要繁荣和发展云南哲学社会科学，必须引进大批人才，尤其是引进高素质人才来充实人才队伍。

四、加强云南省哲学社会科学人才引进
工作的对策

云南省哲学社会科学队伍庞大，学科齐全，优势和特点日趋突出。但是，也应该看到，与时代要求相比，云南省哲学社会科学人才流失严重，引进人才和接收有潜力的硕士、博士生又困难重重，再加上社会科学人才成长又相对缓慢，使有些学科本已存在的人才结构断层现象更加严重，严重制约了全省哲学社会科学水平的提高。为了推动哲学社会科学的繁荣和发展，必须提高认识、加大投入、完善机制，进一步强化人才引进工作，促进人才队伍的健康发展。

（1）提高对哲学社会科学人才队伍建设和人才引进工作的认识，牢固树立哲学社会科学人才与自然科学人才同样重要的观念。要充分认识哲学社会科学人才与自然科学人才一样都是社会主义现代化建设中最为宝贵的战略资源，充分认识哲学社会科学人才在全面建设小康社会中的重要作用，增强做好哲学社会科学人才队伍建设工作的使命感和紧迫感。

（2）坚定贯彻"双百方针"，努力为哲学社会科学人才大胆进行科学探索营造民主、和谐的学术环境。哲学社会科学虽然和自然科学一样，都是属于科学的范畴，但它还具有意识形态的属性，正是由于这一特点，所以不但社会上有许多人长期不愿意承认哲学社会科学的科学性，而且许多从事社会科学研究的学者，也感到风险比较大。只有通过学术上的自由争鸣，才能更好地激

发哲学社会科学人才的创造灵感，促使他们不断推陈出新。

（3）突出云南特色，把握人才引进重点。突出云南特色，适应地方哲学社会科学繁荣和发展需要，编制需求目录，重点引进具有云南地方特点的优势和特色学科人才。

（4）搭建引进人才发挥作用的平台。成立全省专门的哲学社会科学专家咨询团，形成各种有效的咨询机制，建立对全省社会经济建设发展中的重大问题进行咨询的制度。在全省性的哲学社会科学重点研究项目中，设置引进人才专项研究项目，向省外、国外高层次人才招标，通过项目引进人才、引进智力。

（5）改善创业环境，激励高层次人才在云南创业。贯彻"不求所有，但求所用，来去自由"的原则；制订云南哲学社会科学人才培养计划，培育高素质人才。加快建设一支既能创新又能创业的高层次人才队伍，以缓解高层次人才短缺的问题。

（6）促进人才引进、培养、使用的协调发展。把引进人才与培养人才、用好现有人才结合起来，稳定现有队伍，培养后备人才，减轻引进压力，确保引进人才留得住、用得上，确保哲学社会科学人才队伍的持续发展；加大在职人员委托培养力度。

（7）规范省内人才流动，抑制恶性竞争。引导、鼓励省内人才柔性流动，继续允许高层次人才在完成本职工作的前提下从事兼职工作，获得税后合法收入；聘用兼职人员的单位，应征得兼职人员所在单位的同意，并按聘用制的规定，与受聘人签订聘用协议，提供必要的劳动安全保障，维护受聘人的合法权益；聘用兼职人员的单位，可根据受聘人实际从事兼职工作的情况，将受聘人单列，纳入本单位人才统计，与兼职人员共享兼职工作形成的知识产权。

（8）培养一批大公无私、有责任感和危机感的人事干部队伍。人事干部队伍素质的高低，是引进人才工作成败的关键。可以预见，"入世"后外资企业、国内私营企业和国有机构，包括企事业、行政单位之间的人才争夺激战势在必行。在影响建设和发展的诸因素中，人是最重要的因素。因此，能否培养一大批适合于市场经济运作规则的大公无私、有责任感和危机感的人事干部队伍，建立一支合格的人才队伍，关系到引进人才的工作能否顺利进行，最终关系到我国社会主义建设事业的成败。

（9）建立云南省哲学社会科学人才引进绿色通道。由省委宣传部、组织部、省人事厅、省社科院联合成立专门机构，负责全省的哲学社会科学人才引进工作。同时，直接与被引进的人才或本地的高级人才接触，专门接受与解决引进人员的"疑难杂症"，提高办事效率，克服层层报批、拖而不办的现象，让他们在落实政策时"投诉有门"。改变引进人才工作上停留在制定政策，而落实无力的局面。

（10）切实加强对全省人才引进工作的领导。建立由省委、省政府相关部门领导、主持的哲学社会科学人才引进工作联席会议制度，主要负责对哲学社会科学人才引进工作进行宏观指导、解决重大问题、审定引进计划及做好对此项工作的协调工作。贯彻《云南省人才资源开发促进条例》关于在同级财政年度预算中相应安排人才资源开发经费的规定，设立哲学社会科学人才资源开发专项经费，其中单列人才引进经费，由省统筹使用。以较优厚的待遇留住和吸引一流的社科研究人才，从根本上扭转优秀人才不断流失、一流人才引进困难的窘境。

课题名称：云南省哲学社会科学人才引进对策研究
课题负责人：王文成　曹　兵
所在单位：云南省社科院
主要参加人：任仕暄　王清福　李跃明　杨绍军　张晓平
　　　　　　顾　红　李汶娟　华　瑛　孙绍武　施　锐
结项时间：2007 年 11 月 16 日

云南社会主义新农村建设主体的
理论与实践研究

一、课题研究的目的和意义

本课题研究的目的：一是从理论上建构起社会主义新农村建设主体的理论；二是根据理论建构来审视云南省社会主义新农村建设主体的现状、存在的问题，并通过理论和实践的审视，提出云南省未来社会主义新农村建设主体的理论体系及具体的政策、措施建议。本课题研究的意义主要体现在，通过理论上的主体理论建构，为未来云南省社会主义新农村建设主体的提法找到科学的依据，使新农村建设主体的具体实践有一个坚实的理论基础，同时使云南省在社会主义新农村建设中，从实践上摆正农民的主体地位。

二、研究成果的主要内容和观点

（1）人是社会的人，社会是人的社会，因此，人是社会发展与进步的主体。人作为社会发展的主体，是有意识和能动的社会群体。这就是人作为主体的社会性。这种社会性包括了两个方面的含义：一是人作为社会发展主体的群体性，表现为阶层、阶级和具有某种社会属性的群体，而不是或者不主要是单个的个人；二是人作为社会发展主体，强调的重点是他是实践者、活动者和受益者。

（2）当代中国共产党人所倡导的主体观既充分吸取了西方主体思想的精华（如强调人的核心作用），又把马克思主义的主体观置于核心地位（如强调人的全面发展），这就是以人为本基础上的发展主体观。其核心是：人是社会发展的主体，社会发展必须做到一切依靠人，一切为了人，并把人的全面发展作为基本目标贯穿于整个发展过程之中。

（3）建设社会主义新农村是我国全面建设小康社会和构建和谐社会的重要社会发展议题。作为一种社会发展，不仅人是主体，而且可以很自然地说广大农民是主体。这是毫无异议的，但却存在许多迷障：一是农民作为一个整体内部分层很明显，不能简单地概而论之；二是从法理角度看，村委会作为一个自治组织，理应是广大村民利益的代表，但实际上未必都如此，一些情况下更像是政府的"守夜人"，而村的党团组织作为党在农村的先进代表，本应该是引领广大农民建设新农村的中坚力量，但现实也未必都如此。

（4）各级地方政府是建设社会主义新农村组织资源和财政资源的提供者。正因为如此，在建设社会主义新农村的伟大工程中，许多地方提出"政府主导，农民主体"的论断。但根据课题组的分析，正是政府主导，不仅造成了许多政府越位与错位的不良后果，而且使得新农村建设的主体虚位，最终结果是：政府干，农民看。

（5）为了充分论证这一基本结论，课题组不仅对发展概念和当代发展理论做了全面回顾，而且引进了利益相关群体分析方法。这种分析方法首先把利益相关群体划分为关键利益相关群体或首要利益相关群体和一般利益相关群体或次要利益相关群体，随后通过权力—利益矩阵、权力—动力矩阵以及重要性—影响力矩阵的分析，揭示出了不同利益相关群体在新农村建设事业中的不同角色。

（6）从权力—利益矩阵来看，新农村建设像许多其他政府工程或项目一样，不可能同时在全部农村展开，也不可能一下子覆盖一个村委会的所有农户，因此有了示范村和示范农户。一般情况下，示范村和示范农户都必须具备一定条件，如拥有一定资源、有积极性等。这就使那些拥有权力或关系的村或农户具有优选权。新农村建设因此很难首先在贫困落后的村开展，更很难首先让那些贫困的农户受益，因此不可能优先解决群众的"燃眉之急"。

（7）从权力—动力矩阵来看，权力后面潜藏着利益，受利益的驱动，那些拥有权力的部门或群体当然就会有更大的动力，且在权力失去制衡机制和有效监督的情况下，会产生"寻租行为"，甚至腐败；相反，没有权利的部门或者群体不仅缺乏动力，而且在自己的利益受到威胁的情况下还会形成阻力。

（8）从重要性—影响力矩阵来看，尽管某一事件包括项目会对某一群体或某些群体具有重要性，但如果没有权力参与，也就不可能产生显著影响力。因此，需要在重要性、权力、影响力之间找到有效的平衡点。

（9）从现实来看，政府在政策措施制定、资金投入、宣传发动、新农村发展规划、试验示范、参观考察等方面都起到了绝对重要的作用；村组干部在政策宣传、组织实施等方面起到了协助作用；而广大村民在上述方面的作用主要是接受和输入，相对来说处于被动地位。这就是所谓的"政府干，农民看"。

（10）课题组通过对云南五个县（市、区）五个村的抽样调查发现，村民知道建设新农村的主要信息渠道是电视和村民会议，占到了678个有效回答的55.6%。其中，知道新农村建设的主要内容是修路等基础设施建设的占25.8%；是翻盖新房、美化村庄环境的占 25.7%；是发展生产、提高生活水平的占 20.5%；是丰富群众文化生活的占 10.3%。上述四项合计占 82.3%。当然，上述回答在五个村之间存在很大差别，这其中的主要原因与宣传发动的方式和各个村新农村建设的内容紧密相关。

（11）在五个村的样本农户中，认为新农村建设规划主要是由村组干部完成的占 57.3%；认为是由乡镇和县级领导干部及有关部门完成的占 38.6%；只有 4.3% 的农户认为是由村民自己完成的。但从期望来看，有 40.8% 的样本农户希望以村组干部为主进行规划；57.8% 的样本农户希望以县乡政府领导和有关部门为主进行规划，因为这样可以使规划获得资金保证；只有 1.5% 的样本农户希望以村民自己为主进行规划。

（12）关于新农村建设项目的选择，有 60.3% 的样本农户认为是由村组干部提出的；有 32.3% 的样本农户认为是由县乡领导和有关部门提出的；只有 4.8% 的样本农户认为是由村民自己提出的。但值得注意的是，有高达 77.3% 的样本农户认为项目的选择应该以村组干部，特别是以村干部为主；只有 18.0% 的农户认为可以由县、乡政府领导和有关部门来选择项目。这与规划的制定主体存在很大差别。

（13）关于项目的组织实施，有 70.5% 的样本农户认为当前的组织实施主要是村组干部；25.0% 的样本农户甚至认为是由县、乡政府领导和有关部门组织实施的；只有 4.5% 的农户认为是由村民自己组织实施的。针对这种状况，村民期望降低村组干部（由 70.5% 到 51.8%）和县、乡领导（由 25.0% 到 21.5%）及有关部门的作用，而同时增加村民的作用，由 4.5% 增加到 26.8%。

（14）从新农村建设资金的支配权来看，有几乎一半（都为 49.1%）的样本农户认为目前主要是由县乡领导和有关部门或者村组干部支配的；只有 2.0% 的农户认为是由村民自己支配的。对此，村民期望降低县、乡政府领导和有关部门的支配地位（从 49.1% 降低到 25.5%），同时增加村组干部（从 49.1% 提高到 65.1%）和村民（从 2.0% 提高到 8.8%）的支配权。

（15）从对新农村建设资金监督权的角度看，有 44.6% 的样本农户认为目前政府有关领导和部门起到主要的监督作用；51.1% 的村民认为主要由村组干部行使监督权；只有 4.5% 的农户认为村民自己具有监督权。而从期望来看，几乎一半的样本农户认为应该让县、乡领导和有关部门具有监督权；同时，更多农户认为应该降低村组干部的监督权（从现状的 51.1% 降低到期望的 46.3%）。这主要取决于资金使用的支配权，多数村民不主张资金使用的支配权和监督权由同一个群体同时拥有。

（16）对于工程质量的把关来说，有 42.1% 的样本农户认为目前是由县、乡政府领导和有关部门把关的；有 53.5% 的村民认为是由村组干部把关的；只有 4.5 的农户认为是由村民自己把关的。他们期望降低政府有关部门（从 42.1% 降低到 39.0%），尤其是村组干部（由 53.5% 降低到 39.1%）对工程质量把关的程度，而更多村民（22.0%）期望由村民自己来把关。

（17）正是在这样一些情况下，新农村建设出现了一些令人担忧的不良发展势头：

一是许多地方的新农村建设规划由于缺乏村民的参与，忽视了少数民族传统文化的作用，搞"一刀切"、一种模式，民族传统文化中许多有用的东西随着一个新农村的"新"字而被埋藏。一些地方基于对民族社区的传统认识，总认为少数民族生活习惯和卫生习惯与新农村建设格格不入，在新农村建设过程中，过分强调转变村民的卫生习惯和生活习惯，大搞面子工程，粉刷墙壁、清扫街道，新农村随着政府监督人员的离去在农村社区如昙花一现，随即被雨水和村民的猪、牛、羊、马的粪便所带走。

二是由于政府主导了新农村建设的多个方面，在"有为才有位"思想的指导下，一些地方在新农村建设的试点选择上往往选择经济条件较好、基础条件较优越的村社或农户，给今后新农村建设经验的推广带来一定困难，因为这样的试点经验对于那些没有选做试点的村和农户来说，学得到但做不到，甚至学都学不到。

三是由于缺乏资金投入，一些地方将扶贫开发规划视为新农村建设规划，将扶贫开发的整村推进模式视为新农村建设模式，人为地降低了贫困地区的新农村建设标准。

四是一些地方为了追求短期效果，忽视了新农村建设内容的整体性、全面性和长期性，把重点放在了村民房屋的改造上，把新农村建设搞成了新村建设，不仅加大了农户的负担，而且使经济发展、村民生活水平的提高面临新的问题。

（18）基于上述关于社会发展主体的一般考察以及目前新农村建设中存在的诸多问题，课题组提出必须努力建构新的新农村建设主体观。这种主体观的核心是要让广大村民成为决策的主体、行动的主体和受益的主体。这种把人是社会发展的决策主体、行动主体和受益主体的一般原理，推广到社会主义新农村建设这一时代主题中意味着：第一，广大农民是否有真正的权利自主决策、自主支配自己的资源，因此解决的是"民有权"的问题；第二，广大农民是否作为新农村建设的行动主体能动地参与到新农村建设的全过程中去，因此要回答的是"民担责"的问题；第三，广大农民是否真正公平地从新农村建设中得到了实惠，因此回答的是"民泽福"的问题。由此可以说，新农村建设的主体构建需要在"民有权、民担责、民泽福"几个方面得到具体体现。

（19）"民有权"最主要的是让广大村民拥有决策权。这是因为：广大农民依照国家制度和法律、法规享有资源占有权、支配权和劳动权、社会事务的参与权及发展成果的分享权，他们作为中国社会发展的一个重要群体的知情权、发展参与权、决策权和受益权是否得到落实和有效保护，是检验广大村民是否有权为自己做主的主要标准。在这四个权利中，决策权处于核心地位，不仅是检验知情权的重要标准，而且规定着发展参与权的性质和水平，影响着受益权的状况。为此，一是需要落实各项政策、法律制度，确实让广大农民群众成为各种资源和社会政治资源的权利主体；二是要逐步改变目前的决策方式，把从上到下的决策机制和自下而上的决策机制有效结合起来，有效拓展广大村民的决策权、参与权和知情权。

（20）"民担责"是要让每个村民获得权利的同时自觉承担社会责任，确实履行自己在决策过程中作出的承诺。拥有什么样的权利，就应该或者必须承担什么样的责任，这是对每个社会公民的共同要求，当然也应该是对每个农民群众的要求。"民担责"的核心是要让村民成为行动主体，因此，首先要从制度上为农民"解套"，使广大农民成为真正的国民，并获得国民待遇；二是提升广大农民作为新农村建设的主人翁意识，自觉履行国民义务；三是保护和鼓励广大农民的首创精神，让一些乡土技术和知识有用武之地；四是加强其能力建设，努力培养"新"农民。

（21）"民泽福"首先强调的是广大村民作为社会大家庭中的一员应该获得的社会福祉，因此从本质上来说是由社会制度决定的；其次是指他们作为劳动者，是否能够公平、合理地占有和享受其劳动成果。在我国社会主义制度背景下，按劳分配是基本的分配制度，广大农民获得社会福利的水平，既是衡量社会主义制度优越性的客观尺度，又是检验"民有权"和"民担责"落实状况的实践标准。因此，一是应按照权、责、利对等的原则完善当前中央和地方制定、实施的诸多支农、惠农政策，从保护农民的基本权益出发让农民受益；二是应全面推进城乡统筹，让农民确实获得国民待遇；三是关注社会弱势群体，让他们从新农村建设中获益。

（22）为此，课题组认为：新农村建设的试点选择必须慎重。一是选择标准应该具有多样性，并把可推广性作为重要指标，不能仅仅选干部能力强、群众基础好、经济发展有一定基础的村庄或者农户，更要看到一些上述条件本来就差的点。从可推广性来说，后者可能比前者更容易些；二是选择的过程应该坚持公开、公正和公平原则，不能搞唯一性，必须有竞争，更不能由领导"钦定"，标签上这是某某领导的试点；三是示范或者试点不要只注意资金、物资和人力的投入，更要注意措施和政策的投入，因为试点要总结的是经验，而不是所谓"模式"本身，农村发展本身就没有模式，只有经验；四是试点或者示范也必须以老百姓为主。

（23）把新农村建设作为进一步加强社区能力建设的有效途径。云南五个村的问卷调查结果表明：广大村民更期望村委会而不是村民小组发挥更大的组织、协调、示范带头作用。这三个方面合计占有效样本农户的2/3以上。

三、成果的价值

成果的价值主要体现在四个方面：一是本课题从理论上解析了社会主义新农村建设的主体，丰富了云南理论界乃至国内学术界对社会主义新农村建设的研究，尤其是"民有权、民担责、民泽福"分析框架的提出，为中国特色社会主义理论体系的建设作出了贡献；二是借助科学发展观"以人为本"的核心理念，并参考国际上备受推崇的相关利益群体分析方法，对云南省社会主义新农村建设中不同行为主体的不同作用进行了研究，不仅在理论上为确立农民主体论的观点提供了重要依据，而且有利于丰富学术界对社会主义新农村建设的研究；三是对农民决策主体缺位、行动主体虚位、受益主体偏位及政府角色错位、越位等不符合马克思主义唯物史观和科学发展观的现象进行了深入分析研究，并剖析了形成这些问题的深层原因，对云南社会主义新农村建设具有十分重要的现实意义；四是基于"政府主导"的现实，课题组提出的对策建议能够为创新云南省的新农村建设事业提供现实参考，将为实现农民从"旁观者"向"决策者"和"行动者"的角色转变起到推动作用。

课题名称：云南社会主义新农村建设主体的理论与实践研究
课题负责人：郑宝华
所在单位：云南省社科院
主要参加人：赵鸭桥　崔江红　王献霞
结项时间：2008 年 1 月 15 日

中国传统道德中的和谐观与建设
社会主义和谐社会研究

一、课题研究的目的和意义

2002 年，党的"十六大"就明确提出了要使"社会更加和谐"的目标；2007 年，党的"十七大"又将"促进社会和谐"列为会议的主题之一。响应党的号召，举国上下对和谐社会问题的关注度日渐高涨，各个方面都在积极探索怎样才能为构建和谐社会作出自己的贡献。进一步科学地廓清中国传统道德中的和谐观的含义、特征、体系、逻辑、后果，在理论上有助于深化整个和谐问题的探讨，在实践上有助于推动国内外的和谐化进程。

二、研究成果的主要内容

本课题研究成果认为，追求和谐是中国传统道德的核心，和谐理想拥有一种哲学基础——主张"天人合一"的宇宙信仰，一种美学形态——推崇"中和之美"的艺术品位，一种伦理标准——符合"中庸之道"的人际关系，一种政治建构——维护"官民相安"的制度模式。将上述四大领域联结在一起的是一种被称做"泛道德主义"的思维结构，这使得中国传统道德中的和谐观到头来不再局限于单纯的道德范畴，为我们研究它对社会主义和谐社会建设的启示提供了一个内在的切入点。胡锦涛总书记强调："我们所要建设的社会主义和谐社会，应该是民主法治、公平正义、诚信友爱、充满活力、安定有序、人与自然和谐相处的社会。"这与《礼记》中描绘的大同胜境存在着众多的一致性，可以认为，和谐是人类古已有之的一种社会理想。但是，传统道德中的和谐观又绝不能与社会主义和谐社会建设画等号。例如，民主法治就是从未受到传统和谐观关注的东西。传统和谐观以政治为其归宿的发展轨迹是，首先发现天人之间存在着和谐无间的交互感应现象，最终能让一个历经真心诚意、修身养性磨炼的圣人充当替天行道的国家领袖。在从道德的政治化到政治的道德化的过程中，中国传统的和谐观被具体化为色彩纷呈的不同学术流派。例如，在"统治"（government）之外也不忽略"治理"（governance）的重要价值。然而，尽管在我国传统道德中流行着十分悠久、丰富的和谐观，为什么在中国大地上和谐一直又是一种弥足珍贵之物呢？正如邓小平所言："旧中国留给我们的，封建专制传统比较多，民主法制传统很少。"中国有和谐之名却无和谐之实的主要原因即在于缺乏民主法治，官府的权力太大而公众的权利太小。所以，中国传统道德中的和谐观与建设社会主义和谐社会既有密切的联系，又有本质的区别。二者的联系点在于，它们都希望处理好各方面的利益关系，不愿顾此失彼。二者的区别点在于，传统和谐观只会导致一个人治的世界，国家民族的命运维系于个人的喜怒哀乐；社会主义和谐社会则提供一种约束政府权力、捍卫公民权利的制度保障，个人的道德修养被降到了一个次要的位置上。

本课题研究成果内容及方法的创新之处有二：第一，是在方向上明确了对中国传统道德中的和谐观的探讨既要尊重历史原貌，又要熔铸进新时代的灵魂。例如，应该看到儒家以统治者的仁慈开明为前提的"仁政"、"善政"决非当今建立在市民社会的崛起这一基础之上的高水准治理——"善治"。第二，是始终立足于研究的理论竞争意义而非资料积累意义，尽力在较深的层次上和较广的范围内来探讨有关问题。例如，指出传统和谐观能起作用的一大奥秘是默许了一种宝贵的相对权力思想和消极制权思想，给统治权设置了一定的制约边界。

本课题研究成果博采众长，注重史论结合和理论与实践的结合，注重抓根本性问题和恪守学术规范，注重体现一定的超前意识。主要由四大部分构成：首先分析的是虽有和谐之名却无和谐之实的悖论标志着中国传统道德中的和谐观的理论与实践裂变；其次是主张社会主义和谐社会与传统和谐观的本质区别在于有没有民主法治；再次是指出中国传统道德中的和谐观可自边缘定位出发在社会主义和谐社会建设中发挥应有的作用；最后认为依法行政能为确保传统和谐观扬长避短、服务于构建和谐社会提供一种制度平台。

课题研究成果提出了实施以民为本的仁政是传统和谐观的世俗诉求；发动制止暴政的革命是传统和谐观的正义措施；鼓励选贤任能的竞争是传统和谐观的活力机制。我国传统和谐观中的这些精华在今天仍是值得去继承、发展的宝贵财富。对人民要好，无疑是与现代民主的诉求有一致之处的，各级领导若是脱离群众，那就连构建社会主义和谐社会最起码、最表皮的要求都达不到。我们要构建一个充满活力的社会主义和谐社会，就必须使开展选贤任能的竞争这一优秀文明成果不断发扬光大。课题研究成果提出了建设法治政府的三条具体措施，即对于行政诉讼案件实行全国范围内的竞争性审判；政府的法定代表人在诉讼过程中必须出庭应诉；以启动行政、法律、法规的违宪审查为核心，捍卫宪法的尊严与权威。它们的贯彻落实，必定能真正让我们坚持建设法治政府、打牢和谐社会基石的正确方向，把我国的依法行政水平升华至一个新的阶段，告别很少依法办事的落后行政传统，促进经济、政治、文化的全面进步和转型，使整个社会更加和谐、人民生活更加幸福。

　　课题名称：中国传统道德中的和谐观与建设社会主义和谐社
　　　　　　　会研究
　　课题负责人：吉永生
　　所在单位：中共云南省委党校
　　主要参加人：李彩霞
　　结项时间：2008 年 4 月 7 日

构建云南社会主义和谐社会过程中经济公正问题的哲学分析

一、课题研究的目的和意义

经济公正是人类所追求的一种较高道德理想，它渗透在社会生活的各个领域，体现着人们的共同利益，反映了人与人、人与社会、人与自然之间以互利为原则的平等要求。构建和谐社会的基础是实现社会公正，但经济基础决定上层建筑，经济公正是实现社会公正的前提和基础，因而在某种程度上可以说，经济公正是构建社会主义和谐社会的经济伦理基础。

作为一个来源于现实、关于现实、回归社会现实的实践哲学问题，本课题的研究是一项兼有理论上的深刻性和实践上的可操作性的综合性研究课题，因而它不但具有很高的学术价值和理论意义，而且具有重要的实践意义。从理论上来看，研究经济公正可以弄清中外思想史上经济公正思想发展的脉络，从而为解决现实社会经济不公问题提供理论借鉴；而且，通过研究，使人们认识到经济公正不仅是经济结果的公正，它首先指的是经济活动本身的公正，即经济活动本身是一种良性发展的活动，从而为实现经济公正、使经济良性发展、构建社会主义和谐社会提供理论借鉴；同时通过研究，也可以弥补我国对经济公正这一具体问题研究的滞后与不足。从实践上来看，社会主义和谐社会应该是一个经济良性运行、社会有序发展、人们和谐相处和安居乐业的社会。实现经济公正，是社会和谐的题中应有之意，是构建社会主义和谐社会的基础和不可或缺的重要内容。

二、课题的主要内容

在人类历史上，人们很早就开始关注经济公正问题了。在中国，传统儒家思想就已经涉及经济公正问题。例如，孔子说过："君子喻于义，小人喻于利。"在西方，经济公正思想可以追溯到古希腊的荷马时代，以后，柏拉图、亚里士多德，到近代的霍布斯、休谟、卢梭、边沁、穆勒，再到当代的罗尔斯、诺齐克、麦金太尔、桑德尔、泰勒、瓦尔泽，以及在当代非常有影响力的德国哲学家哈贝马斯等，都探讨过经济公正问题。在中国传统思想中，有关公正的论证主要是围绕义利之辩而展开的。在新中国成立初期，在追求经济公正的时候曾走过一段弯路，一段时期内把平均主义当做经济公正。目前，我国正处于由计划经济向社会主义市场经济过渡的新时期，经济结构急剧分化，经济活动方式激烈变化，一系列社会问题凸显。在这种情况下，经济公正问题也日益受到人们的关注。虽然中西方思想史都论述过经济公正问题，但谈论具体的经济公正问题的侧重点不一样。中国古代注重于个人公正，如儒家思想的"重义轻利"，儒家传统历来有宏观的社会抱负，所谓"家事、国事、天下事，事事关心"，但是落实"外王"之道，则以养修本性的"内圣"功夫为前提。这种观点，导致儒家疏于制度建设。但是，儒家思想可以抑制极端的个人主义，亦能够平衡实效至上的倾向。儒家思想源于对社会秩序的关怀，而秩序是一个整合问题，也就是人们之间彼此协调的问题。亦即强调个人对社会规范的主动服从。假使人人遵守规则，秩序自会浑然天成。正是这个缘故，儒家特别热衷于个人的品德修养。孔子以建立社会秩序为终极关怀，这又导致了儒家忽视了对个人权益的关注。如此可见，中国的古代重视的是个人的内心修养，对个人的自我修养非常看重，而忽略了个人的自由平等的权利，从而也忽略了个人的利益，为了国家的整体利益而不惜牺牲个人的利益，在经济利益方面强调的是"义大于利"的关系。而西方更注重社会整体的经济公正，强调个人的自由和权利，重视法和理性。中国则更重视道德、伦理感性。而马克思主义在唯物主义历史观的基础上对正义的重要性作了论述，并通过批判资本主义私有制的非正义性来阐明自己的正义理论。从洛克、休谟到当代的诺齐克和罗尔斯为代表的自由主义争议理论，都在不同的程度上论证了私有制的合理性。与之根本不同的是，马克思主义的正义理论致力要阐明的是资本对劳动的统治的不合理性、非正义性。

经济公正在实质上是一种关系，它是与社会生产力的发展水平相适应的人与人之间的利益关系，是在经济活动中买卖双方的伦理道德评价和在结果分配中的公平、公正。作为一种社会事实的经济公正，其内容是具体的、历史的、不断发展变化的，不同的经济制度与社会关系赋予经济公正以不同的具体内容；而经济公正则是现实社会关系（主要是经济关系）的观念化和神圣化的表现。同时，经济公正是与社会生产力的发展水平相适应的人与人之间的利益关系，所以它具有绝对性和相对性；经济公正作为道德意识和行为方式，其表现形式是主观的，但其反映的内容是客观的、现实的，是以经济利益为主的一切利益关系的概括反映，因此它具有客观性和现实性；经济公正作为社会的观念表现，必然会受到社会历史条件的制约，体现了一定的历史性，因此它又具有历史性和阶级性。总的来说，经济公正是一种在经济活动中所应遵循的人与人之间的平等关系和应遵循的等价交换原则，本质上体现的是人与人之间的关系。马克思主义认为经济公正主要源于经济事实，特别是与财产所有权的制度变迁和发展紧密相连；经济公正的形式多种多样，但其本质是在人类社会最基本的经济实践中实现人的全面解放；人的解放程度和生产力发展水平是密不可分的：只有共产主义制度才能最终实现人的全面解放，因而才是最公正、最理想的社会形态和经济体制。因为，经济公正是在人们的经济活动中体现出来的一种利益关系，因此经济公正的主要内容必然包含经济活动的各个方面，即经济活动中的起点公正、过程公正和结果公正，它贯穿在整个经济活动过程中。

我国正处于社会主义市场经济体制改革、构建社会主义和谐社会、实现小康社会目标的关键时期，建立一个公正有序的经济秩序是搞好社会主义市场经济体制建设的关键所在，也是构建社会主义和谐社会的必然要求。在某种程度上可以这样说，经济公正是构建社会主义和谐社会的经济伦理基础。经济基础决定上层建筑，经济公正的实现对于整个社会的稳定和谐与社会、经济的健康发展都具有非常重要的作用；经济公正的实现不仅能够更好地促进市场经济的发展与社会的和谐，而且能促进人自由而全面的发展。当前构建社会主义和谐社会过程中，经济领域还存在着收入分配和消费不公正、市场机制不健全、机会不均等等经济不公正现象，而这些问题的解决与否又关系到社会是否稳定与和谐。导致当前构建社会主义和谐社会过程中各种经济不公正现象存在的原因是多方面的，既有历史的原因，也有经济体制本身的内在因素，还有社会因素的影响。从历史的角度来看，中国没有经历资本主义的充分发展的阶段，对封建社会以宗法制度、等级制度和特权意识为核心的封建文化始终缺乏深刻的批判和较为彻底的否定，因而还缺乏形成实现高度社会公正的思想基础。从现实的角度来看，现阶段中国的社会生产力还比较落后，因而还缺乏实现高度的经济公正的物质基础。从社会的角度来看，中国社会还没有完成从长期计划经济体制下形成的传统社会结构向一个与社会主义市场经济相符合的新的社会结构的转型，因而也缺乏实现高度的经济公正的社会基础。在其中，城乡二元结构是导致经济不公正的主要诱因，而市场经济的内在机制不健全是导致经济不公正的内在因素。要实现经济公正，首先必须要处理好以下几种关系：公正与效率的关系、经济公正与社会公正的关系、市场与政府之间的关系等。在此基础上，还应采取一些具体的措施，加速经济公正的实现，尤其是要在党的领导下，以中国特色社会主义理论体系为指导，坚持贯彻落实科学发展观。

三、课题的创新之处

本课题研究欲在两个方面有所创新：一是对经济公正内涵的理解。国内外大多数学者对经济公正的理解一般只是限于对经济活动结果的公正问题，如起点公平、平等分配等，而忽视了对经济活动本身公正性的理解。在我们看来，经济公正问题首先是经济活动本身的公正问题，即经济活动是一种良性发展的经济，只有良性发展的经济才谈得上公正问题，否则只能是经济贫困，而不是经济的发展，也就没有公正可言。二是构建社会主义和谐社会过程中的经济公正问题，从而为实现经济公正构建和谐社会提供借鉴。这是本课题的落脚点和主题，因而也是本课题的重点。同时，因为它涉及经济学、伦理学、政治学、政治哲学、经济哲学等相关学科的理论与实践问题，所以也是本课题的难点。本课题在这一方面想有所突破的是希望在对经济公正内涵与历史的考察的基础上找到实现经济公正、构建社会主义和谐社会的具有实践性、可操作性的措施，以避免以往的泛泛而谈。

课题名称：构建云南社会主义和谐社会过程中经济公正问题
　　　　　的哲学分析
课题负责人：刘化军
所在单位：云南师范大学
主要参加人：郭佩惠　刘剑锋　李红专　陈　路　杨　倩
结项时间：2008 年 4 月 16 日

统一战线与云南和谐社会的构建研究

一、课题研究的目的和意义

研究此课题的目的，主要是从理论和实践的结合上阐述清楚统一战线在构建和谐社会中具有重要的地位和作用。本课题所体现出来的意义就在于，如果人们，特别是从事统战工作的人员通过本课题的论证，在理论上充分认识到了统一战线在构建和谐社会中的重要地位和作用，就会在实践中进一步增强做好统战工作的自觉性，从而为推动云南省和谐社会的构建作出自己应有的贡献。

二、课题的主要内容

本课题共七个部分。第一部分为概论。后六个部分，每一部分都阐述了某一方面人员在构建云南省和谐社会中的重要地位和作用。

第一部分：概论。对统一战线在云南省和谐社会构建过程的作用作了一个总的阐述，也是对整个研究报告的概括。

第二部分：民主党派与云南省和谐社会的构建。主要内容有：始终不渝地坚持中国共产党领导的多党合作和政治协商制度，可以为构建和谐社会奠定坚实的政治基础；发挥民主党派的监督作用，促进执政党与人民群众的亲和力，可以使领导者和被领导者求得和谐的统一；发挥自身的人力资源优势，可以为构建和谐社会献计献策；积极协助中共各级党委和政府了解民情、反映民意，可以为构建和谐社会打牢广泛的民意基础；大力弘扬先进文化，激发社会创造活力，可以为构建和谐社会构筑强大的精神支柱；协调关系，化解矛盾，可以为构建和谐社会营造安定团结的社会环境。进一步坚持和完善中国共产党领导的多党合作和政治协商制度，巩固和发展和谐的政党关系。一方面，执政党要不断促进和完善这一制度在云南省的实施，以更和谐的政党关系促进社会的和谐；另一方面，民主党派也要加强自身建设，进一步适应新形势新任务的需要。

第三部分：少数民族地区的社会发展与云南省和谐社会的构建。此部分的内容主要有三个方面：·

（1）加快少数民族和民族地区的经济、社会发展，打牢构建社会主义和谐社会的物质基础。如何促进云南省民族地区经济社会的发展？我们认为，必须解决好这几个方面的具体问题：①切实加强少数民族地区基础设施建设；②优化产业结构；③加快科技进步；④进一步扩大开放；⑤加快民族地区城市化建设步伐；⑥千方百计增加投入；⑦实施政策倾斜扶持；⑧搞好天然林保护和生态环境建设，走可持续发展道路；⑨进一步解放思想，转变观念。

（2）坚持和完善民族区域自治制度，为构建社会主义和谐社会提供制度保障。一是要进一步全面、具体地贯彻《民族区域自治法》，切实落实民族区域自治的各项制度；二是要加强少数民族现职干部队伍建设，为构建社会主义和谐社会提供坚强的干部保障；三是要进一步做好民族地区的老干部工作；四是要加强对少数民族上层人士的工作。

（3）尊重并推进少数民族文化的发展，为构建社会主义和谐社会提供强大的精神力量。各个民族都有自己独特的文化，发展少数民族文化必须尊重少数民族自身的意愿。和谐社会的构建必须基于各民族文化的平等和相互尊重。

（4）切实维护和加强民族团结，为构建社会主义和谐社会提供良好的社会环境。民族团结是社会和谐的基础。互助是实现民族团结的动力。实现各民族的团结，必须打击民族分裂主义。只有这样，云南省和谐社会的局面才能形成。

第四部分：宗教界人士与云南省和谐社会的构建。此部分内容主要有：

（1）充分发掘宗教教义的积极内容，可以为和谐社会的构建提供有力的精神力量。宗教教义中，倡导人们要注重道德的修养，主张家庭成员间要互敬互爱、和睦相处，注重社会关系的和睦，强调人们要珍惜自然。这些积极教义对和谐社会的构建有着促进作用。

（2）做好宗教界代表人士工作，是发挥宗教在构建社会主义和谐社会中积极作用的关键。要对这些代表人士作好政治安排，要做好代表人士的思想教育工作，要大力培养宗教接班人，要稳、准、狠地打击敌对势力和邪教。

（3）促进信教群众之间和信教群众与不信教群众之间的和谐工作。一是要做好各宗教之间群众的和谐工作，二是要做好同一宗教内不同教派之间群众的和谐工作，三是要做好信教群众和不信教群众的和谐工作。这些人员的和谐工作做好了，在很大程度上就促进了云南省和谐社会的构建。

第五部分：党外知识分子与云南省和谐社会的构建。该部分主要内容有：

（1）党外知识分子是云南省政治和谐的重要力量。党外知识分子或作为人民代表大会代表，或作为人民政协委员，或作为领导干部，或作为"四员"，或以加入民主党派等方式参与民主政治建设，从而也为云南省和谐政治的构建作出了重要贡献。

（2）党外知识分子是云南省经济、社会发展的重要推动力量。这主要体现在：①为云南省的经济发展积极建言献策；②为云南省的经济发展提供科学技术；③为云南省的经济发展起到了一定程度的示范作用；④为云南省的对外开放起到了推动作用。云南省党外知识分子的上述作用，有力地推动了云南省经济的发展，从而为云南省和谐社会的构建奠定了物质基础。

（3）党外知识分子是协助各级党委和政府了解民情、反映民意、构筑民意基础的重要桥梁。一方面，党外知识分子可以凭借自己的知识将党中央的路线、方针、政策以及各级党委、政府的决策科学地传递到人民群众中去，变为群众的自觉行动；另一方面，党外知识分子又可将人民群众在贯彻执行党中央的路线、方针、政策以及各级党委、政府的决策过程中存在的问题及时反映到各级党委和政府，以利于路线、方针、政策和决策的不断完善。再一方面，党外知识分子由于生活在广大群众中，对广大群众的冷暖、安危有直接的了解，从而可以向各级党委和政府提出解决群众疾苦的意见。同时，党外知识分子还可以通过做群众深入、细致的思想工作，引导他们顾全大局，珍视团结，维护稳定，以理性、合理的形式表达利益需求，这在一定程度上可以化解领导者与被领导者之间的矛盾，增进理解、理顺情绪，促进社会的和谐。

（4）党外知识分子是大力弘扬先进文化、为构建和谐社会构筑强大精神支柱的主力军。强大精神支柱的构建，有两个领域极为重要，即社会和学校。这两个领域的精神支柱建设都离不开党外知识分子的作用。党外知识分子向社会提供健康向上的精神食粮，就会促进社会的和谐。否则，就会造成社会动乱。学校是进行精神支柱建设的重要阵地。我们要构建和谐社会，必须把学校，特别是高等院校作为精神支柱建设的重要基地。高等学校的稳定状态是社会稳定的晴雨表。高等院校是否稳定和谐，又取决于教育者。教师队伍的思想意识建设是关键。高校教师队伍思想意识建设搞好了，高校阵营里就会呈现出和谐、稳定的局面，从而对全社会的和谐、稳定起到促进作用。否则，情形相反。

第六部分：非公有制经济的发展与云南省和谐社会的构建。此部分内容主要有：

（1）非公有制经济可以为构建和谐社会提供强有力的物质基础。《中共中央关于构建社会主义和谐社会若干重大问题的决定》指出："必须坚持用发展的办法解决前进中的问题，大力发展社会生产力，不断为社会和谐创造雄厚的物质基础。"云南省非公有制经济的发展，为云南省和谐社会的构建提供了强有力的物质基础。

（2）非公有制经济的发展为社会提供了广泛的就业岗位，促进了社会的稳定。解决人们的就业是社会稳定的重要基础。云南省非公有制经济为缓解转型时期的就业压力，改善社会就业结构提供了巨大的空间，已成为当前云南省社会就业的主渠道，是促成云南省社会和谐的一个极为重要的积极因素。

（3）非公有制经济可以缩小城市与农村之间经济的差距，促进城市与农村的和谐。要想实现云南省社会的稳定与和谐，"三农"问题必须要予以高度重视。广泛分布于云南省广大农村的个体、私营经济，在改善农民生活、搞活农村流通、繁荣农村市场方面，发挥了不可忽视的作用，有效地推动了云南省城乡经济的和谐。

（4）非公有制经济可以为构建和谐社会缩小社会成员之间的生活水平差距。要构建和谐社会，最关键的是要缩短社会成员之间生活上的差距。面对云南省贫富差距拉大的现实，云南省非公经济人士在努力发展自己的同时，也关注社会公平，以正义之心善待弱势、困难群体，秉承先富帮后富、实现共同富裕的发展理念，致富思源，回报社会，为缩小社会成员之间的生活水平差距、为和谐社会的构建作出了重大贡献。

第七部分：海外侨胞与云南省和谐社会的构建。构建和谐社会，既要注重国内的社会和谐，在云南省，也要注重与周边国家的和谐；既要注重国内民众间的和谐，也要注重云南籍侨民之间的和谐及云南籍侨民与居住国民众间的和谐。实现这些范围人员的和谐，离不开统一战线的优势作用。统一战线在构建云南省与周边国家和谐关系中具有独特的优势：一是联系着一批与海外有密切联系的群团组织；二是联系着一大片与海外有密切联系的归侨、侨眷和华侨、华人。充分发挥统一战线优势可以做好三个人员范围的和谐：一是华侨、华人社会的和谐；二是华人社会与居住国民众的和谐；三是国境线边际人员范围的和谐。这三个人员范围的和谐工作做好了，对云南省和谐社会的构建是一个很大的辅助。

三、成果的学术价值和应用价值以及社会影响和效益

统战理论是一门政治敏锐性极强的理论。这一特点决定了理论界和实际工作部门长期以来普遍存在的"泛论"现象。就是说，理论界和实际工作部门在研究统一战线在各项事业中的重要地位和作用时往往泛泛而论、高度抽象、作结论、喊口号、下定义，缺乏具体的论证。本课题采取深入调研和具体的实证分析方法，对统一战线十五个工作范围中与构建云南省和谐社会关系极为密切的六个方面的人员（即：民主党派、少数民族、宗教界人士、非公有制经济人士、党外知识分子、海外侨胞）在构建云南省和谐社会中的重要地位和作用作了具体而又系统的分析。此一研究方法，在政治性特强、特别注重宣传口径、不能越雷池

半步的统战领域的研究有一定程度的尝试。该课题有较强的应用价值。党中央强调，在构建和谐社会中，必须最大限度地激发社会活力，把一切可以团结的力量团结起来，把一切可以调动的积极因素充分调动起来。统一战线具有广泛的代表性和包容性，有着沟通感情、联络友谊、加强团结、凝聚人心、增强吸引力和亲和力的独特优势。充分发挥这一优势，可以对云南省和谐社会的构建起到强大的推动作用。

课题名称：统一战线与云南和谐社会的构建研究

课题负责人：高智生

所在单位：云南省社会主义学院

主要参加人：彭济生　杨佑钧　王爱国　马文章　张红岗　　　　　胡恒富

结项时间：2008 年 4 月 20 日

经 济 学

云南省开发"茶马古道"旅游资源战略研究

课题以"云南省开发'茶马古道'旅游资源战略研究"为选题，课题组从旅游资源开发的角度对"茶马古道"的范围进行了明确界定，阐明了"茶马古道"旅游资源开发对云南旅游产业持续发展的重要性和必要性，分析了云南省开发"茶马古道"旅游资源的优势和劣势，结合云南省旅游产业"十一五"发展规划，从区域旅游经济发展的战略高度，提出了开发云南省"茶马古道"旅游资源的思路和步骤，并结合战略管理的相关理论和云南旅游产业二次开发战略选择，提出了适应云南省开发"茶马古道"旅游资源的战略选择。

课题主要从以下几个方面展开研究：

一、云南省"茶马古道"旅游资源开发的背景及意义分析

主要从云南省旅游产业发展的机遇、挑战及开发"茶马古道"旅游资源的现实意义等几个方面进行分析研究。通过对云南旅游产业市场需求状况、政府主导旅游产业发展战略及云南旅游产业知名度持续上升现状的分析，"搭乘"云南建设民族文化大省、旅游大省和对外通道建设等战略"快车"，充分展示云南旅游产业发展的机遇和前景。同时，针对旅游市场竞争激烈程度加剧和现有旅游线路及景区逐渐老化的现状，分析云南省开发

"茶马古道"旅游资源的现实意义。

"九五"和"十五"时期，云南明确将旅游业列为全省四大支柱产业之一而重点培育。在基本建成旅游大省的基础上，2004年，云南省政府又适时作出了全面建设旅游经济强省的战略决策。云南省于1996年12月提出建设"富有特色的民族文化大省"目标；1999年1月，省委、省政府召开云南民族文化大省建设第一次高级研讨会；同年9月，又召开了云南民族文化、生态环境、经济社会协调发展高级国际学术研讨会。经过几年发展，周边省份也不示弱。到2004年，四川的旅游总收入达566.2亿元，比云南高出208亿元，接待国内游客也比云南多出近5400万人次，并一直保持着这种强劲势头；2001年，云南邻近的昌都地区就委托中国科学院地理科学与资源研究所完成了"西藏昌都地区旅游发展规划"和"西藏昌都'茶马古道'旅游开发可行性研究"两项任务，并通过中科院专家评审和验收。总之，云南邻省旅游业发展新态势，使云南旅游业面临着严峻的挑战。因此，开发"茶马古道"旅游资源已势在必行。

昔日的"茶马古道"已经失去了它原有的功能与作用以及曾经的辉煌与繁荣，在新的历史条件下，"茶马古道"被赋予了新的内涵，其作为旅游资源开发的价值远远超出过去意义的"茶马古道"。云南省作为"茶马古道"区域联动开发战略的重要组成部分之一，其开发"茶马古道"旅游资源的现实意义重大。

二、云南"茶马古道"旅游资源分析

"茶马古道"沿线的德钦县境内的梅里雪山如今仍处于半开发状态；位于怒江两岸的高黎贡山是国家级自然保护区，蕴藏着丰富的动、植物资源，是一块待开发的处女地；素有"东方多瑙河"之称的澜沧江（湄公河）是东南亚一条著名的国际河流，现在处于开发状态。因此，云南省开发"茶马古道"旅游资源，就要对"茶马古道"沿线现有的旅游资源进行整合，赋予其新的发展意义和价值。"茶马古道"特殊的地理位置和地貌结构，蕴藏着"三江并流"、高山峡谷、神山圣水、地热温泉，充分体现了人与自然和谐相处的"天人合一"的主题。云南省旅游产品主要是以自然风光、民族风情为主的观光性产品。"茶马古道"云南段，有闻名于世的"香格里拉"和藏区第一神山——梅里雪山，3 个国家级风景名胜区（大理风景名胜、"三江并流"风景名胜、丽江风景名胜），4 个国家自然保护区（白马雪山自然保护区、怒江自然保护区、高黎贡山自然保护区、苍山自然保护区），5 个国家森林公园（剑川县森林公园、清华洞森林公园、魏宝山森林公园、灵宝山森林公园、东山森林公园），迪庆香格里拉、"三江并流"等世界级的景区，世界上纬度最低的冰川——明永冰川以及华泉奇观白水台，虎跳峡等著名景点，并有白马雪山、高黎贡山、贡嘎山、哈巴雪山等多个生态类型，有动、植物系谱完整的国家级自然保护区和众多的秀丽迷人的高原湖泊及神奇壮丽的高山风光。

因此，花大力气打造品牌、提升知名度、占领客源市场已经成为业内人士的一种共识。国家将对"茶马古道"进行重新开发。国家旅游局曾就"茶马古道"的开发作过专题论述：它集中了中国最好的自然景观和人文景观，经过适度开发完全可以成为世界级旅游绝品。也正是如此，"茶马古道"作为区域联动开发战略的内容之一被写入了中国"十五"旅游发展规划之中，纳入了中国旅游"十五"计划优先开发的黄金旅游线路。

通过对"茶马古道"总体线路分布及构成进行梳理，利用图文并茂的方式，将"茶马古道"省内、省外和外国的线路分布状况进行描述，着力分析"茶马古道"在云南境内的分析状况，通过"茶马古道"将所经过的旅游景区和景点串联起来，以点、线、面的方式对云南境内"茶马古道"经过的景区、景点的资源进行整合，形成不同的旅游开发区域，并对云南境内"茶马古道"旅游资源从文化、自然、旅游及经济、社会价值等方面进行评价，为开发云南"茶马古道"旅游资源奠定基础。

三、"茶马古道"旅游资源开发的原则、目标、思路及步骤

基于"茶马古道"旅游资源特点和分布区域，结合云南旅游产业发展现状及目标，提出云南开发"茶马古道"旅游资源的原则、目标、思路、布局及步骤，对云南开发"茶马古道"旅游资源进行科学分期，规划不同时期的目标和任务，形成"茶马古道"旅游资源开发的有序性、科学性、规范性和持续性。

可持续发展是当今资源开发的主导模式，"茶马古道"旅游资源保护与开发并重就是坚持可持续科学发展观，注重对旅游资源与环境的保护，在不破坏生态环境和民族传统文化多样性的前提下达到旅游业发展的目标，其核心是追求经济、社会和生态三大效益的协调一致。"茶马古道"旅游资源的开发，要求在经济运行上，引导其旅游产业结构向合理、良性方向调整；在旅游资源开发上，坚持保护与开发并重的原则，按生态学规律，把旅游线路设计、旅游活动强度等控制在资源环境的"生态承载力"范围内，并采取合理的容量与监督调控手段，保护好旅游活动赖以生存的资源和环境。

四、云南"茶马古道"旅游资源开发及经营模式选择

基于对云南"茶马古道"旅游资源开发优势、劣势的分析，提出云南省开发"茶马古道"旅游资源的经营模式和战略选择。报告以"茶马古道"为纽带，将云南旅游产业发展与"茶马古道"上的其他地区的发展充分联系起来，通过区域经济合作方式，采取联合开发战略、区域推进战略、政府主导战略，促进区域旅游经济一体化发展。

在云南"茶马古道"沿线，峡谷与雪山共存，秀美和险峻同在，历史和现实交汇，人文旅游资源丰厚，可以感受到人与自然和谐相处的和美意境，旅游开发具有诸多优势。

（一）旅游资源丰富，组合得当

旅游资源的丰富与多样性特征显著，无论是自然景观，还是人文景观，其组成无不显示出丰富性与多样性特征，且旅游资源结构组合好，多种景观资源相互配合与支持。这些举世无双的旅游资源，给旅游开发带来了得天独厚的优势。由于历史的原因，许多地方迄今仍然是一块净土，具备旅游开发走经济、文化、生态环境协调发展的可持续发展道路的最佳条件。

（二）品牌价值高

云南"茶马古道"沿线是我国高品位旅游资源最为富集的区域。如"三江并流"风景名胜区、世界上纬度最低的冰川、虎跳峡、华泉奇观白水台、长江第一湾等均为世界上罕见的自然奇观；该区域也是世界上生物资源多样性与民族文化多元性保持最完整的区域，有世界性影响较大的几种宗教文化在此传播。从

这个意义上说，开发和宣传云南"茶马古道"这个品牌，既是宣传云南民族的历史，也是展示云南民族多姿多彩的文化和民族精神。

（三）政府重视

"茶马古道"引起了越来越多的人的浓厚兴趣。虽然滇藏公路、川藏公路早已取代了过去盘旋在大山、河谷及连接起一座座村寨的"茶马古道"，但江山依旧，古风犹存，"茶马古道"正成为世人关注的一条黄金旅游线路。进入新世纪的今天，"茶马古道"作为区域联动开发战略的内容之一被写入了中国"十五"旅游发展规划之中，并已纳入中国旅游"十五"计划优先开发的黄金旅游线路，云南省政府也把"茶马古道"列为旅游开发的重点，它将成为国内和国际新的黄金旅游热线。

课题名称：云南省开发"茶马古道"旅游资源战略研究
课题负责人：杨桂红
所在单位：云南财经大学
主要参加人：施仲勋　闫海忠　张　洁　叶永新　潘发生
　　　　　　张　勇　刘建峰　黄继华
结项时间：2007 年 12 月 21 日

云南省人力资本空间结构及合理布局研究

一、课题研究的理论意义和实际价值

随着知识经济时代的到来，各国经济的竞争日益表现为知识或人才的竞争，现代经济发展所依赖的战略性资源已经由传统的物质资本转变为人力资本，人力资本要素在经济发展中的作用越来越大。人们开始关注人力资本的配置研究，但以区域为对象，从时空分布的角度研究人力资本结构的成果尚不多见。在现有资本存量情况下，如何优化人力资本布局，促进教育资源和投资结构调整，实现效用最大化，对于经济增长有着重要的现实意义和理论价值。通过实证研究，探讨人力资本空间结构与经济增长之间的关系，研究合理布局的对策，建立研究框架，丰富和发展人力资本理论体系。

西部大开发的核心问题，是促使西部形成高效益的经济增长能力。在知识经济时代，人力资本的数量、质量，尤其是结构对于经济增长具有决定性的作用。云南省处于我国西南边疆，是一个经济欠发达的省份。目前，云南省在人力资本方面所存在的主要问题是：人力资源丰富但人力资本匮乏；人力资本投资不足；人力资本地域产业分布不匀衡；人才流失严重；人力资本结构不合理，高智能、高技术劳动力所占比重极小。目前，在云南省人力资本存量不可能在短期内发生根本性变化的情况下，调整人力资本投资结构及方向，进行人力资本的空间布局与合理配置，对于充分发挥现有人力资本的作用，人力资本与制度合理安排，实现经济社会和谐、持续、稳定的高速发展有着重要的意义。

二、课题的研究方法

课题以系统工程方法为基本研究方法，综合经济学、人口学、地理学、管理学、系统工程理论等多学科理论的贯通，运用整合思维方式，采用规范分析与实证分析相结合，定性和定量相结合的方法。

三、课题的主要研究内容及成果

自从课题立项以来，课题组认真开展研究工作，严格按照课题立项合同进行，并取得了预期成果。研究成果共分为五个部分：

第一部分：主要介绍了研究的背景、意义及采用的研究方法。

第二部分：论述及构建了人力资本空间结构及合理布局基础理论。从人力资本一般理论着手，介绍了人力资本的形成、发展及人力资本的投资形式和特点，以及人力资本对于经济增长及社会进步的巨大作用。

人力资本空间结构是指人力资本与社会经济发展在不同的区域空间中不断相互作用从而形成的空间的积聚或离散的程度和形态。人力资本空间结构的产生源于经济活动的空间性。合理的人力资本空间结构及布局将能更大程度上促进经济增长及区域协调发展。课题组经过认真考虑选用了以绝对数形式反映人力资本存量的方法进行测度；对人力资本空间结构的相关理论进行了分析和论证，从区域及产业角度建立了人力资本空间结构的构成要素，分别研究了人力资本的自然密度和经济密度；从理论上建立了人力资本合理布局研究模型；引用柯布—道格拉斯生产函数建立了人力资本对经济贡献率的模型，完成了人力资本空间结构的理论分析及框架构建。

第三部分：引入柯布—道格拉斯生产函数，计算了人力资本对经济增长的贡献率，虽然人力资本投资对经济增长的贡献份额低于固定资产投资对经济增长的贡献份额，但人力资本投入产出弹性大于物质资本，这说明应该加大人力资本投入。

第四部分：论述了云南省人力资本空间结构及布局现状及存在的问题。利用人力资本空间结构的理论及框架，考察了云南省人力资本现状，测算了云南省人力资本总量及各地、州、市人力资本存量、云南省三类产业人力资本存量；分析了云南省人力资本人口配置结构、人力资本区域配置结构，人力资本三类产业配置结构，并研究了云南省人力资本的流迁情况及人力资本流迁对云南省人力资本的影响。利用 GIS（地理信息系统）把云南省各地、州人力资本现状标注在了云南省行政区域图上。根据人力资本的一些相关标准，对云南省各地、州、市进行了聚类分析，把云南省 16 个地、州、市分成了人力资本发达区、次发达区和欠发达区三类。在人力资本投资方面，云南省教育经费来源中国家财政性教育经费比例超过了全国及西部平均比例，高达79.48%，而其他非国家财政渠道的社会团体及个人承担费用比例均低于全国和西部平均水平。在每 10 万人中，云南省的小学在校生人数超过了全国平均水平，初中阶段接近于全国平均水平，而高中阶段和高等学校在校生人数明显低于全国平均水平。云南省小学和普通初中人均教育经费在西部省区中排名靠后，而普通高中和高校人均教育经费位于前列，分别为第 3、第 4 名。但与全国平均数相比，各级普通教育人均教育经费均低于全国平均水平。通过以上的分析，发现了云南省人力资本存在的问题：人口压力大，15岁以上文盲人口比重大，人力资本存量偏低，初等、中等、高等人力资本比例不合理，未上学及扫盲班与小学的比例之和所占比重较大，除昆明市低于60%外，其他地、州、市都几乎在75%以上，昭通高达87%，而大专及以上文化程度亦即接受过高等教育的高等人力资本存量所占比例极低，全省平均不到1%，除昆明市超过1%为4.7%外，其余均在1%以下；初等人力资本比重太大；人力资本区域分布及产业配置不均衡。

第五部分：提出了云南省人力资本空间结构及合理布局对策。对云南省人力资本现状考察后，根据云南省的人力资本空间结构及布局实际情况，论述了人力资本战略对云南社会、经济发展的重大影响，提出了云南实施人力资本战略和指导思想及云南实施人力资本战略的目标。应强化人力资本投资意识，人力资本可以促进经济增长，理顺人力资本投资的成本、收益关系，调整人力资本与物质资本投资比例关系，提高人力资本投资积极性；大力发展教育，提升人力资本水平，改善人力资本投资结构，建立区域人力资本政府、企业、个人三位一体投资模式；针对云南省人力资本聚类分析，按人力资本发达地区、次发达地区、欠发达地区分类提出了相应的人力资本调控政策，改善人力资本的配置，优化人力资本空间结构及布局；最后提出了包括区域合作机制、区域利益协调机制、政府宏观调控机制在内的人力资本良性循环机制，尽快融入全国人力资本市场体系。

四、课题研究的创新点

（1）综合运用多学科知识研究人力资本时间、空间结构分析的理论框架，建立了人力资本时间、空间结构分析模型和配置合理度评价模型。

（2）在综合利用其他学者研究成果的基础上，完成了云南省人力资本空间结构的实证分析和合理布局的对策研究。

课题名称：云南省人力资本空间结构及合理布局研究

课题负责人：段万春

所在单位：昆明理工大学

主要参加人：许　亮　仲崇峰　徐东彬　刘怀喜　岳　宁

　　　　　　司慧迎　徐象国

结项时间：2007 年 12 月 28 日

云南先进制造业发展模式及对策研究

一、课题研究的目的和意义

借鉴发达国家和我国沿海发达地区建立先进制造业基地的宝贵经验，探索云南省先进制造业的发展模式，提出相关的对策措施，积极推进发展云南先进制造业，不仅为新形势下加快云南工业化提供新的发展模式和新的理论观点，而且对云南的经济、社会发展具有重要的现实意义，同时可以为加快发展先进制造业的研究提供新的发展模式和新的理论观点。

二、研究成果的主要内容和重要观点

研究内容分五个专题展开：

（一）云南先进制造业发展模式的理论分析

在对发达国家制造业发展的经验和趋势进行总结与概括，对我国制造业发达地区建设先进制造业基地的模式进行比较的前提下，提出在经济全球化进程中，国内外产业调整与技术转移为西部地区实现产业升级和经济社会发展带来了新的机遇，在具备一定基础的条件下，先进制造业的理念与模式同样可以应用于探索西部地区经济、社会发展的新思路和新模式。在对云南省工业现状进行分析的基础上，提出云南先进制造业的发展模式，即适应云南工业化发展阶段变化，以电力装备制造业为突破口，建立面向东南亚、南亚的云南先进制造业基地，充分发挥先进制造业基地作为产业集群区具有的群体竞争优势、创新优势和集群发展的规模效益，培育和形成云南装备制造业、医药产业、有色金属新材料等重点产业的核心竞争力，不断提升云南特色优势产业的国际竞争力，进而形成全球生产体系中具有区域特色的先进制造业体系。

（二）云南先进制造业的产业集群支持体系研究

课题从云南先进制造业基地产业集群的成长模式、产业集群的竞争优势和产业集聚生态效应及培育几个方面展开研究。研究结论认为，云南先进制造业基地产业集群的成长模式应该是以电力装备制造业为突破口，面向东南亚、南亚，依靠地方政府推动与支持。强调省政府对主导产业采取倾斜政策尤为重要，提出省政府应该针对粗具规模的八大重点产业及产业集群发展，以对电力装备制造业的引导为重点，通过制定相关产业政策，以及培育产业发展所需要的各种要素和环境，积极扶持以电力装备制造为主导的装备制造业、医药产业、有色金属新材料等产业集群的孕育、萌芽、发展、壮大，并通过这些产业集群的发展来促进各种要素和环境的不断改善，从而带动其他重点产业的发展，形成具有群体竞争优势、创新优势和集群发展规模效益的产业集群体系。云南先进制造业基地产业集群的竞争优势则表现在参与国际化竞争的优势、提高创新成功率、提高歧异化能力、提升区域企业集群品牌价值等几个方面。对云南先进制造业基地产业集聚生态效应及培育的分析结论不可回避的重要问题之一，并且提出云南先进制造业基地产业集聚生态效应的培育路径，即按照以下三个步骤逐步生成、放大产业集聚生态效应：一是"三废"集中排放和统一治理，二是纵向延伸产业链、加强绿色供应链管理，三是推动生态工业园区建设，实现更大的产业集聚生态效应。研究结论认为，对于欠发达地区而言，要从自身实际出发创造条件，逐步形成能够体现和发挥自身优势的产业集群，才有可能实现区域经济的跨越发展。

（三）云南先进制造业的产业技术创新支持体系研究

课题从产业技术创新、制度创新以及产业组织创新几个方面展开研究。研究结论认为，产业技术创新支持体系的构建，对于打造云南先进制造业基地具有十分重要的意义。云南先进制造业的产业技术创新，是以市场为导向，以企业技术创新为基础，以提高产业竞争力为目标，以技术创新在企业与企业、产业与产业之间的扩散为重点过程的从新产品或新工艺设想的产生，经过技术的开发（或引进、消化吸收）、生产、商业化再到产业化的整个过程。只有进行包括产权制度、专利制度在内的制度创新，不断强化制度安排，在创新主体之间建立起一套激励和约束相结合的制度安排，才能实现技术创新和产业创新的有效联系，才能降低技术创新和产业创新的成本，使技术产业化，并促进先进制造业发展。从产业组织角度看，促进产业技术创新的最佳方式就是充分发挥大企业和中小企业各自的技术创新优势，回避各自的劣势，同时兼顾技术创新规模经济性和技术创新活力。云南省先进制造业基地产业技术创新实施的途径，应该是由省政府制订产业技术发展计划，通过政府指导和企业自主创新相结合的方式，以各个产业内骨干企业为核心，相互关联的企业共同参与，进行有组织的、协同的企业技术创新活动，从而促进产业整体技术水平和产业竞争力的迅速提高。

（四）云南先进制造业的信息化支持体系研究

课题从信息化环境中企业知识网络模式的生成机制和管理模式、企业信息化促进企业竞争力的机制和模式以及企业信息化管理发展对策等方面展开研究。研究结论认为，以装备制造业为主导的各产业集群中企业的知识网络生成机制与管理模式，对云南先进制造业基地产业集群竞争力的提高乃至先进制造业的发展具有重要的现实意义。在企业信息系统与环境互动中，企业系统的外部信息化和内部信息化分别作为关键的外参量、内参量驱动企业系统功能—结构的重建，进而导致管理的知识网络模式的生成。提出企业知识网络的构建原则，即互惠互利原则、集中优势原则、风险最小化原则和动态性原则；知识网络的构建方法，即确定知识网络构建的具体目标、选择网络从属组织、组织合作模式的详细设计、知识网络运作反馈。就企业信息化促进企业竞争力的机制和模式而言，企业信息化一般通过两个阶段的外溢效应影响企业竞争力的提升。在第一阶段，信息技术外溢效应构成企业提升竞争力的技术基础。在第二阶段，在信息技术外溢效应基础上，企业信息化形成的外溢效应构成企业提升竞争力的流程和组织基础。本课题运用这一理论来研究云南先进制造业基地企业信息化提高核心竞争力的机制与模式，以及实现经济效益的机制与模式，提出云南先进制造业基地企业信息化生成模式、企业信息化进化模式。云南先进制造业基地企业信息化管理发展对策则包括战略管理、投资管理、企业信息化效益管理机制以及组织项目与人力资源管理等方面的具体措施与策略。

（五）云南先进制造业的政府支持体系研究

课题研究结论认为，推动云南先进制造业的发展，加快电力装备制造业发展，增强汽车工业自主创新能力。加快建设几个工业园，为装备制造业发展创造良好环境。全面推进 30 个重点工业园区建设，形成集约化、集群式发展格局。通过全省上下的不懈奋斗，加速推进工业化进程。应采取以下措施：（1）把电力装备制造业作为云南未来的一个战略产业加以扶持；（2）整合现有企业，形成合理的装备制造产业布局；（3）构建云南先进制造业发展的政府支持体系；（4）建立省级重大装备制造发展专项资金；（5）依托重大工程，实施技贸结合，引进、吸收先进技术；（6）积极引进国内外战略合作伙伴，加快推进企业联合重组；（7）鼓励中小企业发展零部件制造，增强产业综合配套能力；（8）加快人才培养和引进，建设高素质人才队伍；（9）加强政策和规划指导，做好协调服务工作，营造良好发展环境。

　　研究结论认为，在推进新型工业化的进程中，抓住经济全球化浪潮中国内外产业调整与技术转移为云南实现产业升级和经济、社会发展带来的新机遇，凭借云南省作为中国通往东南亚最重要的战略通道及在中国—东盟自由贸易区建设中所具有的区位优势，积极推动作为云南工业的基础和主体部分，工业化、现代化建设的发动机和动力源的云南制造业的发展，具有重要的现实意义。构建具有区域特色的先进制造业体系，融入以跨国公司为主导的全球生产体系，从而带动区域经济发展，是一个欠发达地区如何在全球生产体系中准确定位，充分发挥后发优势，形成符合自身实际的地方生产体系的典型探索。以电力装备制造业为突破口，建立面向东南亚的云南先进制造业基地，充分发挥先进制造业基地作为产业集群区所具有的群体竞争优势、创新优势和集群发展的规模效益，培育和形成云南装备制造业、医药产业、有色金属新材料等重点产业的核心竞争力，不断提升云南特色、优势产业的国际竞争力，是适应云南工业化发展阶段变化、推动云南制造业发展的现实道路。在产业的形成初期，在消除产业集群负面影响方面、在产业集群的升级过程、在产业集群成长的外部环境改善等方面，政府都可以发挥不可替代的作用。云南地方政府可以汲取扶持烟草产业所积累的宝贵经验，针对粗具规模的八大重点产业及产业集群发展，以对电力装备制造业的引导为重点，通过制定相关产业政策，以及培育产业发展所需要的各种要素和环境，为建立云南先进制造业基地创造条件，从而推动云南制造业的发展，加快云南工业化的进程。

三、成果的学术价值、应用价值以及
社会影响和效益

在理论创新方面，本课题运用现代管理、产业组织、产业经济、区域经济以及信息科学的前沿理论，对云南先进制造业发展模式进行探索，提出适合云南发展先进制造业的个性模式，而且总结出一定的具有一般适用性的发展先进制造业的理论观点。在实际应用方面，选择云南省制造装备和制约两个产业的典型企业进行调查研究。探索符合云南经济发展实际、具有云南区域特色的先进制造业发展模式，推动云南先进制造业的发展。

对云南先进制造业发展模式及对策进行研究，是一个欠发达地区如何在全球生产体系中准确定位，充分发挥后发优势，形成符合自身实际的地方生产体系的典型研究。该研究从云南先进制造业的路径选择、措施定位和发展模式等方面进行探索，为西部欠发达地区发展先进制造业提供思路和对策，为省政府制定经济发展战略和产业政策提供方案、对策和措施。

课题名称：云南先进制造业发展模式及对策研究

课题负责人：可　星

所在单位：昆明理工大学

主要参加人：李泽建　左红武　任秋芳

结项时间：2008 年 4 月 10 日

政 治 学

民族地区文化产业政策理论与实践研究

一、课题研究的目的及意义

课题的研究立足于民族地区的文化产业发展状况，从文化产业政策的理论与实践两个层面，通过对调查研究和理论分析，用公共政策的基本原理，以公共产品为分析框架，对民族地区文化产业政策的实践问题进行了比较系统的分析研究。

（一）课题研究的主要目的

课题的研究目的主要有以下几个方面：

（1）探寻文化产业在民族地区实现跨越式发展中的重要性。民族地区原生态和多样化的文化资源、异域的文化风情，形成了具有鲜明地域和民族特色的文化产业群，开辟了我国文化产业发展的新方向，极大地激发了民族文化发展的创造性潜力。因此，通过对民族地区文化产业的发展的实际情况进行分析，用事实证明文化产业在推进民族地区可持续发展中的重要贡献。

（2）明确民族地区政府在文化产业发展进程中的基本职能。市场和政府是推进文化产业发展的两个"轮子"。通过对民族地区文化产业的实际情况的分析研究，结合民族地区的特殊性，进一步明确地方政府在发展文化产业方面的基本职能。

（3）找准影响民族地区文化产业发展中的政策性因素。近年来，民族地区，尤其是西部地区文化产业发展已经显示出了模式化的特征：走以地域性民族文化为内涵、以文化旅游为主线、以品牌运作为核心的文化产业发展路径。在民族地区文化产业的发展过程中，利用具有科学性、可行性、针对性、创造性、前瞻性的政策，有效推进民族地区文化的发展。

（4）分析研究当前民族地区文化产业政策过程中存在的问题与相应的对策。毋庸置疑，民族地区文化产业的发展在产业政策推进下，已经获得了相当大的成就。但是，就其实践来看，仍然存在着诸多问题。因此，有必要通过对民族地区文化产业政策过程的研究寻找有效的对策。

（二）课题研究的意义

本课题通过对民族地区文化产业政策的理论与实践的研究，在理论和实践方面具有两个方面的意义：

（1）从实践的角度来看，其一，文化产业的发展是构建社会主义和谐社会的重要内容。和谐社会是文化与政治、经济、社会协调发展的社会，文化产业的发展为和谐社会的建设提供智力支持和精神动力。其二，文化产业的发展，已经成为世界各国经济发展的重要组成部分。美国的文化产业已发展成为第二大出口创汇产业，占 GDP 的比重达 12%。就我国来说，目前我国文化消费的存量有 4 000 亿元的结构性缺口，到 2005 年将增加到 5 500 亿元，文化产业有望迅速成为国民经济的支柱产业，成为扩大内需的新的经济增长点。对云南省来说，发展民族文化产业更具有十分特殊的重要性和紧迫性。其三，发展文化产业在云南具有得天独厚的资源优势、基础优势和区位优势。云南省是中国少数民族种类最多的省份，拥有民族文化多样性的资源优势。通过近年来的发展，已经粗具规模和影响力，许多优秀的文化作品产生了国际性影响，为文化产业的进一步发展奠定了坚实的基础。云南处于我国面向东南亚的前沿，文化产业的发展可以直接、快速辐射东南亚地区。其四，政策是文化产业发展的杠杆和工具，文化产业政策的科学性、创造性、前瞻性、针对性、有效性至关重要。

（2）从理论的角度来看，现代人类社会的任何有目的、有意识的活动都离不开理论的指导，离不开政策的推动。通过对文化产业政策的研究，一方面可以提高政策的科学性、合理性、针对性、有效性、前瞻性，有效地促进文化产业的发展；另一方面，通过对文化产业政策理论和实践的研究，可以丰富公共政策研究的内容，完善其理论体系，拓展其研究领域，开阔其研究视野。因此，本课题的研究具有重要的学术价值和理论意义。

二、研究成果的主要内容和重要观点或对策建议

课题的研究在对云南民族地区的文化产业的实际调查研究基础上，通过分析民族地区文化产业政策在实际中取得的成就与存在的问题，从公共政策的角度进行了理论的分析，从理论和实践两个层面来展开研究。具体内容包括：

（1）在理论层面：首先，对文化产业和民族地区文化产业的概念进行了界定，并简要阐述了民族地区文化产业鲜明的民族性、特殊的功能作用以及丰富、独特的文化资源优势。其次，分析了作为文化产业细胞的文化产品的特性及其提供方式。根据公共产品理论分析了民族地区文化产品的基本属性，并指出文化产品的公共属性在很大程度上源于后天的制度安排。对民族地区文化产品特殊的外部性进行了分析，阐述文化产品的生产方式分为公共生产和非公共生产两种，而提供方式则分为政府提供、市场提供和混合提供三种。对民族地区文化产品的资源配置效率进行了分析。再次，对民族地区文化产业政策的内涵进行了界定，分

析了民族地区文化产业政策的特征，论述了民族地区文化产业政策选择中应坚持的效率原则、公平原则、发挥文化资源比较优势原则、客观性原则以及符合主流文化产业思想理论的原则。最后，对民族地区文化产业政策主体、政策客体、政策目标、政策手段的内涵、影响因素以及构建原则等进行了分析。

（2）在实践层面：从政策过程的实践层面来分析民族地区文化产业政策的实际问题。根据政策过程的基本环节，结合民族地区文化产业政策的实际情况和重点内容，课题组要从民族地区文化产业政策的制定、执行、评估以及创新四个方面来进行分析。利用公共政策的基本理论，对民族地区文化产业政策过程中存在的问题进行了分析，并在此基础上对相应的对策、措施进行了初步的思考。课题组提出了以下几个重要观点或对策建议：

第一，文化产业对构建社会主义和谐社会具有十分重要的作用，文化产业政策是影响和制约民族地区文化产业发展的最具基础性、关键性作用的因素。

第二，民族地区文化产业具有鲜明的民族性、特殊的功能作用以及丰富独特的资源优势。民族地区地方政府在文化产业发展的进程中起着重要的基础性作用，应该科学、合理定位其基本职能。

第三，民族地区文化产业政策的特征，决定了政策选择中应坚持效率原则、公平原则、发挥文化资源比较优势原则、客观性原则以及符合主流文化产业思想理论的原则。

第四，影响民族地区文化产业发展的政策性因素是多种多样的，既有政策制定方面的因素，也有政策执行、评估、调整、监督的因素，还有政策创新的因素等。通过研究政策过程中所存在的问题，对症下药，进一步推进民族地区文化产业的发展。

第五，民族地区文化产业政策实践是一个复杂而重要的问题，只有不断在政策实践中发现新问题，解决新矛盾，进行政策创新，才能不断推进民族地区文化产业的可持续发展。

三、课题成果的学术价值、应用价值以及社会影响和效益

（1）课题从公共政策的角度，综合运用政治学、行政学、经济学和民族学等多学科的理论范式，从理论和实践两个层面对民族地区文化产业政策进行了系统研究。建构民族地区文化产业政策分析的理论框架，对现行的民族地区文化产业的政策过程进行分析，并提出了初步的改进措施。研究成果具有交叉性、多视角性、复合性和系统性的特点，突破了传统的对文化产业研究的单一性，从公共政策这一新的视角进行研究，在一定程度上有利于填补民族地区文化产业研究的学术空白。本课题对民族地区文化产业的政策研究，一方面可以提高政策的科学性、合理性、针对性、有效性、前瞻性，有效地促进民族地区文化产业的发展；另一方面，可以丰富公共政策研究的内容，完善其理论体系，拓展其研究领域，开阔其研究视野。因此，本课题的研究具有重要的学术价值和理论意义。

（2）从实践的角度来看，文化产业政策是文化产业发展的杠杆和工具，文化产业政策的科学性、创造性、前瞻性、针对性、有效性至关重要。文化产业政策的调整和创新将成为民族地区文化产业发展的重大助推力量。本课题结合实际的调查研究，从实践层面对民族地区文化产业政策过程进行了研究，成果比较系统地分析了文化产业政策所取得的成果和存在的不足，并探讨了民族地区文化产业的政策选择，明确了民族地区政府发展文化产业的职能定位，提出了初步的政策建议，并期望这些政策建议能够对民族地区各级党委、政府发展文化产业提供有益的参考和借鉴。因此，本研究成果具有一定的实践意义和应用价值。

（3）文化产业现在已成为带动民族地区发展的重要经济支柱，文化产业的健康发展对民族地区具有特殊的意义。影响和制约民族地区文化产业发展的因素众多，其中最具基础性、关键性作用的是文化产业政策。本研究成果通过对民族地区文化产业政策理论和实践的研究，建构民族地区文化产业政策的体系，从民族地区的实际出发，对促进民族地区文化产业的发展具有一定的理论价值和现实意义，其成果的推广应用，有利于进一步健全和完善民族地区的文化产业政策体系，实现文化产业政策的科学化、合理化、制度化和规范化，对促进民族地区文化产业发展发挥重要作用，具有良好的社会影响和效益。

课题名称：民族地区文化产业政策理论与实践研究

课题负责人：袁明旭

所在单位：云南大学

主要参加人：海　江　邹　荣　何守强　张立国　任世梅
　　　　　　卢　瑾

结项时间：2008 年 3 月 10 日

民族自治地方政府能力建设与
区域经济社会发展研究

课题在经济全球化、区域经济一体化的背景下，选择民族自治地方政府能力建设与区域经济、社会发展作为研究对象，主要探索和研究民族自治地方政府能力与其在推动民族区域经济、社会发展之间的理论和实践的关系问题。

一、研究的意义

课题研究的意义主要有以下几个方面：第一，在地方政府理论研究上有开拓意义。在国内可见到不多的关于地方政府和政府发展的理论中，将民族自治地方政府放在推动实现"民族自治与区域自治的正确结合，经济因素与政治因素的正确结合"方面的研究并不多见，因此，进行这一方面的研究有一定的开拓性意义。第二，在地方政府能力评价上有实证意义。在本课题研究中，如何与时俱进地探索、建立一个符合科学发展观要求和民族自治地方政府发展实际的评价模型，是检验民族自治地方政府能力理论是否见于实际的关键环节，其成果对民族自治地方政府绩效评价体系的建立有很大的参与价值。第三，在推动民族区域发展上有实践意义。把民族自治地方政府这个主体与民族区域发展的客体之间互动关系紧密结合起来进行研究，这对民族自治地方提高政府能力，克服发展的"路径依赖"，推动区域实现跨越式发展具有实践意义。

二、研究的主要内容

课题从民族自治地方政府能力理论、政府能力的评价、政府能力的运用三个大问题入手，对六个方面的主要内容进行了深入的研究。

（一）民族自治地方政府能力建设的界定

这一问题是研究民族自治地方政府能力建设与区域经济、社会发展的首要问题。其中，又分为五个方面进行层层剥进研究：（1）一般意义的政府能力。（2）不同视角政府能力分析框架。（3）民族自治地方政府能力的界定。在对政府能力的内涵、作为一般意义上的政府能力的构成、不同视角对政府能力分析框架研究的基础上，对民族自治地方政府能力作出界定。（4）结合对一般意义政府能力的研究和民族自治地方政府能力的界定，提出民族自治地方政府能力提升的原理，并在此基础上构建民族自治地方政府能力循环提高的模型。（5）民族自治地方政府能力循环要素的构成。通过这五个方面的研究，以期形成一个相对自足的理论体系。

（二）民族自治地方政府能力的演变

对这一问题的研究，其目的是为对民族自治地方政府能力提升的理论原理提供更为有力的支撑。其研究的主要内容：（1）民族自治地方政府能力的影响变量。分别从三个层面进行变量分析：从民族自治地方的视角看国家政府能力；从同质性的角度看一般意义上的政府能力；从特殊性的角度看民族自治地方政府能力。（2）地方政府能力演变形式。主要从政府能力演变的动力、政府能力演变的一般形式及全球视野中的地方自治趋势三个方面进行研究。（3）政府能力演变的时态。主要从民族自治地方政府走向治理所处的时态方位、民族自治地方政府走向治理的方向和目标、民族自治地方政府走向治理的重点三个方面进行研究。（4）民族自治地方政府能力演变的规律。重点从政治、经济、综合三个角度进行研究。

（三）民族自治地方政府能力评价

对民族自治地方政府能力的评价是对民族自治地方政府能力研究的核心问题，也是本课题的一个重点问题。课题组主要从三个方面展开研究：（1）民族自治地方政府能力的结构模型。在广泛借鉴和汲取省内外对地方政府能力检测评价体系构建成果的基础上，针对民族自治地方当前的发展基础、发展水平、发展潜力和民族自治等特征，选择、确定准则层，在各准则层中又分为若干个次则层，形成了民族自治地方政府能力的结构模型。（2）建立民族自治地方政府能力评价的指标体系。针对民族自治地方政府能力的结构模型，根据民族自治地方的实际，借鉴相关研究成果，将各个次则层分解为若干个可量化测评的指标，形成民族自治地方政府能力的指标体系。（3）民族自治地方政府能力评价的方法选择。采取国际通行的评价方法，结合民族自治地方的特殊性，来构建政府能力评价模型。

（四）民族自治地方政府能力推动区域经济、社会发展重点

民族自治地方政府能力建设的目的在于推动区域的经济、社会发展，否则，政府能力的建设就没有意义。检验政府能力高低的唯一标准，就是看它是否着力于经济、社会发展，是否推动了经济、社会发展。在对民族自治地方政府能力进行系统研究的基础上，就必然要对政府能力推动民族区域经济、社会发展的重点

或者说是着力点进行研究，为有的放矢地提出政府能力建设的对策、措施做好铺垫。这一问题主要从两个大的方面进行研究：（1）民族自治地方区域经济、社会发展的机遇及挑战。机遇，主要是从国家实施西部大开发战略、国家"十一五"区域发展规划、区域合作范围的扩大和层次的提高给民族区域发展带来的机遇展开的；挑战，主要是从发展基础、发展能力、发展环境、发展机制四个方面展开研究。（2）民族自治地方区域经济、社会发展的重点。主要从国际上后发展区域的发展经验、民族区域发展的战略定位、职能定位、发展重点三个方面展开研究。

（五）提高民族自治地方政府推动区域经济、社会发展能力的对策、措施

根据区域经济、社会发展对民族自治地方政府能力的依赖，有针对性地提出提高民族自治地方推动区域经济、社会发展能力的对策、措施。这主要从两个方面来研究：（1）提高民族自治地方政府推动区域经济、社会发展能力的思路、目标和重点。（2）提高民族自治地方政府推动区域经济、社会发展能力的措施，重点是对立足提升区域综合竞争力增强汲取外部资源的能力，立足盘活存量资源增强汲取民族区域内部资源的能力，立足科学发展着力提升规划发展能力，立足转变增长方式着力提升推进农业产业化、新型工业化、城镇化能力，立足经济、社会协调发展着力提升公共服务能力，立足构建多民族和谐社会着力提升民族自治能力，立足制度创新着力增强系统循环能力进行研究。

（六）民族自治地方政府能力与区域协调发展的互动模式选择

按照经典的区域经济学，一个区域的发展模式不外乎四种：增长极模式、点轴模式、网络模式、梯度发展模式。本课题研究无能力也不可能提出新的模式来，即使提出也是十分勉强。因此，研究的重点是资源禀赋、基础状况、发展水平不同的区域政府如何根据实际进行发展模式选择的问题。对这一问题，只是方法论的研究问题，而不是为所有民族区域的发展提供一个标准模式。

三、研究的主要成果

（一）研究提出了民族自治地方政府能力循环原理

课题组认为，政府在履行其经济建设、政治建设、文化建设、社会建设各项职能中，政府能力从生成到作用于经济、社会发展的终点的运动，从政府能力提高的角度看，它不是间歇的而应该是连续的，不是断开的系统而是一个首尾相接的连通系统，其循环过程是由四个循环链组成的：资源的汲入——资源的转换——能力的输出——能力的效果。它既是内在完整的运行系统，又是开放吐纳的操作系统。在资源的汲取环节，主要是汲取人力、财政、文化、信息四种资源；在资源转换环节，主要是资源配置、资源整合、资源运用；在输出能力的环节，主要是输出决策、执行、监督三种能力；在推动社会发展的环节，主要是产生物质文明、政治文明、精神文明、社会和谐四个成果，而这样的成果又为政府进行下一轮的能力循环提供了资源。然后，课题组从政府的成本（要素）投入和政府能力循环率的角度进行考察，得出的结论是，在政府推动经济、社会发展目标一定的前提下，实现目标所耗费的成本越低，就证明政府能力越高；从政府要素投入到能力产生的循环越快，证明政府能力越高。其意义在于检测政府提供社会公共服务产品的效率。

课题研究认为，民族自治地方对政府能力的要求主要是四个方面：规划发展能力、推进"三化"能力、提供公共服务能力、自治能力。从民族自治地方政府能力所推动产出的这四个产品种类与非自治地方政府的产品构成是一致的，但它又具有自己的特殊性。这种特殊性是由民族性、地方性与民族自治制度相结合而产生的特质。在物质文明建设中，要求民族自治地方政府更加注重民族聚居地区经济发展能力的提高；在政治文明建设中，要求民族自治地方政府要在反对大汉族主义和狭隘民族主义的基础上更加重视确保国家赋予少数民族的基本权利得到充分实现；在精神文明建设方面，要求地方政府在充分尊重少数民族传统风俗习惯的基础上，更加重视民族地区的思想道德和科学文化建设；在构建社会和谐方面，要求民族自治地方政府在全面贯彻落实党中央总体要求的前提下，按"三个离不开"的要求，更加重视自治主体民族和非主体少数民族以及汉族之间的和谐关系，把"多元一体"、"和而不同"的民族发展具体地体现在构建多民族和谐社会之中。

（二）建立了民族自治地方政府能力评价体系，并对 10 个民族自治地方县级政府能力进行了检测评价

按照民族自治地方政府能力循环原理和构架，针对政府能力是一个由相互关联、相互制约的众多因素构成的、复杂的、多级递阶系统这一特征，课题组选择了通行的层次分析法（Analytic Hierarchy Process，简称 AHP）作为政府能力评价的模型，将因素按不同层次聚集组合，形成一个多层次的分析结构模型，并最终把系统归结为目标层（实施评价的出发点或者目标）、准则层（评价的标准）、指标层（评价的具体指标）和方案层（评价的对象）4 个层次，将这些因素之间的关系加以条理化，并确定不同类型因素的相对重要性，最后将这些结果作为决策判断的依据。根据层次分析法的操作程序，本课题对政府能力进行综合评价的步骤为：首先，把问题条理化、层次化，构建民族自治地方

政府能力评价的层次结构模型。共设定56项具体评价测量指标，其中硬指标60项，软指标22项，基本上体现了"客观评价，兼顾主观"的原则。其次，通过咨询专家，构造层次结构模型的分层判断矩阵，并进行判断矩阵的一致性检验与权重向量的计算。再次，对各种调研数据（包括硬指标数据和软指标数据）进行统一的无量纲变换处理。最后，计算各评价对象的单指标评价得分和政府能力综合加权评价得分，最终以此为基础进行评价和排序。按照这一评价模型体系，在楚雄州专家咨询委员会、统计局、州发展和改革委员会的支持下，对全州10县（市）的政府能力进行了尝试性测评，其数据处理表册连接起来长达20余米。如此大规模的检测评价，在省内还不多见。其评价结果很有说服力，对民族自治地方政府能力建设有很高的参考价值，完全可以作为一个独立的案例来使用。

（三）对民族区域资源整合与开发进行了专题研究，并提出措施建议

课题组以楚雄州的农业和矿产两种资源的整合开发现状为研究对象，提出了资源整合开发中存在的三个主要问题：一是地下资源整合受到地方主义、本位主义的阻碍；二是地上资源整合难以打破行政边界；三是部分企业圈占资源后，其整合开发推进步伐缓慢，堵塞了其他优势企业的前进道路。课题组提出了推进县域资源整合开发的四个主要对策：一是针对民族自治地方市场对资源配置能力很弱的现实，发挥政府在资源配置中的"第一推动力"的作用；二是加大优势资源勘探储备和整合开发规划；三是建立资源整合区之间的"利益均沾"机制；四是以"产业转换"实现跨区域农业产业布局。尤其对于第四项对策措施中所提出的以"产业转换"的思路，对于打破在农业产业基地布局"小而全"的行政分割，提高州一级政府的产业布局能力是完全可行的。同时，通过对成功和失败的两类农业产业龙头的例证分析，得出了一个重要结论，或者说得出了一个可以反复验证的定律：非农企业，只要企业有利润、政府有税收，就可以做强做大，但农业产业化企业，必须政府、企业和农民三方有利益的结合点，才能发展壮大。否则，要么小打小闹，要么就根本发展不起来。

（四）以一个民族区域为参照，研究提出了民族自治地方实现又好又快发展的对策建议

课题组提出了民族自治地方实现经济又好又快发展"一·二·三·四·五"的对策措施：即实施好"十一五"一个规划；提高承接发展、谋求跨越式发展两个能力；用好企业、政府、民间三种资本；打牢农业、交通、城镇、教育四个基础；建立承接、协作、组合、介入、嵌入五种政府推进区域间合作模式。

（五）研究提出了民族自治地方政府走向治理的对策

政府的管理体制"走向治理"已成为一个大的趋势，我国的政府管理体制也大体上步入了后官僚时代。对照这一趋势，课题组探讨了在我国政府走向治理的发展演进中民族自治地方政府所处的方位、走向治理的路径和工具选择，并对民族地方政府绩效评价作了操作性层面的思考。

课题名称：民族自治地方政府能力建设与区域经济社会发展
    研究
课题负责人：阎　柏
所在单位：楚雄州中级人民法院
主要参加人：陈云东　王文书　余文乾
结项时间：2008 年 4 月 11 日

民族问题研究

云南边疆少数民族地区禁毒文化建设研究

一、课题研究的目的和意义

云南的毒品危害形势代表着中国毒品蔓延走势的典型特征。即：毒品从最贫困的边疆少数民族地区，向内地、富裕、发达地区蔓延发展。禁毒形势最为严峻的是"贫困文化"特征最为突出的边疆少数民族地区。目前，云南境外盘踞着的"金三角"毒窟，是世界最大的毒源地，对中国危害最大，其毒品80%左右通过云南边境少数民族地区进入中国。在毒品过境过程中，云南的毒情日趋严重，对云南经济、社会的发展产生了巨大的负面、消解作用。从多学科、多视角开展禁毒研究，探索具有云南边疆少数民族地区特色的禁毒新途径，已成为开展好云南禁毒人民战争的重大课题。

目前，紧邻世界最大毒源地——"金三角"的云南边疆少数民族地区，毒品的蔓延事实上已成为一种消极、丑恶的亚文化现象而存在。在云南边疆的一些少数民族地区，吸毒人员占当地总人口的比例高达20%以上（如德宏傣族景颇族自治州陇川县的赛号乡），成为云南构建社会主义和谐社会的最不和谐"音"。国内已有的对禁毒问题的研究，如张荣德等著的《禁毒在中国》、马树洪主编的《云南境外毒源研究》、孙渭主编的《当代跨境民族与境外铲除毒源研究》、赵绍敏主持的《中国云南开展境外绿色替代发展禁毒工程效应比较研究》及其他一些禁毒研究论文等，或总体概述我国禁毒的历史与现状，或针对境外毒源及"外向除源"扶助措施进行研究，或侧重于对边疆民族地区跨境民族的研究，或从禁毒立法、执法的角度探究边境少数民族的毒品犯罪问题。综而述之，专门从文化禁毒的角度展开禁毒对策研究的成果尚未得见。因此，从文化建设的角度研究和探索具有云南边疆少数民族地区特色的文化禁毒新途径，已成为云南消除毒品危害，建设社会主义和谐社会刻不容缓的研究课题。

该课题从文化禁毒的角度拓展对禁毒问题的研究，这不仅对云南边疆少数民族地区以科学发展观为指导，从文化"源头"上有效开展禁毒工作，建设平安、和谐边疆具有理论意义，而且对边疆少数民族地区构建社会主义和谐社会，实现少数民族文化多样性的繁荣发展与当代中国社会先进文化前进方向的和谐统一，具有重要现实意义。

二、研究成果的主要内容和重要观点或对策建议

（一）研究内容

课题力图通过对云南边疆少数民族历史与现实中文化发展状况的研究，寻求边疆少数民族优秀传统文化与禁毒、建设社会主义先进文化的结合点，总结云南边疆少数民族群众中的禁毒文化创新经验，研究边疆民族地区禁毒文化建设面临的困难、问题，对云南边疆少数民族地区在科学发展观指导下有效开展禁毒文化建设提出相关的对策建议。

课题主要围绕以下内容展开研究：

1. 研究禁毒文化建设对边疆民族地区禁毒的重要性

针对云南毒品问题最严重的毒品重灾区——经济文化最为落

后的边疆少数民族地区毒品屡禁不止的突出社会难题，通过具体剖析边疆少数民族地区毒品的现实危害与禁毒困境所表现出来的对文化禁毒的政策诉求，分析和研究禁毒文化建设对于禁毒实践所具有的弥补经济、法律等手段缺失的极端重要性。

2. 研究边疆民族地区建设少数民族传统文化与当代禁毒实际相结合的、体现社会主义先进文化性质的禁毒文化的途径

通过对云南边疆少数民族历史与现实中文化发展状况的研究，寻求边疆少数民族禁毒文化与建设社会主义先进文化的结合点，探索从"源头"上抵制"毒品亚文化"，防范和治理"毒"害的禁毒文化线索与路径。

3. 边疆民族地区禁毒实践中的禁毒文化创新研究

通过对云南边疆少数民族地区在建设和谐边疆实践中的社区文化禁毒实践的典型案例分析，总结云南边疆少数民族群众中的禁毒文化模式创新经验，对文化禁毒的实效性进行实证研究和经验总结。

4. 边疆民族地区禁毒文化建设与发展问题研究

研究如何将禁毒文化建设与边疆民族地区建设社会主义新农村相结合、与精神文明建设相结合、与构建社会主义和谐社会实践相结合；研究边疆民族地区禁毒文化建设面临的困难、问题；对边疆少数民族地区禁毒文化的建设与发展进行理论思考并提出对策建议。

（二）重要观点

"禁毒文化"概念的提出是课题研究的逻辑起点，也是课题贯穿始终的最大亮点。该项研究突破了禁毒问题研究视角的常规，更好地适应了云南边疆民族地区构建社会主义和谐社会进程中建设"和谐文化"的现实需要，并且拓展了对云南边疆少数民族地区社会禁毒综合治理问题及相关政策的研究。研究结果认

为：社会主义和谐社会，应该是充满活力、边疆与内地安定有序、少数民族传统文化与当代中国社会先进文化和谐发展的社会。目前，云南边疆少数民族地区吸毒人数、艾滋病疫情呈急剧上升之势，各民族群众因"毒"致贫、返贫现象日趋突出。如景颇族已出现因吸毒、感染艾滋病而导致人口负增长的民族异态发展严重状况。毒品对云南边疆少数民族地区发展的危害，已呈现出新的特点和更为复杂而严重的态势，并对边境各民族的发展和社会安全构成严重危害，甚至对西南边疆和国家安全构成了潜在的非传统安全威胁（突出表现为吸毒和艾滋病传播由边境向内地辐射和蔓延），已成为云南建设平安、和谐边疆的最大威胁。相对于经济、法律等禁毒手段而言，文化禁毒无疑是一种治"本"之策，因为禁毒的关键在于唤醒民众的自觉性。因此，必须建设有云南边疆少数民族地区特色的、与社会主义先进文化相适应的禁毒文化，强化云南边疆少数民族禁毒的内在文化机制，形成全民禁毒的社会文化态势，以文化的力量增强云南禁毒工作的实效。

（三）对策建议

在云南开展禁毒人民战争的实践中，应大力建设和发展禁毒文化，为云南边疆少数民族地区和谐发展提供精神动力，增强党在边疆民族地区的执政基础和群众基础，促进边疆少数民族地区的和谐文化建设。

云南边疆少数民族地区的禁毒文化建设，应与打好禁毒人民战争相结合、与边疆民族地区建设社会主义新农村相结合、与精神文明建设相结合、与构建社会主义和谐社会等实践相结合。

在禁毒文化建设的具体层面上，应加强国际禁毒合作，共建禁毒文化；应加快经济发展，加快边疆少数民族地区社会事业发展，为禁毒文化建设奠定物质文明基础；应将禁毒文化与和谐文化建设联系起来，相互促进、共同发展；要加大宣传、教育的力度，做好青少年禁毒工作。

三、成果的学术价值、应用价值以及
社会影响和效益

课题的研究提出了"禁毒文化"概念并从实践方面进行了实证研究，突出强调了文化禁毒这一治本之策的重要现实意义，使之适用于当代中国边疆民族地区构建社会主义和谐社会进程中建设"和谐文化"研究的需要，拓展了对云南边疆少数民族地区社会禁毒综合治理问题及相关政策的研究。

课题研究方法的特色主要是运用民族学与禁毒学基本理论与方法，在"'点'＋'面'"研究的基础上，综合运用社会学、政策学等多学科的研究方法，通过历史文化研究、实地访谈、田野调查、PRA、统计资料分析、对策分析等具体方法，在定量与定性相结合、理论与实证相结合的基础上，实现本课题的研究目标。课题的研究在当代中国禁毒问题研究视角上有新意和创新价值。

课题的最终研究成果，能够针对云南边疆少数民族地区禁毒这一事关云南社会主义和谐社会建设的重大而紧迫的问题，提出有价值的对策建议，为省委、省政府根据边疆少数民族地区客观实际，从文化禁毒的角度制定相关禁毒政策提供理论参考。

本课题的研究有利于建设有云南边疆少数民族地区特色的、与社会主义先进文化相适应的禁毒文化，强化云南边疆少数民族禁毒的内在文化机制，形成全民禁毒的社会文化态势，以文化的力量增强云南禁毒人民战争的实效。

课题名称：云南边疆少数民族地区禁毒文化建设研究

课题负责人：陆　云

所在单位：云南警官学院

主要参加人：黄　荣　武　弋　万志红　丁　勇　陆金菊

　　　　　　任世梅　杨红屏　蒋凌燕　谢家乔　徐　云

结项时间：2007 年 10 月 26 日

大理南涧彝族跳菜仪式研究

"跳菜",作为大理南涧彝族生活中最高的飨宴礼仪,既有饮食文化的内容,也有乐舞形式的表达,是饮食与艺术的高度统一。课题将跳菜作为一种象征符号进行研究,分析村寨中实地跳菜的场域象征、饮食象征和乐舞象征及其都市舞台跳菜的艺术象征和社会象征,旨在探讨跳菜象征符号从村寨到舞台其能指形式和所指内容变迁的过程,并揭示其中内涵的民族特质和文化变迁。

一、课题研究的目的和意义

"跳菜",形象的描述就是"跳着舞上菜"。它实为大理南涧彝族在宴请宾客的重大活动中,引菜人和抬菜人在从厨房到餐桌这一过程中合着音乐的节拍跳着舞,诙谐、幽默地按特定形式摆菜的一种融乐舞、饮食于一体的上菜礼仪。这种上菜礼仪既与"跳"的舞有关,也与上的"菜"有关,更与"跳"、"菜"二者的关系及其发展密不可分。

从上的"菜"看,饮食学家和营养专家主要关心的是"吃的东西",以满足人之生理需求和营养、健康为最终目的,较少关注"食"背后的文化内涵,尤其对南涧彝族跳菜礼仪中选用的各种食材(即"吃的东西")、饮食器具、菜品的摆放花样、宾客之间的规避习俗等人文内涵目前尚无人从象征人类学角度进

· 237 ·

行系统解读。课题以南涧彝族村寨中普遍赋存的实地跳菜为主，以近20年来出现的舞台跳菜为辅，对二者涉及的与"菜"相关的社会事象进行象征分析，有助于理解南涧彝族飨宴礼仪所蕴涵的特定象征意义，明确南涧彝族的生活价值取向及其民族心理特质。

从"跳"的舞看，通常人们在吃饭时更多关注的是"吃什么"和"怎么吃"，很少有人关注"吃"这一过程得以实现所必不可少的另一动态过程，即食物从厨房到餐桌的流通过程。南涧彝族跳菜礼仪恰好就是把人们惯常忽视的食物从厨房到餐桌这一过程以乐舞的方式夸张到了极致，在咫尺见方的空间里上演了一出独特的上菜礼仪。课题通过对南涧彝族实地跳菜和舞台跳菜中的乐舞形式进行象征分析，有助于把握南涧彝族独特的饮食娱乐方式及其内涵的民族审美心理。

从饮食和乐舞的关系上看，歌舞为宴饮助兴古已有之，然而，所奏之乐、所跳之舞基本上是相对独立的与饮食活动本身并无关系，宾客愿意听就听，愿意看就看，不听、不看对其饮食活动没有多大的制约和影响。而南涧彝族跳菜礼仪则不然，舞蹈、音乐和饮食三者是直接合一的。宾客在吃的行为发生之前必须经过听与看的程序，只有在欣赏跳菜的舞蹈和音乐表演的过程中才能获得吃的食物。因此，课题将南涧彝族跳菜这一饮食与乐舞共时空、同过程的文化事象进行象征分析，有助于拓展生活艺术化和艺术生活化研究工作。

从跳菜礼仪的变迁上看，近20年来，跳菜从村寨单一的实地跳菜形式发展为实地跳菜、舞台跳菜、商业跳菜三者并存的多种形式，尽管"跳菜"这一象征符号未变，但其内涵的所指内容已发生了很大变化。课题在分析每一种跳菜形式的象征符号系统及其意义表达基础上，从历时态角度厘清三者场域转变引起的象征功能变迁，有利于揭示民族传统飨宴礼仪文化变迁的实质。

二、研究成果的主要内容和重要观点

课题运用文献分析、田野调查等方法对"跳菜"这一文化事象进行了历史梳理和象征符号的意义分析。共包括六个部分的内容，得出了三个主要观点。

（一）主要内容

第一部分概述了南涧彝族跳菜。通过对汉、彝史料和晋宁石寨山出土文物"盘舞"、"南召奉圣乐"的历史梳理、推理，我们认为，跳菜之类似文化事象已有两千余年的历史，从跳菜的地理赋存看，呈现出"以南涧为中心向四周辐射"且以彝族聚居区为主的状态。根据不同的标准可以将跳菜做不同的划分：从跳菜的着力点看，跳菜可分为"头功跳菜"、"手功跳菜"和"口功跳菜"；从跳菜赋存的场地看，可分为"实地跳菜"与"舞台跳菜"；从跳菜主体的角度看，可分为"男子跳菜"、"女子跳菜"与"成人跳菜"、"娃娃跳菜"；从跳菜的时代变迁看，可分为"村寨实地跳菜"、"舞台表演跳菜"和"商业展演跳菜"。无论哪种形式的跳菜都有其存在的现实性与合理性，并成为跳菜意义阐发的表征。正是南涧彝族自身的内部认同和县内外人士的外部认可，使跳菜具有人为约定性的象征符号的本质特征。故此，可以将跳菜作为象征符号而进行研究。

第二部分侧重于从实地跳菜的场域象征进行分析，给予实地跳菜一个时空及人际关系的维度。从跳菜时间的表达形式中呈现出的农历与阳历交叉并用出发，认为农历是村民内部时间的象征；从跳菜举办的场地既有村民正房、面房和厢房围成的自然空间，也有在场院中临时搭建"青棚"的神圣空间出发，提出了青棚是圣俗沟通的空间象征的观点；从跳菜艺人既是拥有一技之长的"吾多哈"，又是跳菜礼簿中挂礼的普通村民出发，可以看出小小礼簿是人际关系的社会象征。

第三部分重点分析了实地跳菜的饮食象征。从静态的"八大碗"（"红惠"、"酥肉"、"粉蒸"、"豆腐"、"豆芽"、"木耳"、"笋子"、"芋头"）分别代表"红红火火"、"富贵满堂"、"蒸蒸日上"、"相濡以沫"、"相依相伴"、"儿孙满堂"、"年年有余"等特殊寓意，可以看到跳菜的菜品象征。从动态的敬厨之礼、上菜之礼、飨宴之礼的过程演绎，可以看到村寨实地跳菜的宴礼象征之隐喻。由于跳菜常常出现在彝族生活日常延续中的关键时刻，婚礼跳菜以志喜、葬礼跳菜以恭送、竖柱跳菜贺安居。因此，可将跳菜视为南涧彝族婚礼、葬礼和竖柱等重大生活事件的饮食象征。

第四部分主要分析了实地跳菜的乐舞象征。通过描述哀牢山系、无量山系和南涧中部不同风格的跳菜乐舞形式，认为村寨实地跳菜是南涧彝族舞以达欢的形式表达，进而分析了实地跳菜的动静和谐、人际平等、生活礼赞以及族群认同等舞以载道的象征所指，以及大锣声响起事、大号首尾完整、唢呐表达主题、钹镲节奏分明等实地跳菜的音乐象征。

第五部分对实地跳菜的现代发展形态——舞台跳菜之缘起进行回溯，重现歌舞乐断臂再植后创作的舞台表演形式，分析了托盘和大东包的道具象征、羊披及大耳环的服饰象征、光头及吹芦笙的造型象征等舞台跳菜的静态象征符号系统，进而探讨了舞台跳菜所抒发的对大地的深深眷恋、对生命的崇高礼赞和对快乐的永恒追求之深层意蕴，最后分析了舞台跳菜流播过程中与社会和经济相结合而呈现出南涧彝族之象征和文化资本之象征。

第六部分采用历时态的视角，对"跳菜"这一象征符号在从村寨到舞台场域转换过程中实现的能指形式和所指内容之变化进行分析，认为跳菜象征符号的能指实体形式之变化包括内源式与外移式变化两种形式，而跳菜象征符号的所指内容之转变包括静态意义的拓展和动态意义的丰富两个方面；跳菜象征符号从村寨到舞台的升华辉煌过程，既是一个场域转换、文本再造后实现象征符号功能转换的过程，也是一个从村寨自在文化走向都市自觉文化的象征变迁过程，而且这种民族传统飨宴礼仪的嬗变还在继续。

（二）重要观点

第一，象征符号的文化维度是理解其意义的关键。任何象征符号意义的理解都依附一定的文化背景，对内嵌于象征符号之文化背景中的人来说，自小就耳濡目染该文化实现的每一环节，隐性的文化图式早已深深嵌入脑海中，只要触及悬挂在意义之网上的任何一个象征符号的纽结，无须过多的言说，都能心领神会象征符号所指的意义，只是领会的深浅程度有别：漠然文化表达的人只"知其然"，有文化自觉意识的人则能"知其所以然"。对游离于象征符号文化背景的人来说，可以通过进入的方式达到对象征符号意义的理解，此"进入"既可以是间接地进入，也可以是直接地进入。所谓"间接地进入"，是指通过各种宣传媒体（包括人之言说）的介绍，获得对文化背景的意义之网的对象性认识，此后，再次接触该象征符号时能够把它"放到"文化背景中理解其意义；所谓"直接地进入"，是指通过亲历象征符号演绎的文化事象，获得对文化背景意义之网的体验性认知，在象征符号再次出现时能将其"悬挂"在意义之网上深入理解。可见，象征符号因赋存的文化背景不同而悬挂在不同的意义之网上，不同的象征符号持有主体又因文化角度取舍与理解的差异，会建构出不同的象征符号意义，只有找到恰当地理解象征符号的文化维度，才能准确把握象征符号的本意及其流变。

第二，日常生活象征之礼的世俗阈限具有普遍性。中国素有

"礼仪之邦"之美称，"礼"几乎成了一种无所不包的社会生活的总规范。人们生活在各种"礼"所规定的文化氛围中，每天不断地在不同的"礼"境之间进入、退出。在履行了这一"礼"境要求的仪式规范之后才能退出这一"礼"境，进入那一"礼"境，就像每日从家到单位的场景转换要求我们随之实现家规到纪律的"礼仪"观念转换一样，如果某人以家规来取代上班的纪律，就会被贬为"不识礼数"；如果能准确区分不同的"礼"境并认真遵循礼数之规范，则会被誉为"知书达理"。此处所言之"礼"境乃世俗社会生活秩序得以维系的重要文化维度，可以概言为"世俗阈限"，有些世俗阈限的界限相对明朗，有些世俗阈限的界限则相对模糊。任何一个群体、一个部门、一个社会的维系无不是在世俗阈限礼仪展演过程中完成其结构的稳固和秩序建构的。如果说神圣阈限象征着社会生活非常时期特殊文化事象的表达，那么世俗阈限就象征着社会生活惯常习俗中普遍文化事象之表达。特殊的神圣阈限有其特色，但普遍的世俗阈限才是生活之本，人们正是在特殊与普遍的转换中完成了不同阶段的身份与角色的转换，实现了生活的间断性与连续性统一以及文化事象的历史传承与发展。

第三，从小传统走向大传统实现象征符号嬗变。赋存于南涧彝族村寨中的跳菜与任何一种民族民间文化形式一样，是以自在文化的小传统形式存在的，有其特定的时空和人际场域。村寨中，村民处于同质、同构的文化环境中，每一种世代相传的礼俗都是该民族文化的表现，起着维护村民共同利益的规约作用。然而，置身国家文化大背景中的小传统并非一直能够获得完全自由的空间，代表国家官方意志的大传统总会在某个时刻以某种方式对小传统产生影响，以体现其权威话语的价值导向。"文化大革命"时期文化一元化的政治使命使许多民族民间的礼仪习俗受到压制，以致丧失了行使其传承民族文化的基本功能。南涧彝族跳菜在这样的氛围中也未能幸免，村民不敢再跳菜，跳菜艺人也受到牵连，大传统对小传统的蚕食使跳菜飨宴礼仪暂时被"封存"，无法发挥其功能和作用。直到改革开放后，伴随文化领域政策的放宽，民族民间文化才获得重生，并获得新的发展机遇。如果说场域的转换、消费社会文化差异性需求、跳菜艺人实现艺术价值的愿望和企业经济利益最大化的追求共同构成了跳菜从小传统走向大传统的动力系统，那么，跳菜象征符号的文本再造就是使得动力系统得以运转起来的发动机，而象征变迁就是跳菜从小传统走向大传统实现民族传统文化嬗变的必然结果。

三、成果的学术价值、应用价值以及社会影响和效益

从学术上看，对跳菜这一文化事象进行较为系统的象征分析既可为人们进一步研究跳菜提供一个民族学的文本，也为乐舞与饮食合二为一事象的理性分析提供拓展的平台，以象征符号为线索可以从一个侧面了解南涧彝族相关的重大生活事件，以及内蕴其中的南涧彝族的民族心理的精神特质。

从实践上看，课题分析了跳菜从村寨到舞台的象征符号变迁过程，内涵其中的是民族传统文化政治资本化和经济资本化的实现，不仅可以为南涧以跳菜外树形象提供进一步发展的理论依据，而且可以推动跳菜非物质文化遗产的保护与发掘，进而为南涧彝族传统民族民间文化市场化提供一定的借鉴。

课题认为，跳菜这种民族文化事象资本化的程度越高，就意味着跳菜世俗化和大众化的范围越广，文化变迁进行得越彻底，产生的社会效益和经济效益就越大。

课题名称：大理南涧彝族跳菜仪式研究

课题负责人：秦　莹

所在单位：云南农业大学

主要参加人：阿本枝　董云峰　茶应宗　吴家良

结项时间：2008 年 1 月 3 日

民族村寨文化的现代建构

——一个彝族撒尼村寨的个案研究

　　村寨是民族文化赖以传承的生活空间，村寨文化则是民族文化的基本单元。少数民族传统文化的典型特质不仅鲜明地表现在村寨文化层面，而且民族文化自身的发展变迁也最直观地体现在村寨文化中。在经济全球化的语境下，少数民族文化的现代转型已经打破了传统社会文化交流变迁中的渐变性、稳定性、民族性等规律，而呈现出突变性、趋同性和多元交叉的局面，少数民族村寨文化也开始呈现出有别于传统的发展趋势。在这一社会背景下，民族传统文化的传承保护刻不容缓，少数民族的村寨文化建设研究显得尤为重要。

　　该课题的研究重点为云南少数民族村寨文化的现代建构。民族村寨文化的现代建构，是以村寨聚落为根基的少数民族传统文化在国家现代化进程中的传承、发展与调适、更新，是一种由民族村寨文化主体依靠其创造性和能动性所进行的传统再造，是民族文化变迁的一种积极形式。它以相对独立的民族村寨社区为基本场域，以民族村寨文化的外显形式和结构功能为建构对象，在多元力量相互交织的文化网络中有机展开。整个建构过程不仅关涉到"地方性知识"自身的文化逻辑，而且还与超地方性的宏观历史发展紧密相连。

　　课题以国家现代化进程为宏观线索，以云南省石林县的彝族撒尼村寨——湖村作为研究个案，在大量田野调查的基础上，力图通过对传统乡土社会时期、新中国成立 30 年、改革开放以来这三个阶段村寨传统以及各种社会文化力量结构性变迁的梳理、分析，来探寻现代化进程中云南少数民族村寨文化变迁转型与复兴重构的道路，探讨国家权力、地方精英与草根民众三者在民族村寨文化建设中的力量格局及作用，进而全面、真实地反映出少数民族村寨社区中"作为符号的民族文化事象"和"作为过程的民族文化生活"的现代建构历程，为现代化与民族文化关系问题的总体研究提供一个鲜活的民族志个案，并从小地方透视"国家—社会"的互动关系及其历史发展进程，揭示当代少数民族村寨文化发展变迁的内在动力和运行法则。

一、研究成果的主要内容

从具体的研究内容来看，课题的最终成果主要包括六个部分：

第一部分，旨在阐明选题的学术价值和现实意义，并且通过梳理近一个世纪以来中国村落社区研究成果，指出少数民族村寨研究存在的明显缺陷主要表现为三个方面：一是研究层次的滞后性——基本停留在整体民族志的浅层建构阶段；二是研究范式的单一性——以进化论为基本思维范式；三是研究方法的局限性——将民族文化事象与主体生活情境相剥离。在此基础上，通过对费孝通村落研究方法的进一步反思，提出建立一种包容时间、空间、文化分层互动的三维体系研究模式，将微型社区研究与宏观历史发展相结合，在"小传统"与"大传统"之动态关系中探究民族村寨文化的现代建构。

第二部分，从理论层面对村寨聚落与民族村寨文化进行了相应的阐述，指出村寨是民族文化赖以传承的生活空间，村寨文化则是民族文化的基本单元。作为社区形态之一的村寨聚落是由血缘和地缘构筑的社会生活共同体，它以血缘关系和地缘关系为基础，具有明确的地域范围和村寨边界，是具有封闭性、协同性的自足的生活空间。民族村寨文化是民族村寨聚落的精神纽带和内聚核心，它是民族文化的基本单元和具体表现，具有鲜明的民族性、差异性、和容性、未分化性等特征，是一个自成体系且不断自我调适、发展、建构的动态范畴。

第三部分，探讨了传统乡土社会时期湖村的撒尼文化形成及沿袭传统的过程。传统乡土社会时期是少数民族村寨文化逐渐形成并沿袭传统的阶段。在这一漫长的历史时期，历代中原王朝无论是实行"以夷治夷"的"羁縻"政策，还是"改土归流"之后的流官统治，国家力量的操控都从未直接深入到少数民族村寨社会内部。即使是近现代以来，国民政府为摆脱民族危机而在政治、经济、文化等方面所进行的推进国家现代化的种种努力，也总是与民族村寨传统文化处于某种疏离甚至无涉的状态之中，少数民族村寨的社会组织结构始终没有发生过根本性的变迁。对于湖村这样的缺少文字历史记载的民族村寨而言，作为地方性知识的民间口头叙事既是草根民众对于民族村寨文化形成历史的集体记忆与表述，也是他们在口耳相传中代代传承村寨传统文化的重要途径。在那些与村寨历史或信仰中心密切相关的民间口头叙事中，地方性的"小历史"与超地方性的"大历史"并不是截然对立、彼此隔离的，相反，它们之间存在着某种或隐或显的互动、冲突和交融。一方面，尽管这一时期国家权力从不直接操控民族村寨社会，但国家对少数民族地区统治策略的改变，必然会导致地方社会的政治格局变化，而这种区域背景又会直接影响到少数民族村寨社会的地方话语建构；另一方面，进入草根视野中的区域性宏大历史叙事，往往会被不自觉地改造成为符合其日常生活经验和文化认同机制的民间话语形式，并进而成为他们建构村寨历史记忆的可资利用的权威性象征资本。共同的信仰观念是凝聚村寨成员的精神力量。在原始宗教信仰观念下，湖村的撒尼村民们不仅创造了一系列护卫村寨社区的超自然神灵形象，而且根据自己对村寨生活世界的理解，建构起神/人界限分明的神圣/世俗世界和村寨信仰中心。面对神灵，草根民众怀着敬仰与畏惧的矛盾心情，严格遵守着神圣的村寨时空制度，而从不敢轻易跨越传统的村寨生活秩序。原始宗教信仰以其强大的感染力和威慑力，从内隐和外显的两个层面，影响并制约着民间对村寨生活秩序的认同与遵从，超自然的神秘力量由此成为民间自我建构的维系村寨社区日常生活秩序的想象性权威。

第四部分，论述了新中国成立 30 年间国家力量对湖村撒尼传统文化的强势消解。在这一期间，国家通过土地改革、合作化和人民公社运动，将所有民族村寨及村民个体都纳入高度一体化的国家行政管理体系之中。村寨成员被转变为国家的"政治公民"，传统的村寨权力精英和村寨文化精英被废止，国家行政干部代之而成为新的村寨权威，并充当着国家政策的坚决捍卫者、宣传者和执行者。民族村寨的传统社会结构被彻底打破，国家权力史无前例地渗透到乡村社会的最底层。在自上而下的"规划的社会变迁"中，国家通过强大的政治、经济、文化等手段，不遗余力地建构起一整套全新的意识形态话语，民族村寨传统文化处于高度消解传统的阶段。从整体上看，新政权依靠国家机器的强制力量而对民族村寨传统文化所进行的全面消解是阶段性推进完成的。新中国成立初期，国家对少数民族村寨传统文化最初采取的是一种相对宽松的文化动员策略。即配合新政权出台的民族政策，国家在"尊重少数民族风俗习惯"的宣传口号下，不仅对各少数民族世代沿袭的风俗习惯及宗教信仰绝大部分都予以承认，而且对那些基本无碍于意识形态宣传灌输的民族村寨传统文化，也暂时采取了一种宽容、默许的政治态度。随着乡村改造运动对传统村寨社会结构的迅速瓦解，以及人民公社制度下的组织体系和权力网络的全面建构，新政权也开始逐步对民族村寨传统文化施以"破旧立新"式的废除与征用。"废除"是对那些被列入非社会主义文化范畴的民族村寨传统文化事象，从形式到内容都予以坚决取缔；而"征用"则是对民族村寨传统文化的形式予以选择性保留的同时，着重对其原有的思想内涵进行全面改造。进而言之，"废除"的目的旨在清理民间话语行为中的一切不和谐的杂音，以确保国家话语对整个文化领域的最高的权威性、控制力和领导权；而"征用"则是力图通过赋予异质化的民族村寨传统文化以同质化的主流思想内涵，来促使少数民族村寨成员在思想观念中逐步完成对新中国这一"想象的共同体"和本民族这一"想象的国家民族"的认知和建构。"文化大革命"期间，国家对民族村寨传统文化展开了空前的扫荡和毁灭性的打击。一切传统的思想、行为和文化，都被视为封建、落后、迷信、唯心的"四旧"，统统被纳入破除、扫荡之列，少数民族歌舞艺术及文化活动也被全面取消或禁止，全国上下的思想文化严重趋同，国家权力对民族村寨传统文化的消解在这一时期达到了极致。

第五部分通过对湖村的民间信仰、象征仪式、民间艺术在当下村寨生活层面的文化图景描述，重点分析了改革开放以来湖村撒尼传统文化的复兴与重构。改革开放以来的二十余年是少数民族村寨文化遭遇现代化冲击最为迅猛、变迁最为剧烈的时期。随着乡村政治经济体制改革和村寨社会结构重组的不断推进，民族村寨文化在这一时期开始了大规模的复兴与重构。由于不同时期影响和介入村寨场域的结构性力量有所差异，其村寨文化的复兴与重构在整体上表现出明显的阶段性特征。具体而言，发生于20世纪80年代的湖村撒尼文化复兴是一场自发性再造传统的运动。它发端于村寨文化主体的自主意识，以民间草根式的权威力量为运动领袖，依靠村寨成员的集体记忆和文化热情，在村寨社区自发展开，在族群内部独立完成。与之相对应，20世纪90年代中期至今仍在继续的则是政府力量和市场经济全面介入后的引导性村寨文化建构。由于这种建构与地方性经济的发展直接相关，其发生范围已经超越了民族村寨的地域空间，知识精英、大众传媒等"他者"力量也逐渐开始对地方性传统的再造重构产生影响。两个阶段的民族村寨文化复兴重构发生的具体背景有所差异，但村民们在特定村寨场域格局中的现实生活需求和族群文化认同，始终是推动其重新利用传统的村寨文化资源的根本性力量。村寨生活中经济风险和不确定性因素的增多、集体化组织衰落后正式互助制度的缺失、个体生存发展所需的社会网络资源的不足、族群归属和文化认同的表达需求不断复苏、民间竞技和歌舞活动的娱乐需求日益强烈，等等，都在客观上激发了村民们不断运用民间智慧，对那些具有相应结构性功能的村寨传统文化进行再创造与再建构，使之成为能够应对当下生存困境和现实生活所需的新的地方性知识。在此过程中，村寨精英人物往往充当了重构地方传统的中坚力量和关键角色。一方面，村寨权力精英所拥有的政治资本和正式权威，不仅可以在一定程度上规避草根重建传统的可能性风险，同时还可以赋予或者彰显作为"小传统"的地方性知识的某种合法性身份。另一方面，村寨权力精英对再造传统的支持力度，同样取决于所处的村寨场域格局及其对自身现实利益最大化的功利性追求。在这一时期，国家力量对民族村寨传统文化的征用和引导已经从单一的意识形态宣传领域，逐渐扩展到了政治、经济、文化各个层面，诸如旅游者、大众传媒、知识精英等"他者"力量也会不同程度地参与或影响民族村寨文化的重构再造。复兴的民族村寨传统文化大多被重新赋予了新的结构性功能，并与新时期民族村寨的经济生产生活、民间互助制度、社会关系网络、族群文化认同等都有着密切的关联，这是具有能动性和创造性的文化主体在民族村寨现代化进程中，对传统的"地方性知识"所进行的再发明、再创造和再建构。

第六部分结论认为,民族—国家现代化进程中的民族村寨文化变迁呈现出复杂多元的发展态势,但这种变迁绝不仅仅是民族传统文化事象的变异或流失,它还包括了传统的"地方性知识"的复兴、重组和再建构。"传统"与"现代"并非一对相互对立、排斥的概念,在"多元现代性"的文化图景中,"传统"与"现代"是可以同时并存、互为补充的。因此,民族村寨文化的现代建构并不是简单地从"传统"到"现代"的历史性进化,而是作为"地方性知识"的民族村寨传统文化在当下的一种现代性生存状态,是发生于"多元现代性"背景下的"小传统"的重构再造过程。现代性并没有也不可能完全颠覆乡土传统的生存空间,民族村寨文化也不会自动终止或彻底放弃自身固有的文化调适与更新机制,一味被动地接受现代化力量的消解和改造。地方性知识与现代性诉求之间始终存在着强大的张力,只要民族村寨文化中的"传统"元素能够继续在现代社会中发挥某种结构性功能、能直接或间接地契合民族文化主体的现实生活需求和族群认同心理,该民族文化事象就能不断发展、延续,并进入新一轮的民族村寨文化现代建构。同样,只要民族村寨的地方性知识与民族—国家的现代性诉求之间继续存在着博弈共谋的复杂关系,民间草根的"小传统"就会继续能动地创造自身的历史,并与"大传统"的现代性宏大叙事共同形成多元一体的发展格局。进一步来看,民族村寨文化是作为群体的民族村寨成员应对生存环境的共同方式,只要这个群体的村寨群居方式继续存在,并且这种群居方式仍然具有其区别于其他群体的独特性,就可以证明这个民族村寨群体还继续存在。而只要这个村寨群体存在,就一定会有一种与该群体的当下生存方式相适应的民族村寨文化存在。在消解与建构、传承与再造的多元格局中,民族村寨文化最终将走向具有民族特色的现代化发展之路。

二、研究成果的创新性及价值

云南少数民族村寨文化建设在本质上是民族文化深层意义的建构和民族心理的认同强化。本课题力图突破传统的民族文化研究的静态模式，而首先将民族村寨文化放在特定的时空坐标体系下，以动态的视角来考察其如何随社会的发展变迁而自我建构、发展和变迁。其次，本课题将少数民族村寨文化视为一个有机的符号体系，社会结构的变迁会直接影响到民族村寨文化的延续、消解或再造，同时典型民族文化事象的变迁也会影响到其他民族文化因子的发展传承。只有从整体的视野和动态发展的角度出发，才能真正揭示民族村寨文化现代建构的轨迹、模式和规律。同时，本课题还注重从个体心理和族群意识的精神层面挖掘少数民族村寨文化建设的核心机制，从而使该研究具有从文化表象到深层意义，再到精神内涵的逐层推进模式。

在西部大开发、建设云南民族文化大省以及推进社会主义新农村建设的时代背景下，本课题的研究既能在一定程度上补充和完善文化变迁的理论阐释，又能为现代化条件下积极引导少数民族村寨的现代文化建设提供切实有效的方法指导，具有理论与实践的双重意义。

课题名称：民族村寨文化的现代建构
　　　　　——一个彝族撒尼村寨的个案研究
课题负责人：肖　青
所在单位：云南师范大学
主要参加人：樊　华　黄静华　李宇峰
结项时间：2008 年 3 月 11 日

法　学

云南法院文化建设理论与实践研究

所谓"法院文化"，就是以法官为载体，以实现公正与效率为特征，以追求法治为目标，是法官群体在长期的审判实践中和管理活动中形成的共同精神、法官价值观念和行为准则等精神财富，以及与之相关的物质财富的总和。法官是掌握审判权的特殊职业，这种特殊性决定了法官的价值理念、道德操守、思维方式、语言风格、行为方式等方面都必须具有不同于其他职业的文化内涵和职业特征。法院文化建设就是要凸显法官思维方式的非自主性和逻辑性；突出法官行为方式的程序性和相对封闭性；显示法官道德良知的崇高性和知识系统的专门性，展现法官审美情趣的严肃性和言行举止的严谨性。在人民法院硬件设施和外在条件逐步得到实现和好转的新形势下，要推动法院的整体工作和队伍素质上新层次、新台阶，必须注重从硬到软、从外在到内在的发展与转化。法官职业意识的唤醒，法官职业素养的提高，法官职业道德的培育，法官职业品格的提升，都需要在法院文化建设上下工夫、花力气。法院文化建设的好坏直接决定着法院乃至国家司法审判事业的兴衰，对法院各项工作起着根本性、基础性、长期性的推进作用。

一、研究的价值和意义

近年来，北京、上海、江苏、浙江、山东、湖南、湖北、广东、福建等省、市都结合自身实际，对法院文化建设进行了初步的探讨和实践，在全国引起了良好的反响，对推动当地的民主法制建设、政治文明建设，维护当地的和谐、稳定起到了十分积极的作用。在国外，尤其是在西方国家，法院文化已不仅仅是一种理论，而是一种成熟的法治实践，法官的职业化、专业化程度很高，社会对法院文化的认识和认同度很高，法院文化已成为法治常识和社会主流文化的重要组成部分。而我国历史上长期处于没有"法治"、只有"人治"的封建专制集权社会，现代法治的基本理念和思想，肇始于清朝末年的"修律运动"，现代法治的制度设计和实际运作则是更晚的事。新中国成立以后，我们建立了人民民主专政的国家政权，宪法规定人民代表大会制度为国家的根本政治制度，广大人民群众摆脱了被剥削、被奴役的悲惨命运，成为国家的主人。党的"十五大"报告提出了"依法治国"的基本方略，并被载入宪法；党的"十六大"及十六届四中全会、五中全会提出了"科学执政、民主执政、依法执政"的重要命题，使国家法治建设的步伐进一步加快。但是，由于历史和传统的影响，要在我国全面实现"依法治国"的基本目标和任务，还是一项十分艰巨而复杂的系统工程。在一定程度上可以说，中国法制社会的建立，正是一项宏大而艰巨的文化建设工程。其中，法院文化建设占据着十分重要的位置。

云南是一个经济欠发达的多民族边疆省份，目前正致力于民族文化大省建设。云南的经济、地理、民族、文化、宗教和社会的发展状况，决定了云南的法院文化建设必将充分反映云南的地方特色，适应云南经济欠发达、地处边疆、多民族的客观实际，而不能完全照搬国外或者国内经济发达地区法院文化建设的基本套路和做法。我们必须在学习其他省、市先进经验的同时，加强自身法院文化建设的探索和研究，研究、制订适合云南省法院文化建设发展的战略步骤和目标。

云南法院文化建设研究，在注重历史连续性和现实客观性的基础上，着重研究了云南边疆、多民族特定文化对云南省法治形态的影响，揭示了云南省法治建设的基本路径，对云南省法院文化建设的性质、地位、作用和实现途径进行了研究和阐述。中外法律制度的历史告诉我们，要在一个国家建设法治，不能只满足于制定一系列法律，或者满足于按照法治国家的模式建立了一定的法制机构，在很大程度上，法治的建立是一项宏大而艰巨的文化事业。

二、研究成果的主要内容

作为该课题研究成果的《云南法院文化建设理论与实践》一书，以法学、社会学、民族学、历史学的基本观点和基本理论为研究手段，采取理论联系实际的实证研究方法进行深入研究，努力做到理论阐述清楚，实践总结全面，所提出的战略措施具有可操作性。

《云南法院文化建设理论与实践》一书分为上、下两篇。上篇，即"法院文化建设的理论探索篇"，分三章展开阐述：第一章（文化及法院文化的基本原理）主要论述了文化的基本界定，文化的功能和作用，文化视角下的法院文化，法院文化的界定，法院文化的结构；第二章（法院文化的基本内涵与功能剖析）主要论述了法院文化的主要内容和构成要素，法院文化的基本属性，法院文化的基本特征，法院文化的地位阐释，法院文化建设的意义和价值，法院文化建设的规律及把握；第三章（法院文化与其他文化的基本关系）主要论述了中国传统法律文化的内容及评析，民族文化视角下的云南法院文化建设，民族文化与西方法律文化的关系，法院文化与法官文化、审判文化，法院文化与法治建设、法院建设。

下篇，即"云南法院文化建设的实践探索篇"，分为三章：第一章（云南法院文化建设的回顾）主要论述了云南法院文化建设的不同发展阶段，云南法院文化建设的总体思路，云南法院文化建设所把握的原则；第二章（云南法院文化建设的工作实践）主要论述了法院文化建设中理念的树立，以人为本多元融合发展的法院文化，法院文化建设促进审判工作开展，法院文化建设长效机制的建立，法院文化建设结出累累硕果，云南法院文化建设的经验得失；第三章（云南法院文化建设的发展思路）主要论述了云南法院文化建设的发展规划，深化云南法院文化建设发展方向。

三、研究成果的评价

《云南法院文化建设理论与实践》是云南法院文化建设中的一个研究成果，是云南法官对法院文化的理解、体会的总结，是对云南法院文化建设的系统阐述。此书的出版必将对云南法院文化建设起到积极的促进作用。通过文化的力量和文化的作用，使云南法官真正从灵魂深处做到德化于自身、德化于本质、德化于社会，把实现法院的整体价值和实现人的价值统一起来，为社会发展与进步、为构建社会主义和谐社会提供司法保障。

课题名称：云南法院文化建设理论与实践研究
课题负责人：赵仕杰
所在单位：云南省高级人民法院
主要参加人：董治良　田成有　杨为栋　尹德坤　胡建康
　　　　　　王琼芬　唐时华
结项时间：2008 年 1 月 21 日

云南省循环经济地方法制建设研究

一、课题研究的目的和意义

推进循环经济发展已经逐步成为社会各界的广泛共识，不仅成为国民经济和社会发展规划的战略目标和重要内容，也成为各地区、各部门实施可持续发展的重要方向和实践行动。《中共中央关于制定国民经济和社会发展第十一个五年规划的建议》中明确指出："发展循环经济，是建设资源节约型、环境友好型社会和实现可持续发展的重要途径。"发展循环经济需要法律的确认和保障才能得到充分实现，这既是循环经济发展的内在要求，也是推动循环经济发展的必然选择。

从国家层面来看，"十一五"规划建议中也提出大力发展循环经济，健全相应的法律、法规。运用法律手段推进循环经济发展已经成为中央的既定方针政策。目前，《循环经济促进法》已正式纳入了十届全国人大常委会立法计划，并被列为关系经济、社会发展全局，在法律体系中起支架作用的重要法律。

从其他省、市来看，继贵阳市制定了我国第一部循环经济地方性法规以来，各省、市正在研究、制定本省的促进循环经济发展的条例。如，辽宁省正在研究制定《辽宁省循环经济促进条例》，江苏省的《江苏省促进循环经济发展条例》的制定工作也已经提上了议事日程。

从云南省来看，云南省在发展循环经济、加强循环经济法制建设方面进行了积极的探索。如，省经贸委会同省环保局制定了《云南省清洁生产审核实施办法》，会同税务部门制定了有利于推动清洁生产的《云南省资源综合利用认定实施细则》，省清洁生产办研究、制定了《云南省清洁生产促进条例》等。

但总体来说，云南省的循环经济法制建设还处于起步阶段，还没有专门的循环经济地方性法规，离循环经济要求实现的废弃物减量化、再利用和资源化以及建设节约型社会的目标要求还有相当大的差距，需要借鉴国内外发展循环经济立法的经验，进一步加强法制建设，通过地方立法促进循环经济发展。

二、研究成果的主要内容和重要观点

（一）理论篇

该部分以剖析循环经济的内涵为切入点，在此基础上深入阐述了循环经济引起的社会变革与立法理念变革，进而揭示了循环经济立法应遵循的基本理念。该部分主要阐述了三个问题。

首先，透视循环经济的内涵。通过对马克思主义理论中的循环经济思想、西方学者的循环经济思想及我国学者对循环经济的认识，进行全面、系统的介绍和归纳总结。在此基础上，对循环经济的定位、外延、表面特征、根本特征、基本原则和核心标准等六个方面内容进行了剖析，并进而提出了循环经济的内涵。即：循环经济是对社会生产和再生产活动中的资源流动方式实施了"减量化、再利用、资源化和无害化"管理调控的、具有较高生态效率的新的经济发展模式。以循环经济内涵为基础，进一步阐述了循环经济发展模式与可持续发展战略之间的关系。即：循环经济是实现可持续发展战略的最佳选择模式。

其次，剖析循环经济带来的立法变革。从循环经济对经济生产方式、社会消费模式以及由此引起的文化价值观念的变化，来阐述其对人类社会带来的深刻影响。即：循环经济对经济生产方式带来的变革，就是要求人类摒弃传统经济生产方式，采用循环经济生产模式；循环经济对社会消费模式带来的变革，就是要求人类实现由线性消费向可持续性消费转变；循环经济对文化价值观念带来的变革，就是要求人类由以满足人类的物质需要为内容、以向自然的挑战为核心、以物质追求为目标的传统价值观念向以人类与自然和谐为核心的循环经济价值观念转变。进而提出，这种社会变革反映在循环经济立法上就是要求在循环经济立法中体现出生态化趋势。即：在循环经济立法理念上树立和谐共生的自然观、敬畏生命的人生观和科学文明的发展观；在循环经济法律关系上赋予法律关系主体的生态化、法律关系内容的生态化和法律关系客体的生态化；在循环经济法律责任上，以生态化为基础构建多元化的归责体系及建立法律责任的保险机制、社会分担机制、社会公益诉讼机制和代物诉讼机制。

最后，探究循环经济立法的基本理念。立足于循环经济发展规律，较为深入、系统地探讨了循环经济立法理念的基本内涵，并给予富有阐释力的理论解说。即，循环经济立法的伦理基础为人本和谐主义；循环经济立法目的体系构建是以促进循环经济发展为中心，进而在不同层次实现环境公平和环境安全、经济效益和经济自由、经济与环境资源的和谐、持续发展；循环经济立法的价值追求是生态和谐与生态效率。

（二）实践篇

该部分从总结国内外循环经济法制建设的经验入手，以云南省循环经济地方建设的紧迫性和立足基础为立论依据，深入探究了云南省循环经济地方法制建设的总体思路和框架设计。该部分主要阐述了四个问题。

首先，较为全面地介绍了国内外的循环经济立法实践。除对国际组织近几十年来为推动国际循环经济发展而颁布的相关立法进行介绍外，重点选择了德国、日本、美国和欧盟的循环经济立法进行介绍。同时，从国家和地方两个层面，对我国的循环经济立法现状进行了评价性的概述，目的是为云南的循环经济地方法制建设指明方向。

其次，深入分析了云南循环经济地方法制建设的紧迫性与立足基础。从云南经济发展中突出的资源和环境问题以及云南发展循环经济的迫切性两个方面来阐述云南循环经济地方法制建设的紧迫性，并将云南现有的循环立法以及云南的循环经济实践基础作为云南循环经济地方法制建设的立足基础。

再次，提出了云南循环经济地方法制建设的总体思路。循环经济的本质内涵决定了云南循环经济地方法制建设的必须以科学发展观和可持续发展为指导思想，以"3R"原则、遵循生态规律原则、预防优先原则和污染者负担原则为基本原则。云南省产业结构调整的需要和区域生产力发展及布局状况，决定了云南循环经济地方法制建设必须以建设循环经济企业的立法、建设工业循环经济园区的立法、建设农业循环经济园区的立法和建设旅游生态城市的立法作为法制建设的突破口；以资源和能源的开发利用领域的立法、加工制造产业和服务产业的立法、废弃物处理和资源化领域的立法、社会消费领域的立法为法制建设的重点领域。

最后，设计出云南循环经济地方法制建设的框架。在充分考虑与国家法律、法规相衔接的前提下，结合云南省情，提出了云南循环经济地方法规体系由两部综合性地方法规《云南省发展循环经济实施条例》和《云南省推进节能减排实施条例》与在资源开采领域、社会生产领域、社会消费领域以及废弃物处理领域制定的系列专项地方法规组成。

三、研究成果的价值

(一) 学术价值

在研究方法上,本课题将法学、经济学、社会学、环境学、伦理学等多学科分析研究方法综合运用,可为同类问题的研究提供一个新的研究视角;在研究内容上,本课题的研究内容,既能丰富和深化我国现有循环经济立法理论研究,又可为国内相关的理论研究提供素材,为同类问题的后续研究奠定基础。

(二) 应用价值

一方面,为云南正在兴起的地方循环经济立法实践提供理论指导,促进云南循环经济立法活动符合循环经济的发展规律,从而实现循环经济立法活动的科学化,进而提升云南的循环经济法制建设水平;另一方面,也为云南各级党政机关制定发展循环经济的政策提供参考,实现循环经济发展决策的科学化,进而推动云南资源节约型、环境友好型社会的形成。

课题名称:云南省循环经济地方法制建设研究

课题负责人:陶伦康

所在单位:云南师范大学

主要参加人: 曹明德 褚俊英 郑 林 鄢本凤 吴 明
　　　　　　高 金

结项时间:2008 年 2 月 15 日

云南省生态环境保护的法律制度研究

一、课题研究的目的和意义

云南是一个多民族的边疆省份，具有立体气候明显、自然资源丰富、地质条件复杂等特征。改革开放以来云南省的经济取得了较快的发展。伴随着经济的飞速发展和人们生活方式的巨大改变，云南省的生态环境发生了显著的变化，原有的生态平衡被日渐破坏，环境问题越发突出。有关资料表明，云南省正面临着经济高速发展和生态环境保护的双重压力，可持续发展遭遇巨大挑战。党的"十七大"提出了生态文明的理念，批判反思了人与自然关系中环境污染的代价，强调要建立人与自然的和谐相处关系，要求全党、全社会牢固树立"生态文明"的科学发展观。因而，如何落实"生态文明"的科学发展观，如何协调经济发展和环境保护之间的关系，是云南省能否实现跨越式发展和可持续发展的关键，构建和优化生态环境保护的法律制度是必由之路。云南省应在坚持全国法制统一的前提下，根据本地具体生态环境情况，有针对性地对本地突出的生态环境问题制订具体的防范与治理措施，从而有效地保障云南省经济建设与生态环境保护走可持续发展的道路。

二、研究成果的主要内容和重要观点

（一）云南省生态环境保护现有法律制度分析

云南省现有的生态环境保护法律制度对于保证国家环境法律的实施，加强地方环境执法，改善云南生态环境状况和提高自然资源的使用效率，发挥了重要作用。但由于种种原因，也存在不尽如人意的地方，生态环境保护对地方立法的需要与现状仍差距甚远。具体表现在以下一些方面：一是生态环境保护立法的价值理念体现了对"人类中心主义"的固守。人类中心主义把人看成凌驾于自然之上的主宰者，认为人类可以无限制地改造和开发大自然，否定人类对自然规律的尊重义务。在这种价值理念指导下的立法目的以及具体制度都折射出工具价值的狭隘和短视，在一定程度上就成了人类破坏环境和掠夺资源的帮凶。二是生态环境保护法规体系不够健全。从现有的生态环境保护法规来看，云南省立法存在重自然资源保护、轻环境污染防治的倾向，没有考虑到自然环境的有机整体性和各自然要素的相互依存关系，并未把两者作为有机整体来看，这不利于按照自然客观规律和经济规律来对环境资源进行统一的综合管理及全面统筹规划环境资源的开发、利用和保护。三是生态环境保护主要采用强制性直接管制手段。直接管制有其合理性，但是由于行政执法成本的居高不下、环境资源的公共物品属性以及经济活动的外部性等原因的客观存在，通过市场机制更有效、更低成本地控制环境污染和生态破坏，充分利用兼备法律效力和调控经济功能的手段加强环境保护，已成了当前环保政策选择中的重要议题。四是生态环境保护立法中设置的执行机制不够合理。目前，在云南省生态环境保护立法中，部门利益分割的问题仍然存在，统管部门和分管部门关系不够明确，呈现出多头管理局面，这在一定程度上影响了生态环境保护工作的开展。

（二）革新云南省生态环境保护法律制度价值理念的思考

"可持续发展"被定义为"既满足当代人的需要，又不对后代人满足其需要的能力构成危害的发展"，其实质是寻求一种经济发展与生态环境保护的最佳结合。可持续发展观与人类中心主义有着本质的区别，因为其承认其他生物、物种、自然和生态系统具有内在价值，与生态中心主义相比，其进步意义在于强调了人的主体地位，故而，可持续发展观又被称为"生态人类中心主义"。以可持续发展观指导地方生态环境保护立法应尝试确立以下生态化原则：公平性原则；可持续性原则；和谐性原则；发挥地方环境资源优势原则；尊重少数民族传统生态文化的原则。

（三）构建云南省生态环境保护地方性法规体系的思考

在地方立法中，应考虑到生态环境的有机整体性和各自然要素的相互依存关系，在整体环境观的指导下，以综合性生态环境保护地方法规为中心，兼顾两方面的立法，最终把生态环境保护地方性法规体系扩展为一个以保护自然资源和生态环境、防治环境污染的规范组成的标本兼治的有机系统。在综合性基本法规层面，应完善《云南省环境保护条例》，并制定《云南省循环经济条例》；在单行法规层面，应根据轻重缓急的原则来安排立法任务：自然保护法规方面，可以先考虑制定《云南省生物多样性保护条例》；环境污染防治法规方面，可以先考虑制定《云南省〈大气污染防治法〉实施办法》和《云南省〈固体废弃物污染环境防治法〉实施办法》

（四）完善云南省生态环境政策手段的思考

一般而言，环境政策手段大体可划分为两类：基于政府命令与控制的管制手段和基于市场的经济激励手段。这两种政策手段并没有绝对的好与坏，两种手段均有其优、劣势和适用条件，故应综合使用，取长补短。从命令与控制的环境管制手段看，云南省应对现行许可制度、环境影响评价制度进行完善，提高管制效率。从经济激励手段看，云南省应尝试建立排污权交易制度，改进环境费制度，从而改变行为人的选择，使人们对环境的关注内在化，以最低的成本达到所需的环境效果，并实现资源的最佳配置，达到市场均衡。

（五）改进云南省生态环境保护法律制度执行机制的思考

环保执法在生态环境保护中具有重要作用，执法工作的好坏关系到生态环境保护监督管理职能能否得到切实有效地履行，关系到环境保护基本国策能否落到实处。云南省生态环境保护法律制度执行机制在取得显著成效的同时也存在诸如思想意识滞后、执法手段软弱、地方政府发展观和政绩观局限等障碍。因而，应加强环保宣传和教育，为环保执法创造良好的环境；积极开展绿色 GDP 核算，树立正确的政绩观和价值观；进一步理顺环保执法体系，建立起有效的环保部门统一监管与分部门监管相结合的机制；强化执法手段，提高执法效率；积极创新环保执行手段，促进守法。

三、成果的学术价值、应用价值以及社会影响和效益

课题研究针对云南省目前生态环境保护法律制度的薄弱点和现实需要，依据经济学、生态学和法学原理，探究生态环境保护的客观规律，既考察美国等发达国家的先进制度，也借鉴其他省、市的成功经验，并充分注意结合云南省的省情及特殊生态环

境状况进行分析研究，对现有生态环境保护的法律制度提出完善建议，为云南省生态环境保护提供了一个系统的综合法律制度体系。通过本课题的研究，可以提供更为具体的可操作性法律制度建设环境，从而最大限度地实现生态效益、经济效益和社会效益的统一。我们必须认识到经济发展与生态环境治理是贯穿人类社会发展历程的永恒矛盾，这一矛盾的产生源于人的理性，其根治也得依赖于人的理性。个体有限理性的滥用导致资源开发与生态环境保护的尖锐对立，而人类普遍理性的发展则有助于该矛盾的缓和，从而实现人与自然的和谐发展。本研究成果若能通过适当的方式进行传播和实施，将对云南省的生态环境保护产生重大的影响；如能在生态环境保护立法的价值理念、制度体系、生态环境政策手段和执行机制等方面有所改变，将对云南省的生态环境保护产生重大的推进作用，从长远来看，有助于云南省走上可持续发展的道路。

课题名称：云南省生态环境保护的法律制度研究

课题负责人：谢秋凌

所在单位：云南民族大学

主要参加人：王　众　杜江江

结项时间：2008 年 3 月 17 日

社 会 学

云南农村公共产品和公共服务研究

一、课题研究的目的和意义

长期以来，我国在公共产品和公共服务供给上实行"城乡分治"政策，城市的公共产品和公共服务基本由国家供给，而农村的绝大部分则由农民自筹资金或通过"投劳"解决。这导致了城乡发展差距不断扩大和农村社区发展滞后，严重影响了社会公平和社会稳定。随着我国社会主义现代化建设的深入，"工业反哺农业、城市支持农村"的时机已经成熟。在云南，虽然经过各级、各届政府多年的不懈努力，农村公共产品和公共服务供给已经取得了很大成就，但是由于多方面的原因，农村公共产品和公共服务供给仍然存在缺失严重、结构失衡、政府缺位、供给效率低以及供给制度不完善等状况。认真研究云南省农村公共产品和公共服务的现状及其存在的问题和原因，进而探索其有效的供给结构、供给模式和供给机制，促进其有效供给，减少无效供给，对加快云南新农村建设有着重大意义。

二、研究成果的主要内容和重要观点

（一）云南农村公共产品和公共服务需求和供给现状及其分析

为了达到对云南省不同地区农村公共产品和公共服务供给和需求现状的初步全面把握，本课题选取了大麦地镇、上末村、上顺江和大由乡4个在农村公共产品和公共服务供给方面各具特色的典型村镇作为调查点，在实地观察、深度访谈和有关文献研究基础上进行实证研究。通过对这4个调查点的农村社区公共产品和公共服务供给及需求现状的深层透视得知，是历史延续、体制限制、主体缺陷、利益驱动和制衡缺失等原因导致了云南农村公共产品和公共服务供给不足。研究表明，改善云南农村公共产品和公共服务总体供给不足的现状，光靠政府支持、农民自己的力量，或者光靠市场机制解决，都是行不通的。在取消农业税的新形势下，要促进云南农村公共产品和公共服务的有效供给，必须因地制宜地选择其供给结构、供给模式、供给机制，才能加快云南省不同农村社区的新农村建设步伐。

（二）农村公共产品和公共服务的供给结构

根据农村公共产品和公共服务的功能与性质，我们将农村公共产品和公共服务分为经济发展型、公共服务型、社会保障型和生态保护型四种类型：经济发展型是指对农业生产、农村建设、经济发展起促进和支撑作用的公共产品和公共服务；公共服务型是指保障农村社区居民生活稳定、基层政权正常运转的公共产品和公共服务；社会保障型是指与农民福利水平及基本生活保障息息相关的公共产品和公共服务；生态保护型是指推进农业与农村、社会与生态和谐、持续发展的公共产品和公共服务。

（三）云南农村公共产品和公共服务的有效供给重在建立有区别的供给模式

改善农村公共产品和公共服务供给结构将使向农村提供的有限资源得到优化配置、促进其有效供给。在实证研究的基础上，提出以下三种云南农村公共产品和公共服务差异性供给模式。

1. 山区民族农村社区公共产品和公共服务供给模式

对于生产力发展水平和社会发育程度低的山区民族农村社区来说，迫切需要解决的是生产生活中面临的温饱问题。其农村公共产品和公共服务有效供给应该是经济发展型、公共服务型、社会保障型和生态保护型的顺序结构。由于该类地区农村社会的弱质性，公共产品和公共服务供给机制应以政府供给型为主，然后再逐步过渡到政府主导型。

2. 边境农村社区公共产品和公共服务供给模式

对于生产力发展水平相对较高、社会发育程度相对较好的边境农村社区来说，需要解决的是进一步发展生产、进一步提高生活水平问题。其农村公共产品和公共服务有效供给应该是经济发展型、社会保障型、生态保护型和公共服务型的顺序结构。由于该类地区的农村社会具有一定的自我发展能力，公共产品和公共服务供给机制宜以政府主导型为主。

3. 城郊农村社区公共产品和公共服务供给模式

对于城郊农村社区来说，需要解决的是加快生产力发展、大力提高生活质量问题。其农村公共产品和公共服务有效供给应该是社会保障型、经济发展型、生态保护型和公共服务型的顺序结构。由于该类地区农村社会的强质性，公共产品和公共服务供给机制应以政府主导型为主，逐步过渡到政府诱导型农村公共产品供给模式。

（四）创新政府主导型云南农村公共产品和公共服务供给机制

农村公共产品和公共服务供给是社会公共服务体系的一个比较大的领域，政府应该成为其规划者和监管人，是农村纯公共产品和公共服务的提供者，其他准公共产品和公共服务应该尽可能利用规划、政策、法律等来动员社会力量。政府主导型农村公共产品和公共服务供给机制基本包括以下五种机制。

1. 财政支持与分摊机制和供给主体的选择机制

（1）完善以中央、省级供给主体为主导。主要采取以中央、省两级政府为主导，地方财政适当配套的方式解决农村公共产品的供给问题。按照公共产品的类别、层次确定各类公共产品的供给主体，政府承担供给责任的公共产品及所需资金纳入规范的财政核算体系，通过颁布相关法律、法规明确各级地方政府的供应职责并制订有效的保障措施，有计划地供应农村地区公共产品，保证农民的基本公共产品需求。

（2）建立以县、乡及农村社区供给主体为支撑。县、乡财政和农村社区财力是农村公共产品供给的有力支撑。取消农业税及其附加，使县、乡财力都受到了严重影响。县、乡要靠发展县域经济、培植财源、逐步增强财力来走出困境，增强公共产品供给能力。

（3）以农村合作组织与第三部门为依托。在以"小政府、大社会"的政府职能转变中，完善农村合作组织和第三部门的运作机制，积极吸收投资，实现公共产品供给主体多元化，使其承担更多的提供农村公共产品和公共服务的社会角色。合理地利用资本的逐利性特征可以引导民间资本尽快进入公共产品生产领域，能弥补公共产品生产的资金不足。

2. 城市带动乡村的辐射机制

进入 21 世纪，我国逐步进入"以工补农、以城带乡"的新时期。"以城带乡"的辐射机制主要有以下五类：

（1）财政带动。建设社会主义新农村，就是国家要将更多的公共财政支持农村，逐渐消除长期存在的城乡二元结构问题。

（2）就业带动。在现代化进程中，非农就业已成为农民改善自己命运、提高收入的主要出路。城市带动乡村就是通过城市和工业发展，为农村人口提供更多的就业机会。

（3）资本带动。资本的特性在于扩张，能将先进的生产要素带到它想要去的地方。要实现农业的快速发展，必须用资本、技术等现代生产要素改造土地和劳动等农业的传统生产要素，以建立现代农业。

（4）信息带动。城市是现代信息的源泉。城市可通过多种渠道，为农村提供所需要的信息，改变其封闭的社会格局。

（5）制度带动。伴随着市场经济发展，城市不仅成为产品的生产地，同时也是制度创新的基点。新农村建设和新农民的塑造都需要城市的制度带动。实施"以工哺农"和"以城带乡"的方针，是党中央、国务院统筹城乡发展、全面建设小康社会的重大战略决策，决不能简单地理解为对农业、农村发展的一种偏爱和照顾，或者是对农民的一种给予甚至恩赐。从历史的角度看，是多年来对严重失衡的城乡关系和工农关系的理性调整，是对农业、农村和农民长期欠账的合理补偿，也是城市长远发展的客观需要。

3. 提高基层政府官员素质，完善以"官员问责制"为中心的纠偏机制

官员问责制是指对政府及其官员的一切行为和后果都必须而且能够追究责任的制度。其实质是通过各种形式的责任约束，限制和规范政府权力和官员行为，最终达到权为民所用的目的。实施官员问责制，有利于增强官员的责任心和整肃吏治，也有利于避免在农村公共产品和公共服务供给中的政府缺位和人为影响。

提高基层官员的素质主要是提高其业务素质和道德素质两个方面，这能提高政府的运行有效率和减少官员的腐败，从而提高农村公共产品和公共服务的供给效率。提高官员素质应该改善政府绩效考核模式，强调正确的政绩观与发展观。在以政府为主导的农村公共品供给机制中，对政府官员的政绩考查应以农民的满意度和农村社区的良性变化为依据，采取自下而上与自上而下相结合的方法。

4. 村庄精英作用机制

村庄精英一般都信奉"穷则独善其身，达则兼济天下"的理念，大都有一定的经济基础，关注公益事业，也有一定的文化，为人正直，办事公道，所以他们在社区调解居民之间的纠纷中有一定的威望，深受社区居民的拥护和爱戴。通过选举等民主机制选拔村民信得过的村庄精英担任村庄领导，使其作用机制积极发挥：对外建立和上级政府沟通的良好渠道，对内具有较强的威信，能够挖掘村庄社会资本，能够组织村民开发村庄资源，发展村庄集体经济，开展集体活动（出义务工、筹资等）。

5. 需求表达与主体互动的决策机制

村庄是村民安身立命之所，村庄的建设成就是无数代祖先不断辛勤劳动的结晶。村庄村民组成初级社会群体，自身有极强的凝聚力。村民最清楚村里缺什么、需要什么，村庄有自身的管理制度、发展机制，只要政府部门适时贯彻好各种方针、政策，相信村民的智慧，引导好村民的创新精神，就能实现较好的村庄自我组织水平。建立村民意志的民主表达机制，建立起从上而下和从下而上的需求主体与供给主体的双层沟通机制和决策机制，将能促使村庄公共产品和公共服务事业的可持续发展。

三、成果的学术价值、应用价值以及
社会影响和效益

（一）学术价值

本课题在实证研究的基础上，初步廓清了云南省农村公共产品和公共服务的需求现状、供给当中存在的各种问题及其原因，并通过分析和借鉴国外农村公共产品和公共服务供给理论及有关经验，提出有利于云南省新农村社会建设的公共产品和公共服务供给的理论框架，为云南省新农村社会建设提供相应的理论支持。其基本内容是：提出了山区民族社区、边境农村社区、城郊农村社区三种农村公共产品和公共服务差异性供给模式；提出了财政支持与分摊机制、需求现实与主体互动的决策机制、供给主体的选择机制、城市带动乡村的辐射机制、合理的价值补偿机制及"官员问责制"为中心的纠偏机制等为主的政府主导型农村公共产品和公共服务供给机制。

（二）应用价值

在调查研究的基础上，本课题提出在云南省农村社会建设的进程中，对政府、社会、农民在改善农村公共产品和公共服务行动中的角色进行定位。从农村公共产品和公共服务有效供给的筹资机制、体制创新和资源配置等方面进行供给结构、供给模式和供给机制设计，为云南省和相关部门改善云南农村公共产品和公共服务的有效供给、促进新农村社会建设提供政策建议。

（三）社会影响和效益

2007 年 1 月 26 日，秦光荣同志在云南省第十届人民代表大会第五次会议上作的《2006 年云南省人民政府工作报告》里明确提出："紧紧抓住'三农'问题这个关键，加大新农村建设投入力度。"新农村建设投入加大，但怎么投、如何向全省农村科学、合理、有效地供给公共产品和公共服务、着力点在哪儿等问题，许多领导干部、专家学者都在作不同学科、不同角度的思考和研究，并献计献策。《云南农村公共产品和公共服务研究》就是这方面的研究成果之一。该课题基于实证研究及有关农村公共产品和公共服务供给的理论提出了云南新农村社会建设与公共产品和公共服务供给的理论框架、供给模式、运作机制，将促进云南农村公共产品和公共服务的有效供给而加快农村生产、生活的又好又快发展。

　　课题名称：云南农村公共产品和公共服务研究
　　课题负责人：张金鹏
　　所在单位：云南民族大学
　　主要参加人：李永松　郭万红　夏晓娟　潘小芳
　　结项时间：2007 年 9 月 19 日

昆明弱势群体的现状及帮扶对策研究

一、研究的目的和意义

社会阶层的急剧分化和贫富悬殊的日益拉大是我国处于社会转型期的突出矛盾之一，解决好这个问题已经成为当今我国社会建设的一项重要任务。"昆明弱势群体现状及帮扶对策研究"试图充分借鉴国内外相关的理论成果及实践经验，立足于对昆明困难群体现状以及党政各界对其帮扶救助的实证调查分析，综合运用政治学、经济学、社会学、法学等学科知识，着力在解决昆明弱势群体的贫困问题方面提供政策建议。摸清昆明贫困人口的结构、分布、贫困程度，分析其贫困原因，寻求针对不同贫困群体脱贫的社会政策及其制度安排，是课题研究的出发点和归宿点。通过课题研究，还期盼能起到抛砖引玉的作用，让社会各界把更多的关注投入到对昆明弱势群体的理论研究和帮扶救助实践活动中来。课题研究的意义在于认真践行胡锦涛总书记关于"以权利公平、机会公平、规则公平、分配公平为主要内容"的社会公正规则体系，努力维护党中央"在共建中共享、在共享中共建"的治国理念，对实现昆明市经济、社会和人口资源环境的可持续发展，维护昆明社会稳定与构建和谐昆明具有十分重要的积极作用。

二、研究的主要内容

该课题研究的主要内容包括：（1）注重理论对研究的指导作用，保持研究应有的学术视野和理论水准。首先是收集、筛选了国内外学术界相关的研究成果，在比较研究和传承借用的基础上形成自己的学术观点。其次是突出我国党和政府在新时期关于社会建设与公正理论的精辟阐释，使之成为在研究弱势群体、帮扶弱势群体过程中基本的价值取向和极其重大的指导思想。（2）破解"弱势群体"和"贫困人口"的评价标准，分析其相关的社会影响、演进的宏观背景以及扶弱解困的基本态势。这一内容所以占有一定的篇幅，意在阐明课题研究的大环境，指出昆明扶弱解困一方面不可能超越全国的社会政策环境和经济发展水平，另一方面又要积极主动地去适应当前国家社会建设良好的发展态势，规避因循守旧、怯于创新的不良倾向。（3）着重研究分析昆明弱势群体的现状。主要采用实证研究的方法。"实证"讲究量化分析，鉴于当前国内外缺乏对弱势群体界定的量化指标，故只有抓住贫困问题这一弱势群体共有的重要表征作为现状研究的着力点和突破口。（4）提出昆明扶弱解困的政策建议。主要包括组织层面、制度层面、经济发展层面和教育层面的若干对策建议。这些建议虽然还只是初步的、框架性的，但能切中昆明的时弊，有较强的针对性。

三、研究的价值

该课题研究的学术价值，一是在省级同类研究中较多地集合了关于弱势群体和贫困人口的若干学术观点，通过比较，确立当前中共第四代领导集体有关民本、和谐思想的继承、创新以及社会公正规则体系建设，是我们在今后相当长一段时期内研究与解决民生问题的基本指导思想和方针。二是在同类研究中，该课题按照分类指导、综合比较的原则，首次将昆明贫困人口的结构、规模、分布进行较为全面的描述，提出至 2006 年底"昆明属地贫困人口超过 90 万人、人口贫困率高于全国平均值"的调查结论。课题研究在充分肯定昆明市脱贫解困工作成绩的基础上，揭示出存在的差异和矛盾，起到了警示的作用。课题组前期关于针对流动人口的千余份问卷调查，设计完整、合理，数理统计方法科学，具有独创性、新颖性。三是在扶贫解困的对策措施中提出的解决一次分配的不公平、服务管理重心下移到社区村委会、改变财政支出不合理状况、健全社会救助制度、提高贫困人口的科学素质等建议，有明确的学术观点。课题成果的应用价值在于基本具备较强的针对性、实用性和一定的可操作性。

课题名称：昆明弱势群体的现状及帮扶对策研究
课题负责人：张学曾
所在单位：云南省工业经济联合会
主要参加人：谢月初　梅俊辉　李伟东　姜　斌
结项时间：2007 年 10 月 31 日

云南少数民族地区群体性突发事件的
预防和控制研究

一、研究目的和意义

课题研究是云南省少数民族地区社会、经济发展的迫切需要。由于利益格局的调整和利益群体的多元化，民族地区社会矛盾呈现出日益上升的趋势，群体性突发事件时有发生，已经成为影响社会和谐、稳定的突出问题。然而，群体性突发事件的防范研究尚处于初始阶段，理论支持不够，观点比较笼统，对如何建立完善、科学的防控体系，并使之具体实用，还需要深入研究。当前，国内专门针对云南少数民族地区群体性突发事件的研究更是少见，对指导实践及相关部门决策极其缺少理论支持，对维护边疆民族地区的社会稳定和保障民族群众的合法权益极为不利。因此，针对云南省少数民族地区群体性突发事件的预防和控制研究势在必行。

二、主要内容和对策建议

课题立足于云南少数民族地区的特点，对完善民族地区群体性突发事件的防控进行探索。研究成果主要包括三部分内容。

第一部分，阐述云南少数民族地区群体性突发事件的现状特征和消极影响。首先，对群体性突发事件的概念进行了界定，提出构成群体性突发事件必须具备的时间、人数、侵犯客体、主观目的、社会危害五个方面的要件。然后，对群体性突发事件的现状进行分析，归纳出云南少数民族地区群体性突发事件的特殊性，并表明云南省委、省政府对涉及民族问题事件的重视态度。接着，分析了云南民族地区群体性突发事件的特征，提出事件规模的递增性、事件主体的多元性、诱发原因的利益性、表现形式的偏激性、事前组织的松散性、经济矛盾的政治性、事件发生的反复性、化解工作的复杂性八个方面的特征，并分别进行论述。最后，从构建平安、和谐社会的角度，阐述群体性突发事件已成为危害社会稳定的严重不和谐因素，直接影响云南及至全国的政治稳定和社会安定。这表现在六个方面：影响建设小康社会、和谐社会；影响党和政府的形象；影响法律制度权威的确立；扭曲民众秩序意识；影响政治稳定；影响民族团结。

第二部分，主要针对云南少数民族地区群体性突发事件的引发原因及防控问题进行深入分析。

在引发原因分析中，从经济、体制、心理、法治、政治、外部及文化七大方面进行论述，目的是通过现象看本质，找出引发群体性突发事件的深层次根源。这七大方面的根源包括：一是社会转型的利益冲突：分析云南省经济发展过程中新旧双重体制并存状况、民族大省及所处特殊地理位置中的经济发展利益分化所导致的利益抗争，是群体性突发事件的经济根源。二是公民政治参与程度较低与基层社会管理服务弱化：分析现实生活中广大群众利益表达制度体系内存在的问题，以及基层管理工作不能适应社会发展需要的现状，是导致群体性突发事件的体制原因。三是消极失衡及"法不责众"的心态：分析群众消极失衡心态的成因、消极心态下群众行为极端的原因及"法不责众"思想在促成群体性突发事件中的密切关系。四是行政机关法律意识淡薄和执法不公：分析法律意识淡薄和执法不公的表现形式、对群众认识的影响及其与产生群体性突发事件的关系。五是少数干部的官僚主义和腐败行为：分析少数干部的官僚主义和腐败行为如何为群体性突发事件的发生提供思想共鸣和群众基础。六是敌对势力和敌对分子的插手及非法煽动：分析敌对势力和敌对分子插手利用云南省群体性突发事件的特点及引发事件的恶劣影响。七是权利意识的提高及民族风俗习惯、宗教信仰差异：分析民族地区群众受改革开放影响观念的变化及风俗习惯、宗教信仰导致的价值观差异对产生矛盾纠纷的文化因素。

在防控问题分析中，紧密结合云南防控工作的实际，把一些不完善、难操作、低效率及存在的困难比较全面、系统地归纳分析出来。它共涉及六大方面，包括：一是情报信息工作薄弱，包括情报信息网络覆盖不全、情报人员素质欠缺、信息研判不足等方面。二是矛盾纠纷排查调处受限，包括基层调解组织发展缓慢、组织经费保障不足、人员流动性大及工作素质不高等方面。三是处置主体角色认知障碍，从事发地党委、政府对处置中组织、指挥决策的角色定位，到涉事行政单位"解铃人"的角色认识，再到公安机关参谋者、执行者的角色认识中的问题进行分析。四是处置权力法律规定模糊。分析了相关法律法规缺乏操作性的问题，以及导致的处置中处置人员无所适从、不敢作为或乱作为的后果。五是应对事件处置能力不强。分析了处置预案存在的问题、指挥系统存在的问题、装备及其警种间配合存在的问题。六是忽视事件处置善后工作，包括承诺不能真正兑现、回访没有深入开展、经验没有及时总结、重责任轻嘉奖等问题。

第三部分，主要是根据上述分析对云南少数民族地区群体性突发事件的防控提出针对性对策建议。首先，对云南少数民族地区群体性突发事件的发展趋势作出判断、预测，提出事件发生呈阶段性变化；事件主流与社会、经济和政策背景联系更加紧密；

事件政策敏感性增强，社会影响大；事件受民族习俗和宗教信仰问题加剧；事件性质政治化问题逐渐显现的预测观点。根据上述分析，在防控策略上，我们把预防和处置工作分开论述。预防方面分为根本性对策和基础性对策两类。根本性对策以解决要源性问题为主。包括四个方面：加快改革，发展经济；打牢基础，建好队伍；执政为民，服务群众；民族团结，共同进步。基础性对策以解决预防工作问题为主。包括三个方面：加强普法宣传和思想政治教育；加强维稳信息的收集和研判；加强矛盾纠纷的排查、化解、处置，主要解决的是群体性突发事件处置过程中的工作原则、措施问题。提出党政领导齐抓共管；属地管理和谁主管、谁负责；预防为主、防止激化；依法按政策妥善化解四项处置原则，以及成立领导机构、查明事件原因、完善处置预案、做好化解工作、及时解决问题、依法分类处置六项处置措施。最后，针对群体性突发事件善后工作不被重视的问题，特别提出迅速恢复秩序、把握舆论导向、组织提炼经验的建议，对善后工作给予特别关注，强调了善后工作的重要性。

三、研究的主要特点

课题的突出特点和主要建树体现在：一是紧密结合云南少数民族地区群体性突发事件的现状特征，结合云南省经济、社会发展情况，综合考虑云南民族地区的不同传统习惯和生活方式，深入总结和探究群体性突发事件发生的内在规律。这在同类研究中比较少见。二是从云南民族地区群体性事件防控一体化着手，引入社会学、法学、心理学等学科交叉分析，既注重引发群体性突发事件的根源性问题研究，又注重防控处置具体工作问题研究。三是通过分析，提炼出比较系统的若干有针对性的公共政策调整对策建议，对云南民族地区群体性突发事件防控实践的指导作用明显。

四、学术价值、应用价值及社会影响

在学术价值和应用价值上，本课题研究使云南民族地区群体性突发事件的防控指导更具有科学性、客观性和实效性。实践中专门针对云南群体性突发事件实际情况的研究少见，本课题一方面填补了国内学术研究的空白，另一方面总结了云南少数民族地区群体性突发事件的客观规律，为实践服务。本课题研究为制定群体性突发事件防控的法律、法规、政策、策略、措施提供了理论依据，有助于提高政府制定相关法规、政策的质量，增强针对性和实效性。

在社会影响上，云南少数民族地区群体性突发事件已成为影响社会和谐、稳定的突出问题之一，政府相关部门急需加以妥善解决。重视云南少数民族地区群体性突发事件的防控研究，将有利于从根本上预防和妥善处置群体性突发事件，有利于云南各民族的团结和共同繁荣，有利于维护广大民族的合法权益，有利于社会、经济又好又快的发展，有利于民族地区的社会稳定。

课题名称：云南少数民族地区群体性突发事件的预防和控制　　　研究
课题负责人：李继平
所在单位：云南省政法研究所
主要参加人：郭　品　齐康明　伟　李兴安　郭明宇
结项时间：2008 年 1 月 6 日

云南新型毒品滥用与控制的实证研究

一、课题研究的目的和意义

（一）课题研究的目的

一是对目前新型毒品滥用在云南的现状进行全面、系统的分析。以昆明、保山、临沧、西双版纳等强戒所、自愿戒毒所收治的新型毒品滥用人员及上述各地的禁毒支队查获的新型毒品滥用人员为对象，进行问卷调查和典型个案剖析，全面把握云南新型毒品滥用的基本状况。二是在前期问卷调查与数据分析的基础上，结合实地调研，探寻云南新型毒品滥用的内在机制。三是在前期定性与定量研究的基础上，构建云南新型毒品治理的长效机制。

（二）课题的意义

一是本课题的理论价值，可促进对云南毒品问题的研究向多角度、全方位纵深拓展，从而为云南乃至全国的打击新型毒品滥用提供相应的理论基础。二是本课题的应用价值，主要有三：（1）通过对目前新型毒品滥用在云南的现状进行系统、深入的社会学分析，深化人们对新型毒品泛滥严峻态势和禁毒斗争复杂性、长期性和艰巨性的认识。（2）本课题通过对滥用新型毒品行为进行分析研究，有针对性地提出遏制新型毒品的对策，为云南禁毒工作的深入开展提供具有前瞻性的建议和宏观决策依据，并为禁毒执法部门在具体工作中提供指导。（3）运用相关学科的理论与方法，对新型毒品滥用的具体行为进行透视和分析，以充分揭示其违法犯罪手段的隐蔽性与危害性。

二、课题研究的主要成果

（一）通过对近几年的相关数据进行整理、归纳、分析，探索云南新型毒品犯罪特点

一是 2005 年，云南省查获的冰毒案件数、缴获冰毒的数量及其占全省缴毒总量的比例，均创云南省历史之最，新型毒品缴获量首次超过传统毒品。毒品在云南的蔓延和扩散过程表明，以冰毒为代表的新型毒品正大面积地延伸触角，并有取代传统毒品的态势。

二是就抓获冰毒犯罪嫌疑人来说，云南省边民仍占有很大比例，但省外贩毒分子比例已呈明显上升趋势。

三是从 2006 年上半年查获冰毒案件冰毒流入地分析可知，云南过境贩运业已开始出现。冰毒案件仍以边境地区涉案为主，但已有向内地蔓延扩大趋势。

四是大宗案件持续增多，边境渗透与内地流入并存。由缅甸走私冰毒入境已广为人知，这早已成为云南省禁毒工作的重要内容之一。从内地流入的冰毒尽管不多，但已对云南省构成了潜在的威胁。全省第一、第二起冰毒案皆从省外流入，分别来源于北京、广州。就涉及的摇头丸、K 粉等毒品犯罪而言，一方面云南摇头丸、K 粉由境外渗透，然后经云南昆明等地流向其他各省；但另一方面，也出现了其他各省向云南渗透摇头丸、K 粉等现象。可见，随着毒品市场结构的变化，加大新型毒品双向查缉力度，已显得十分必要。

五是易制毒化学品走私出境和流入国内非法渠道的问题依然

突出。毒枭们从国内将制毒原料偷运到"金三角"地区，并在这些地方加工，然后再将制成的新型毒品走私到国内。

（二）新型毒品滥用危害评估

通过对 169 份新型毒品滥用问卷的实证分析，发现新型毒品滥用危害的两个主因子，即个人身体与生产能力损害因子、个人心理能力损害因子。新型毒品滥用的主要危害表现在两个方面：对滥用者身体能力、生产能力的危害；对滥用者心理能力的危害。因此，在对其进行预防教育或进行帮教时，我们不能因为滥用新型毒品有偷盗、抢劫、故意伤害等行为，就认为其法律意识不强，而应从他们的身体能力和心理能力的调整与恢复上进行帮教。

在分析主因子的基础上，建立了评估新型毒品滥用危害的数学模型。

（三）新型毒品滥用群体基本情况调查报告

一是人口学相关指标。根据 169 份问卷进行分析，新型毒品滥用群体仍以男性为主，但自 2002 年开始，女性新型毒品滥用者所占比例总体上呈逐年增长趋势，且呈现出一种奇怪的螺旋式上升趋势。

从分布密度上来看，新型毒品滥用群体比传统毒品更为集中，其主体是介于 20~30 岁之间，且约占所获全部样本的 80% 左右。而就传统毒品而言，分布密度更为宽泛。

从年龄结构上看，当前滥用新型毒品低龄化趋势十分明显。20 岁以下滥用新型毒品的呈明显上升趋势；滥用新型毒品的"25 岁现象"特别突出，25 岁新型毒品滥用者文化程度为大学专科的竟有 10 人，且大都是刚毕业就开始吸食新型毒品了。这又给禁毒领域亮了一个新的红灯：警惕大学毕业生成为新型毒品滥用者与社会不稳定因素，毒品预防教育特别是新型毒品预防教育急需渗透大学校园。对于大学生滥用新型毒品问题，建议只要在其将要毕业、就业时开展一次新型毒品专题讲座，着重宣讲新型毒品的成瘾性、危害性。

二是经济学相关指标。从户口上看，新型毒品滥用者多为住在城镇的非农业人口。这与传统毒品滥用者有显著不同。据以往的相关研究，在云南吸食传统毒品者约有80%以上为农业人口。

从个人职业上看，滥用新型毒品者的主要职业按人数多少从高到低为无业、公司职员、个体户、从事运输业的司机。与传统吸食毒品相比较，都是以无业人员为主。但新型毒品滥用者职业分布更为广泛，从一般的个体户到公司职员，乃至大学教师都有涉及。

从个人收入看，因为新型毒品滥用者仍以无业为主，所以相当一部分新型毒品滥用者几乎没有稳定的收入，毒品消费的经济来源主要是家里人、朋友与亲戚。但个人年收入与家庭年平均收入在2万~5万元之间的新型毒品滥用群体呈明显上升趋势。由此可知，相当多一部分新型毒品滥用群体属于社会高收入阶层，且呈明显攀升趋势。

三是滥用新型毒品群体分类及特征。本课题依照新型毒品滥用群体的性别、现居住地、户口、年龄、文化程度、婚姻状况、父亲文化程度，母亲文化程度等7个方面的内容，对169个个案进行聚类分析。结果发现，将新型毒品滥用群体分为三类最为合适。第一类为陪客人服食新型毒品的"high"妹，即陪客人吸食新型毒品的女性，其工作性质类似于歌厅陪歌小姐陪客人唱歌。其主体性特征主要表现为女性、出生地与当前生活地不一致、父母职业多为农民、父母文化程度不高、户口为农村户口等。第二类为公司职员、个体户、运输工人、商人、教师等滥用新型毒品群体，其特征主要表现为有较为稳定的工作和固定的收入。第三类为无业者滥用新型毒品群体，其特征主要表现为无稳定的工作和固定的收入。

（四）新型毒品滥用行为调查报告（样本为 169 个）

一是滥用新型毒品的种类。第一次服用毒品的种类以 K 粉为最多，约占新型毒品全部种类的一半左右，其次为摇头丸，再次为冰毒。

从服用过毒品的种类来看，用过冰毒、K 粉、摇头丸三种毒品的人数为 87 人，用过 K 粉、摇头丸的 6 人，单用 K 粉的 27 人，单用摇头丸的共 10 人，单用冰毒的也为 10 人。可见，整个新型毒品消费市场的三种主要毒品，滥用者大都正在或曾经使用、涉及过。

就"你现在最常用的新型毒品种类而言"，三种混吸的有 81 人，摇头丸、K 粉混用的为 26 人，单吸 K 粉、冰毒、摇头丸的共为 28 人。

二是第一次服用原因与感受。数据显示第一次服用的原因，因为面子关系的为 3 人，因为受骗上当的为 27 人（其中有 2 人被男朋友下药），无知好奇、好玩的为 36 人，追求刺激的为 83 人。当然，好奇与追求刺激很难人为地将其分开，中间互有包含、交叉之处。从第一次服用新型毒品是否自愿上看，一共获取有效样本 151 份，自愿吸的为 123 人，受骗上当的为 28 人，拒绝回答的为 3 人。可见，新型毒品滥用者在吸食新型毒品的主观心态上都是自愿主动的。倒是受骗上当的人也不少，尤其是年轻的女孩子服用新型毒品多为被人下药。

从"第一次服用新型毒品的感觉如何"来分析，得出的数据似乎有点奇怪。初次服用新型毒品感觉不好的仅为 7 人，没感觉的为 29 人，而感觉好的竟然高达 116 人。后与有关专家讨论分析，其原因可能一方面是现在的新型毒品对人的刺激作用确实很大，尤其是摇头丸等混在一起滥用，既有致幻作用，又能使人兴奋；另一方面可能是样本中包含了一大部分由传统毒品吸食转为新型毒品吸食的样板，其第一次吸食新型毒品的感觉应该与新吸食者不同，大都不会出现恶心、呕吐、心理不适等不良感觉。

三是滥用时间与吸食方式。对于"第一次服用新型毒品月份"，一年 12 个月都有涉及，而服用频度较高的，接近或超过 20 人的为 10 月、2 月、7 月、8 月、5 月。笔者将之称为"云南新型毒品滥用重点月份"，其形成原因现在尚不够明晰，有待进一步研究。滥用新型毒品重点月份的发现，为公安机关查处、管理、打击新型毒品滥用违法行为与破获新型毒品贩运犯罪提供了时间意义上的参考。

再看新型毒品滥用者通常服食的时间，相关数据与以往研究相似，大部分为晚上或深夜。

对于吸食新型毒品的方式的调查，共获得 138 个样本。吸食新型毒品的方式主要为鼻吸、兑酒（包括饮料）、口服、用烟枪等。

四是群体的"转换化"。在笔者的调查中，"吸食新型毒品后是否还吸食传统毒品"这一选项共获得有效样本 134 个，属于混吸情况的有 81 人，有效百分比为 60.4%。其中，吸食传统毒品后又服食新型毒品的人数为 80 人，而吸食新型毒品后再去服食传统毒品的人极少，只有 1 人。可见，这种转换是很不对称与非均衡的：传统毒品滥用群体向新型毒品滥用转换快、人数多，而新型毒品滥用群体在向传统毒品转化方面，案例极少。

（五）采用五级量表分析滥用新型毒品的微观原因

在家庭因素方面，三类新型毒品滥用者基本上体现出一定的层次性特征。家庭的"父母伤我感情"、"父母酗酒"、"父母打牌搓麻将"这 3 个指标就对公司职员类群体滥用新型毒品产生着直接的影响。

"high"妹滥用群体的家庭健康程度次之,无业者新型毒品滥用群体家庭健康状况最差。

此外,还分析了新型毒品滥用的朋辈、信念等影响因素及新型毒品治理对策等相关内容,提出了一系列新思路与新观点。

三、课题的学术价值、应用价值以及社会影响与效益

本课题运用社会学的相关理论与方法,对新型毒品问题展开全面系统的调查研究,拓宽了社会学的研究领域。从应用价值来看,本课题能使各级禁毒领导机关、执法及教育、文化等相关部门对新型毒品滥用的现状有一个更加全面、清晰的了解,并提出了诸多有针对性、可操作性的合理建议(如针对25岁滥用新型毒品现象建议在大学校园中开展新型毒品预防教育、针对运输司机的预防教育、针对吸食传统毒品者开展新型毒品预防教育等),为云南禁毒工作的深入开展提供具有前瞻性的建议和宏观决策依据,并为禁毒执法部门在具体工作中提供指导。本课题诸多成果已发表于省级以上刊物,其中有5篇被人大复印资料转为索引;多项结论被云南省教育厅、云南省禁毒局、公安部禁毒局等有关部门采纳。

课题名称:云南新型毒品滥用与控制的实证研究

课题负责人:阮惠风

所在单位:云南警官学院

主要参加人: 王建伟　黄　荣　黄小平　冷　宁　昂　钰
　　　　　　王海珺　杨　伟　舒忠良　陈玉敏　杨红屏
　　　　　　赵　黎　杨雅茹　吴韶明　唐剑刚

结项时间:2008年1月15日

迪庆少数民族多元文化和谐发展研究

一、课题研究的目的和意义

迪庆位于滇西北滇、川、藏三省区结合部、中国藏彝走廊核心地带，是内地文明与藏区文明的交流融汇区。由于特殊的地理区位和历史沿革，迪庆形成了以藏族为主的多民族聚居、多宗教并存、多元文化融合并和谐发展的局面。多民族文化中的各民族文化既特色鲜明，又相互融汇，和谐共生，共同发展。迪庆地区是云南省少数民族多元文化十分显著的地区之一，香格里拉文化又是迪庆地区少数民族多元文化的核心部分，以香格里拉文化为核心的多元民族文化越来越成为迪庆地区各民族凝聚力和创造力的重要源泉。

该课题以科学发展为指导，以香格里拉文化为核心的迪庆多元文化的基本情况和基本特征、多元文化和谐发展与社会进步的关系、多元文化和谐发展的路径等方面为构架，通过深入的研究和分析，探索迪庆多元文化发展的内在规律及其内部各种亚文化之间的和谐、融合与相互促进的关系，力求作好迪庆香格里拉文化准确的人类文化学的分析定位，总结、提升迪庆少数民族多元文化和谐发展的经验，从而为保护和发展以香格里拉文化为核心的迪庆多民族文化、保留香格里拉文化精神，为探索迪庆多元民族文化发展路径，构建藏区和谐社会提供理论支持。

二、研究成果的主要内容、重要观点及对策建议

（一）研究成果的主要内容

该课题以迪庆州多元民族文化的基本情况、多元文化的特征、多元文化的成因、多元文化和谐发展与社会进步的路径为研究基点，就产生于藏区的香格里拉文化如何保护与发展、香格里拉文化存在与文化精神以及香格里拉文化在构建和谐社会中独有的主观能动性和内在潜力等方面的内容进行探讨，着重论述了以香格里拉文化为核心的迪庆多民族文化发展的定位和发展路径，提出对社会实践具有可操作性、指导性的政策、措施。课题研究内容主要包括迪庆州民族多元文化的基本情况、主要类型、基本特征、多元文化发展的历史演进、香格里拉与和谐社会理念的辩证关系、发展香格里拉文化与促进藏区构建和谐社会等几个部分。

（二）重要观点及对策建议

1. 迪庆民族多元文化的基本特征

多元文化的基本表现：（1）多元民族杂居；（2）多种宗教和谐并存；（3）多样式共同发展。

2. 迪庆多元文化的成因

（1）历史传统：迪庆先民与华夏民族其他成员有着文化上的血亲关系，与甘、青地区羌文化有着一脉相承的联系，是华夏文化的组成部分。

（2）地理位置影响：客观存在的特殊地理环境，使迪庆与外界的交往只能通过马匹在高山峡谷的险峻山路上徒步前进，由此形成了一条联结和贯通迪庆与西藏、内地间的文化、经济纽

带，形成了中国对外交流的第五条陆路通道——茶马古道，这是南方丝绸之路的重要通道。

3. 迪庆多元文化的基本特征

（1）和谐性：迪庆的多元民族文化是以藏族康巴藏文化为主、多元民族文化共同构成的特定民族文化特色，具有显著的文化特性。

（2）科学性：文化的文化核是文化精神，迪庆各民族多元文化具有"平等、正义、良知、慈善、秩序"的理性精神，它是产生于社会实践，更完善于社会实践的科学精神。

（3）包容性：世代生活在迪庆高原上的藏族及其他民族，以他们博大的胸襟营造出这美丽、神奇的人间乐园。

4. 迪庆多元文化和谐发展与社会进步的关系主要表现在如下几个方面

（1）增进民族团结：民族和地域是构成一种文化特征的最主要因素；迪庆多元民族文化的产生与发展，也是多种民族、多种宗教相互磨合、相互适应、相互融合，直至相互包容，增进民族团结。

（2）提高人的整体素质：人是社会生活的主体，更是社会和谐的主体。离开了人的素质和精神境界的提高，社会和谐就无从谈起。而反过来，没有社会的和谐，人的素质提高也只能是空想。多元文化和谐发展的路径应以科学发展观为指导，坚持可持续发展。

（3）坚持统筹协调（不同区域、不同民族、城乡）、整体发展。

5. 就发展香格里拉文化与促进藏区构建和谐社会问题提出了六条建议

（1）贯彻民族政策，促进各民族间的尊重与融合。解决藏区社会和谐发展问题，必须以香格里拉文化精神感化人民，以民主法治保障社会公平、正义，以加强和巩固爱国统一战线团结绝大多数人民，使之参与到建设美好家园、建设社会主义和谐社会的伟大事业当中。充分理解和尊重各民族在历史发展中形成的传统、语言、文化、风俗习惯、心理认同等方面的差异，引导和促进各民族之间的交流与合作，形成和睦相处、和衷共济、和谐发展的良好局面。

（2）弘扬优秀民族文化，振奋民族精神。加强原生性民族传统文化保护，留存原则性香格里拉文化精神。保持原生性文化就要加强濒危的民族传统物质文化和非物质文化；只有保存香格里拉文化存在的原有社会生存环境，才能留存香格里拉文化，推崇"公平、正义、包容、和谐"的精神，从而促进社会的和谐发展。

（3）提高公共文化服务水平，满足人民基本文化需求。大力发展社会生产力，以发展解决发展中出现的一切问题，满足人民共同分享改革开放和社会发展成果的愿望；只有解决社会生产力的发展问题，保持经济持续、快速、协调、健康发展，创造更丰富的社会财富，使整个地区的整体实力不断增强，最大限度地满足人民不断提高的物质文化需求，打好构建社会主义和谐社会的社会基础。

（4）发展教育，提高公众整体素质。提高人民的教育文化水平，提高文化拥有者和参与者的发展、进步的能力。藏区之所以在历史上长期处于封建农奴制和"政教合一"的社会状态，其中最重要的因素是广大人民群众受宗教的麻痹和统治者实行教育封锁和文化愚民政策，剥夺了广大人民接受教育、享受文化的权利，使老百姓长期深受封建思想的束缚。广大人民群众是建设和谐社会的主体力量，因此，建设社会主义和谐社会必须依靠人民群众的力量，提高全体香格里拉文化拥有者和文化参与者的教育文化水平，提高全体社会成员的素质，发挥他们的自觉性、能动性、创造性，达到一种"文化自觉"的境界，以每一个人的思想和谐、理想和谐，达到社会的整体和谐。

（5）保护生态环境。由于迪庆地处"三江并流"世界自然遗产腹地，当地重视流域生态环境保护与建设，积极推进生态环境建设，有效开展"长防"、"长治"工作，实施"天保"工程、义务植树造林等生态工程。一要坚持在发展中保护，在保护中发展；根据迪庆地处"三江并流"世界自然遗产核心区，资源丰富，生态优美，生物多样性突出，同时生态又十分脆弱的特点，必须坚持在发展中保护，在保护中发展；特别是在产业发展顺序上"优先开发生物业，大力开发水电业，有序开发旅游业，适度开发矿业。"在环境项目审批上，执行最严格的上限标准，确保生态环境得到切实加强和提高。二要始终坚持经济效益、社会效益、生态效益相统一。近几年迪庆的经济、社会实践证明，经济效益、社会效益和生态效益是一个紧密联系的有机整体。经济效益为生态保护和社会建设提供物质力量，可以促进社会效益和生态效益的实现，社会效益是经济发展和生态建设的重要目标，生态效益则是促进经济、社会可持续发展，改善人民生产生活环境不可缺少的保证。三要始终坚持走生态建设产业化、产业发展生态化的路子。生态建设产业化、产业发展生态化是全州发挥资源优势、发展特色经济的必然选择，也是全州落实科学发展观的重要举措。实践证明，生态建设产业化、产业发展生态化的路子完全符合迪庆实际，我们将继续坚持，不断探索，不断完善。

（6）发展文化产业，不断创新香格里拉文化，提高构建和谐社会的能力。香格里拉文化产生于社会实践，具有与时俱进的文化创新功能。在建设全面小康社会的进程中，在日新月异的发展形势下，只有在保护文化生存环境、留存文化存在氛围、文化保持原生形态、传承传统精神等的基础上，进行自主综合创新，进行理论、制度、科技、体制和运行机制等的创新，使香格里拉文化始终充满蓬勃的创造活力，以适应不断发展变化的形势需要。全面提高香格里拉文化的感染力，以提高构建社会主义和谐社会整体能力，促进香格里拉文化与构建社会主义和谐社会的长期工作，形成相辅相成、相互提高、相互促进的机制，为促进藏区的和谐发展，为我国的和谐发展，为世界的和平、和谐发展作出新的贡献。

三、研究成果的学术价值、应用价值以及社会影响和效益

（一）学术价值

课题以迪庆少数民族多元文化的基本情况和特征、和谐文化的历史演进与和谐社会的辩证关系等为主线，进行由表及里的研究分析，力求作好迪庆少数民族文化准确的社会学分析定位，为保护和发展香格里拉多元化，构建藏区和谐社会作出贡献。

（二）应用价值

课题通过认真分析、研究，提出了以香格里拉为核心的迪庆多元民族文化具有人类性、文化兼容性、创新性的观点，并具有"平等、正义、良知、慈善、秩序"的精神。不断完善于社会实践的科学理论精神，还具备"平等、仁爱"的社会主义人道精神，从而得出了香格里拉文化的存在与发展能够保护人类的生态平衡和自然的生态平衡，优化人类生存环境，从而为构建藏区和谐社会以及建设和平世界作出贡献的结论，并提出了迪庆多元民族文化保护和发展的路径和政策措施。

（三）社会影响和效益

课题通过研究和分析，对迪庆少数民族多元文化有一个比较

准确的社会定位，为亟待保护和发展的香格里拉多元文化，以及发扬迪庆少数民族多元文化精神提供理论支持，力求让迪庆少数民族多元文化在构建藏区和谐社会工作中，在建设全面小康社会的伟大进程中，为社会进步和文化发展发挥更加积极的促进作用。课题的学术价值和应用价值已逐步得到社会公认，填补了迪庆少数民族多元文化和谐发展的基础性理论研究空白，为迪庆民族文化特别是民族优秀传统文化的保护与发展奠定了系统的理论基础，并被列入迪庆干部教育文化学课程的基本材料，逐步取得了良好的社会效益，正在为构建迪庆和谐社会、建设全面小康社会提供文化基础理论研究保障。

课题名称：迪庆少数民族多元文化和谐发展研究
课题负责人：毛建忠
所在单位：中共迪庆州委宣传部
主要参加人：李菊芳　赵文林
结项时间：2008 年 1 月 23 日

云南新农村建设中的农村社区政治
发展研究

一、课题研究的目的与意义

（一）理论意义

综观目前国内外的研究现状，中国农村社区政治的研究仍然存在一些薄弱环节和空白。其一，在研究框架上，迄今为止的社区政治研究框架一般把社区政治划分为以下几个部分：社区政治结构（其实就是社区的政治组织）、社区权力结构、社区政治参与、社区政治环境、社区政治发展、社区政治比较。这一研究框架的可取之处在于研究的规范性较强，但无法充分展现社区政治系统各部分的交融关系。由于社区政治是一个非国家形态的政治系统，本课题在研究框架上把这一系统看做由政治行为主体、政治价值规范、政治组织体系、政治制度体系组成的系统，这样可以看出整个社区政治各组成部分之间的紧密联系。其二，在研究视角上，传统的社区政治研究往往从静态的角度来研究，从类型学的角度对社区政治的各个组成部分分别进行研究。本课题从宏观上把社区政治看做一个政治行为主体、政治价值规范、政治组织体系、政治制度体系四者互动的"四位一体"的动态过程；作为一种非国家形态的政治系统，在微观上，农村社区政治行为主体是一个农民、村干部、乡镇干部"三位一体"的过程，政治价值规范是一个本土价值规范与国家正式价值规范相互融合的过程，政治组织体系是一个国家政治组织和农民民间组织相互结合的过程，而政治制度安排是一个国家正式体制与农民惯习互动的过程。其三，在研究的关注点上，往往把社区政治权力作为研究的核心与重点，而对社区政治系统的其他部分关注较少，这就是本课题选题的理论意义。

（二）实践意义

社会主义新农村建设战略的提出从全方位对农村社会发展提出了新的要求，从过去注重农民增收到注重农村经济、政治、文化、社会全面、协调发展。中国农村历次改革也同时表明，尊重农民对农村社会发展的话语权是农村改革肇始的直接动力，农民是新农村建设的主体和承担者，切实让农民分享改革带来的成果是新农村建设的最终归宿。新农村建设目标实现的关键在于切实保障农民权利和利益，而保障农民权利和利益是农村社区政治发展的最终目的，任何社会政策的制定都必须以保护目标群体的权益为目的才能达到政策设计的预期目标，本项目研究的实践意义即在于此。

二、研究成果的主要内容

（一）阐述政治发展在社会发展中的地位与作用，分析农村社区政治建设在新农村建设中的必然性、必要性和重要性

政治与社会的互动关系决定了新农村建设必须重视农村社区政治建设；新农村建设的载体是农村社区，而农村社区建设取决于农民个体的参与，农民的参与问题则是社区政治发展的首要问题；农民作为新农村建设的主体，新农村建设过程必须反映农民的利益诉求，而构建有效的农民利益表达机制离不开社区政治建

设；新农村建设的最终目标是保障农民真正平等享受社会发展的文明成果，有效利益均衡机制的构建有赖社区政治建设的不断完善。

（二）新农村建设中农村社区政治发展状况的实证分析

1. 农村社区政治建设的基本情况

这包括：村民会议召开及其职能发挥情况；社区政治的公共空间、公共活动及其社区组织发展状况；社区农民的利益表达状况。

2. 农民对新农村建设政策及其社区政治现状的评价

这包括：对新农村建设的总体评价；对农村选举状况的评价；对乡镇、村干部农村工作的评价；对村务公开的评价。

3. 农民对新农村建设及社区政治政策的知晓情况

这包括：农民对新农村建设政策的总体了解程度；对村民自治政策的了解程度；农民喜欢的了解社区公共事务的方式。

4. 农民对社区政治的参与意愿与要求

这包括：新农村社区政治建设中最重要的事情；建立农民权益保护组织的参与愿望。

（三）农村社区政治发展的基本框架

政治发展是一个系统的过程。这一系统包含政治行为主体、政治价值规范、政治制度安排、政治组织体系四个要素。

政治行为主体的承担者是现实中的人，社会性是人的本质属性，但不是所有人都能成为政治行为的主体，利益、政治欲望、政治权力和权利保障、能力是成为政治主体的四个基本条件。政治主体可分为：基础性政治行为主体、活跃性政治行为主体、决策性行为主体三类。

政治价值体系是政治体系的观念形态，是社会成员在长期的政治社会生活中所形成或接受下来的价值观念综合体系，它以思想、理论和观念的形式而存在，典型表现为某种政治意识形态。正义、权利、自由、自治、民主、平等、宽容是现代政治生活中最基本的价值追求，它们是构成政治价值体系最基本的要素。政治价值规范的作用：对政治行为起着指导和规范作用；提供政治体系的合法性基础；影响政治发展方向。

政治制度是指政治实体在政治活动中必须遵循的各类规则（或叫行为准则）。政治制度包含三个层次：国体、政体、各类具体的政治。制度政治制度在政治体系中处于中介环节，它介于政治行为和政治价值规范之间，在政治系统中发挥着重要作用：政治制度规范政治权力；维护特定阶层的利益；规范政治行为的有序性，维持政治体系的稳定。

政治组织体系是政治系统运转的主导者和沟通者，政治组织的产生是经济、社会不断发展的产物，经济的发展使政治组织的产生成为必要，社会结构的分化、民主化的推进、公民参与意识的提高等成为政治组织产生的基础。政治组织的特点：自觉能动性；利益的聚合性；活动的规范性。政治组织的功能：利益表达、利益综合、政策制定、政策反馈。

（四）推进新农村社区政治发展的建议

1. 规范农村社区政治主体的非制度化行为

农村社区政治行为主体分可为三类：乡镇干部、村干部、村民。目前，三类政治行为主体行为呈现出的最大的共性在于行为的非制度化运作。规范农村社区政治主体的非制度化行为，首先是从实际运作机制上明确界定各行为主体的行为边界，其次是提高各行为主体的综合素质。

2. 注重本土价值规范与现代政治价值规范的融合构建

长期的生活实践使农民形成了自己的本土政治价值规范，它构成了农民对政治发展状况进行评价的标准。国家体制导入的有效性往往取决于是否最大限度地符合农民的价值理性追求，国家体制在农村的有效贯彻必须建立在充分尊重农民价值理性的基础上。

习惯对村中事务有所议论是农民的一种生活方式，舆论成为乡土社会传播信息的主要渠道，在非正式场合议论村治过程、公共权力组织及其领导者的参与行为我们称之"村民的议论性参与"。公开化、合法化、制度化议论机制的建构有利于形成监督机制。

3. 制度安排的终极目标：保障农民拥有平等的农村社会发展话语权和资源分配权

要对现有乡镇体制进行改革，必须"解构"现有的支配型政府体制，建立民主合作的乡镇权力运行机制，进一步具体明确乡镇党委、乡镇政府和乡镇人大权力的合法性限度、范围，将乡镇党委的领导纳入法制化、制度化轨道，防止乡镇党委权力的扩张和滥用。另外，必须在符合农民利益追求的本土规则的基础上，构建农民利益均衡机制，保障利益主体的需求在博弈中享有资源分配的正当权益。

4. 推进民间组织建设，发展公共领域

农民非正式组织的存在是农村社会力量凝聚的中心，农民非正式组织的根本特点在于其法律地位的民间性和社会性，即它是有别于国家机构、政府部门之外的，是由农民组成、自我管理和服务的民间社团。一方面，农民通过这样的组织来传达自己的意志，表达和保护自己的利益，监督行政官员的行动，更为重要的是农村非正式公共组织还可起到监督和辅助农村正式组织的作用；另一方面，有了这样的组织，农民就增强了自我保护的能力。

三、成果的学术价值和应用价值

（一）学术价值

课题的学术价值体现在以下几个方面：一是扩展了政治学、社会学的研究视野。政治学一般把国家形态的政治体系作为主要的研究对象，而社区政治关注的则是非国家形态的社区政治体系；社会学对社区的关注点主要在于社区文化、社区互动和社区服务，对社区政治很少关注。二是丰富了社区政治研究框架。传统社区政治研究框架一般把社区政治划分为以下几个部分：社区政治结构（其实就是社区的政治组织）、社区权力结构、社区政治参与、社区政治环境、社区政治发展、社区政治比较。本课题在研究框架上把社区政治看做由政治行为主体、政治价值规范、政治组织体系、政治制度体系组成的系统。三是拓展了社区政治研究的视野。传统的社区政治研究往往从静态的角度来研究，从类型学的角度对社区政治的各个组成部分分别进行研究。本课题从宏观上把社区政治看做一个政治行为主体、政治价值规范、政治组织体系、政治制度体系四者互动的"四位一体"的动态过程；作为一种非国家形态的政治系统，在微观上，农村社区政治行为主体是一个农民、村干部、乡镇干部的"三位一体"过程，政治价值规范是一个本土价值规范与国家正式价值规范相互融合的过程，政治组织体系是一个国家政治组织和农民民间组织相互结合的过程，而政治制度安排是一个国家正式体制与农民惯习互动的过程。

（二）应用价值

课题的应用价值体现为：一是加强农村社区政治建设的研究可为新农村建设提供政策性指导，农民是新农村建设的主体，新农村建设目标实现的关键在于切实保障农民拥有平等的权益，而保障农民权益是政治发展的最终目的，任何社会政策的制定都必须以保护目标群体的权益为目的，才能达到政策设计的预期目标。二是加强农村社区政治建设的研究可为社会主义和谐社会的建设提供良好的社区载体，和谐社会建设的途径是建设和谐社区，解决农村社区凝聚力的逐渐缺失是和谐社区建设的首要任务，而这一任务的完成有赖于农村社区政治发展的完善。

课题名称：云南新农村建设中的农村社区政治发展研究报告
课题负责人：王茂美
所在单位：云南师范大学
主要参加人：毕天云　雷　昀　申登明　桂石见　兰青松
结项时间：2008 年 4 月 28 日

民族文化传播学研究

一、课题研究的目的和意义

人类是在传播活动中逐渐走向成熟的，传播是人最基本的社会交往行为。人类在传递不同信息、不同文化符号的互动过程中认识世界、认识自我。民族文化传播学研究是对于民族群体承载并传递民族文化信息、物质的传播行为、相互交往行为活动规律的理论建构，也是创建中国特色传播学的重要基础性工作。人类发展史本身就是一部文化交流和族群内外部交流的历史，而社会的发展与进步，同样能够在传播手段、传播介质、信息编解码能力上得到充分体现。在这一意义上，云南又是一座人类传播行为发展史的活化的博物馆，对研究"民族文化传播学"有着得天独厚的条件和优势，"民族文化传播学研究"课题的完成意味着民族文化传播有了理论的基础。

现代传播学作为舶来品，学术背景是现代大众传媒，关注的是现代都市化人群，缺乏历史的关照。人类文化学的学术背景是文化考古，是对于个案的静态研究。社会学关注的是社会的发展与变迁。民族史关注的是个体民族的发生、发展过程。这些学科的共同之处都是对于相关的信息的梳理与分析，缺少的是用传播学进行学科整合，创建起一个新的具有人类文化历史意味的学科——民族文化传播学。本项目的研究就是用现代传播学的方法关注民族文化，研究民族文化怎样进行传播、从哪些方面进行传播。

从这个意义上说，本课题的完成是一个具有原创意义的研究的完成。我国目前还没有学科意义上的民族文化传播学，本课题首次从传播学的角度，以现代传播研究方法，对民族文化，特别是对云南少数民族文化的传播方式、传播初识、传播行为进行研究，并将这种研究投放到特定的生活范畴中进行文化审视，这为民族文化研究又提供了一种新的角度和视野，同时也是建设民族文化大省的基础性研究。

二、研究成果的主要内容和重要观点或对策建议

民族文化传播学研究，是在对民族文化文本、符号的信息内涵进行梳理、考证的基础上，解读历史信息，解读信息传递。那么，这种历史的、文化的"传递"行为是怎样进行的？这种"传递"行为同他们的生活、生产是一种怎样的关系？我们怎样通过历史的、文化的信息去了解民族的生存状态？他们是以怎样的原传介质进行信息"传递"？其原始的诗意化语言是怎样实现符号转换的？当我们今天要通过现代媒介进行民族文化展示时，应该怎样进行介质转换？……其实，所有这些问题都指向了人类最基本的文化行为学科——传播学。

课题分为五章。第一章：人类传播行为与传播认识的发展演变；第二章：文化记忆——信息的存储；第三章：原始传播——远古话语；第四章：民族文化传播介质；第五章："人"——终极传播介质。

第一章主要是对人类文化传播理论的一个基本描述，内容涉及文化及其基本理论、文化传播理论及其功能、文化传播与跨文化交流以及传播研究的范畴、特质及其科学性等内容。第二章内

容较多，研究的是传播过程中的传播媒介与传播信息的手段，即传播媒介实现信息传递是通过哪些中介形式。这一章分为三个部分：第一部分：多元性信息存储媒介，信息与记事，以物记数，以物记事，信息储存与传播要素。第二部分：图画文字的符号意义生成、图画传播、图画文字传播、纳西族东巴图画文字传播、符号与传播、符号与人、符号与人的能力、符号与文化、符号与原始思维、符号与象征、意象与符号。第三部分：图画文字的特性结构、图画文字的表意系统、图画文字的表意空间、图画文字与表象思维。第三章：主要研究民族文化传播的基本问题。其中第一部分，谈民族文化传播原理少数民族文化大都是产生于原始文明，或者是农耕文明，对其的文化传播独特性的论述，具体的传播方式通过几个部分进行论述，来自远古的文化遗存，青铜器的文化传播、高原古道与传播、古道与商业文明、古道的民族性特征。言语的力量，歌谣、传说、谚语、咒语、文化传播的社会功能。以及习俗传习，包含出生与仪式、命名、婚嫁、丧葬仪礼、宗教教育等。第四章分为三个部分：第一部分主要阐述的是媒介理论，包括语言媒介、文字媒介、电子媒介。第二部分描述的是不同民族文化信息保留与储器，包括贝叶文化、毕摩文化、东巴文化，以及文化传习、典礼与仪式对民族文化的保留与传承。接下来的第三部分是对云南民族文化传播介质的调查、梳理和研究。云南民族文化传播。介质主要是体态传播、声讯传播、石介传播、石介质传播、民间艺术介质传播、民族节日传播。第五章是对前面几个章节进行综述性的阐述。所有的传播的目的，所有的传播的方式，所有的传播的手段，所有的传播的承载者都是人，所以，"人"是终极传播介质。

麦克卢汉将传播介质定性为"人"的延伸，并认为"媒介即信息"。如果据此进一步进行思考的话，传播介质的发展与进步，也是"人"的文化进程发展与进步的标志。媒介作为信息的载体，是"人"自我自述的载体，也是在这一意义上，传播介质是"人"的延伸这一定性能够确定。但是，信息作为客观存在，只有被人认识（或发现）后，才能成为信息而得到价值认定，否则只能成为一种无价值存在。由此，为了达到对物质与非物质在信息传播意义上的整合，我们提出"人"是传播的终极介质。

现代传播学以大众传播媒体为研究对象，为了对应方法意义——定性与定量，将大众传播媒介进行严格划分后进行性质分析与研究。同时，由于现代传播学起源于宣传研究，所以关注的是"受众"效果。而传播效果的界定，又同"议程设置"密切相关。对此，如果从深层次上分析，现代大众传播学的研究背景是国家意识形态，是国家机器的有效运转与维护，却忽视了传播介质在人类文化活动中的首要任务——文化传承。

民族文化传播理论研究在传播学的基本原理上，同现代传播学有着一致性，这种一致性首先表现在"大众"性上，受现代大众传播学的影响，课题比较多地关注了传播媒介的社会性，"大众"在此也成为一个泛意的量词——全社会。由此引申出，大众传播媒介的首要任务是对于社会舆论的控制（或引导）。但是，即使是那些文化帝国，也无法实现对于"地球村"的舆论控制。因此，"大众"更多的是一种族群的确认。在这一意义上，民族文化传播学同样具有"大众"的意义。不同的民族在历史发展的过程中，创造出不同的文化介质，用以进行文化传承，其对象则是特定的族群，并由此完成文化的传承。但不同信息介质，是由特定的"人"进行文化解读，在解读的过程中，完成文化的传承。在此，介质的科学技术含量也许有所区别，但族群的意义与文化解读的意义是一致的。

文化的终极目标是人，人也因此成了文化的极媒介，不同民族的生存空间，正是不同民族文化的承载体。在这一意义上，民族文化传播学的研究，关系到中华文化的生态建设，深层次上关系到对于不同民族文化的价值认定，进而是对民族情感和民族文化的最大尊重。而建构和谐社会，文化和谐是前提，其中就包括了不同民族文化生态关系的建构与和谐。

总之，本课题从传播学基本理论入手，分析研究了与传播有着密切关系的信息的特征、作用、范畴、特质，以及人类传播行为、人类传播认识的发展演变，并在此基础上，进而研究民族文化传播的基本原理、民族文化传播学的学术范畴。从宏观而进入微观，研究人类文化多元信息的存储等。本课题并以一个个民族、一个个个案为元点突破，较深入地分析了云南纳西族音乐图像的文化传播，进而深入至文化分析、象征意义、美学精神等。本课题在理论与实践、宏观与微观两个层面展开分析，最终指出或者说是得出结论："人"是终极传播介质，也是文化传播终极介质。麦克卢汉将传播介质定性为"人"的延伸，并认为"媒介即信息"。如果据此进一步进行思考的话，传播介质的发展与进步，也是"人"的文化进程发展与进步的标志。媒介作为信息的载体，是"人"自我表述的载体，也是在这一意义上，传播介质是"人"的延伸这一定性能够确立。为了达到对于物质与非物质在信息传播意义上的整合，我们提出"人"是传播的终极介质。

我国目前还没有系统意义上的民族文化传播学，我们所研究的内容，也称不上系统意义的民族文化传播学。我们只是从传播学的角度，以现代传播研究方法，对民族文化，特别是对少数民族文化传播进行研究。人类社会的发展历史建构起了人类文化的大厦，将人类的观察视野扩展到了更加广阔的领域中去，也使人类的认识更加细致，更加深化。作为科学认识的主观手段，科学方法在现代科学发展和研究中也占有越来越重要的地位。我们从传播学的角度，以现代传播研究方法，对云南民族原传介质、民族文化保留和传播的途径进行研究。同时，引入文化学、符号学、阐释学、解释学、美学和音乐图像学的理论和方法，将不同研究思路和方法用于研究之中，提升研究的理论根基。同时，我们也利用云南得天独厚的条件，即 25 个少数民族独特的文化资源。云南因其物种的多样性，被世界动、植物学界誉为"地球物种基因库"；因其文化的原生态，受到世界人类学家的关注和青睐，被誉为"人类社会进化的活化石"。在全省 25 个少数民族中，有 15 个少数民族为云南所独有。多姿多彩的民族风情、民俗文化组成了云南独特而丰富的人文景观群落。云南各族人民用最简单的方式宣泄出来的民俗风情，使云南文化多姿多彩、蔚为壮观。以崇尚火而闻名的彝族的阿细跳月舞蹈，充满了激情；独龙江畔独龙族用尖刀与牛共舞出祭天的壮观；迪庆藏族的赛马会，人与马共同搏击、竞争是何等的扣人心弦；峡谷里的热泉边，妇女们尽情享受裸浴，是何等的自由奔放；雪山下，圣洁的泸沽湖畔，摩梭人至今保持着走婚传统，处处露出原始母系氏族社会的痕迹，这又是何等的惊世骇俗……总之，不同的形式，不同的介质，不同的表现，传递着不同的文化、不同的民族心理。因而，我们研究的田野调查也就显得很重要：走进田野，走进民族村寨，把握好第一手民族文化原传介质的资料及实物，让这些凝聚着民族文化、凝聚着民族精神和心理、凝聚着民族智慧与能力的介质本身"说话"，这样会增加我们研究的可信度。我们在以往许多学者对云南民族文化调查和研究的基础上，进行过大量田野调查，最终完成了研究。

三、成果的学术价值、应用价值以及 社会影响和效益

（一）学术价值

我国目前还没有系统意义上的民族文化传播学，本课题从传播学的角度，以现代传播研究方法，对民族文化，特别是对少数民族文化传播进行研究，这使研究本身具有原创性，也就有一定学术价值。人是文化的体现者，民族文化传播的终极介质就是人，把民族文化传播置入大的文化背景下进行研究，凸显了对民族文化的重视，也体现了一种文化生态的观念。从传播学意义上研究民族文化的信息传播和民族文化的保留，研究二者的同一性。民族文化的传播手段即传播介质最终也成为民族文化本身。深层次体现民族生存、发展的问题。

（二）应用价值以及社会影响

作为一种理论，其实践意义也是不能忽略的。结合具体的民族文化内容研究，研究建构具有针对性的传播模式，并在民族文化的保护和开发上提出了"文化场"理念，使理论研究具有实践意义。最后达到研究怎样利用和结合现代传播手段，保存、保护民族文化原传介质以及通过这种原传介质保留的民族文化。历史与现实的结合、传统与现代的结合是我们研究的基点。基于此，我们以传播学基本原理与现代文化传播理论研究作为逻辑起点，对少数民族，特别是对生活在红土高原的云南 25 个少数民族原传介质进行梳理、研究，包括语言文学，即口传和文字、神话、少数民族民间故事等；少数民族歌舞，即带有风俗性、传意性、娱乐性歌舞等；听觉介质，包括鼓声、口哨、口弦、民族乐器等；视觉介质，即少数民族服饰、图案、图画、体饰、文身

等；与少数民族生产、生活相关的实物符号等。认识少数民族在原始传播中或者在自然传播中通过哪些传播手段和介质进行信息和文化传播。民族文化的信息储存和保留研究，即民族文化通过原传介质，在传播过程中哪些文化遗失，哪些文化得以保存的研究。此外，试图利用和结合现代传播手段，保存、保护民族文化原传介质自身以及通过这种原传介质保留的民族文化。

阶段性成果《民族文化原传介质与艺术传播》（论文）发表于《云南师范大学学报》2007 年第 2 期，并被人大复印资料"民族问题研究"全文转载；论文《文化遗存形态与文化生态建设：石屏文化》获"非物质文化遗产在石屏"征文大赛二等奖。

课题已经完成，这只是一个"抛砖引玉"的工作，我们有信心在此研究的基础上，进一步深入构建民族文化传播学，从学科的意义上，填补人类传播学上的一块空白。

课题名称：民族文化传播学研究
课题负责人：李丽芳
所在单位：云南师范大学
主要参加人：郝朴宁　邱　昊　陆双梅
结项时间：2008 年 4 月 29 日

宗教学

云南宗教问题发展动向及对策研究

一、研究的目的和意义

本课题所指的云南宗教问题，是指新中国成立以来发生的各种宗教性事件、潜在宗教问题以及各种政治势力或社会势力利用宗教进行各种活动所造成的社会影响。云南社会同全国社会的变迁一样，经历了不同的社会历史时期，也因此形成了各具时代特点的宗教问题。除此之外，由于云南自身特殊的地理位置和社会文化特点，其宗教问题又具有了自身的特殊性，并在其现实影响、演变进程和未来走向方面，具有一些具体的特点。

本课题的目的，就是在对云南的自然特点和社会文化在宗教问题上的影响和反映进行研究和探讨的基础上，客观、准确地认识和把握云南宗教问题显示的影响和演变的趋势，从而更好地为现实服务。

宗教作为一种社会意识形态和文化现象，具有社会认同、群体整合、行为规范功能以及政治、经济、文化功能。在不同的社会条件下，其作用各不相同，它不仅具有历史的应变性，而且还具有顺应社会稳定和发展或阻碍社会稳定、发展的二重性。正常宗教活动主要体现正面的社会效应，起维护民族团结、稳定社会发展的积极作用。然而，一旦发生宗教问题，其功能主要体现为对社会的负效应，起着破坏民族团结和社会稳定的消极作用。云南是一个多民族、多宗教并存的边疆省份，在漫长的历史发展过程中，有许多少数民族形成了宗教与传统文化紧密联系的状况，它作为一种重要的文化要素对民族精神的凝结、传统文化的延续、社会发展进程的维持都产生着广泛而深远的影响。然而，云南宗教问题对社会造成的危害和潜在威胁也正是来源于宗教的群体凝结功能、行为规范功能、社会教化功能。因此，我们试图通过对云南边疆民族地区宗教问题的基础上全面研究，掌握其发展动向，挖掘宗教的积极因素，克服消极影响的有效途径，为构建和谐社会提供经验的总结和理论的依据。

二、研究的主要内容

云南不仅是一个宗教文化大省，而且是一个民族文化大省，同时还是我国接壤国家最多，经济发展缓慢，贫困面大，贫困程度深，社会文化发育程度差别较大、水平较低的边疆省份。正是这些复杂的因素，使当前云南的宗教问题表现出两大方面的特征：一方面是宗教问题与政治问题和民族问题相交织、境内活动与境外活动相交织、正常活动与非正常活动相交织、宗教与少数民族生活方式结合较深、宗教问题与贫困问题相交织的五大基本特征。云南宗教问题这五方面的特点，不仅使云南边疆民族地区的宗教问题复杂化，而且加大了宗教问题发生、发展、演变的不确定性，增大了我们认识和解决问题的难度，同时使云南的宗教问题在现实社会中的作用和影响有了多样化表现。另一方面，云南各宗教是在不同历史时期传入的，在与不同民族社会历史文化密切结合过程中形成了各自的发展演变状况和特点的基础上，云南宗教问题也经历了不同的历史阶段，表现出了不同的阶段性特点和演变趋势，这是我们在认识和研究云南宗教问题的历史、现状和发展动态、演变趋势要重点关注的。这是本课题的立足点和出发点，并且也是决定云南宗教问题基本走向和未来发展趋势的社会文化和历史基础。

课题组在调查研究基础上将云南宗教问题分为三个阶段即：新中国成立初期的宗教问题、改革开放初期的宗教问题、20 世纪 90 年代至今的宗教问题进行分析研究。认为云南解放 50 多年来的宗教问题具有不同的阶段性特点，总体上由单一性向多样性、综合性、复杂性演变；对社会的影响也由局部的直接影响向全面的间接影响演变。这一特征随着改革开放的不断扩大和深化而愈加明显，因而对云南宗教问题的发展趋势和未来走向产生了影响。

根据这两方面的特点，课题组认为，在今后几年内，云南较为突出的五类宗教问题（宗教渗透问题、基督教发展过快问题、南传佛教有寺无僧问题、"信王主"活动及非法基督教问题、邪教问题）将会出现以下变化：

第一，境外宗教势力和敌对势力渗透问题。随着我国改革开放的深入以及云南三大发展战略的实施，这一问题将会长期存在并日益突出。

第二，基督教发展过快问题。虽然全省基督教会在总体上保持一定范围内的较快增长，但局部地区特别是一些边疆民族地区过快发展的势头还会保持相当长一段时期，由此而带来的活动乱、管理难的问题还会在较长时间内继续存在。

第三，南传佛教有寺无僧问题。虽然这一问题已引起了有关部门的重视，但我们认为，随着经济发展及人们思想观念的变化，南传佛教僧侣人数减少的状况还会在相当长时期内持续下去。

第四，"信王主"活动及非法基督教问题。一是"信王主"活动范围大大减小，并开始转变为基督教（读耶稣）活动，出现了由民族问题和政治问题向宗教问题转变的趋势，社会危害性大大减弱。二是"非法基督教"活动范围不断扩大，其内部出现了向"三自爱国会"靠拢及规范化活动的要求，这种转变趋势如果得不到当地政府的认可和积极引导，很容易导致矛盾激化，由此产生各种各样的宗教问题和社会问题。

第五，邪教问题。从总体上看，经过20年的严厉打击和宣传教育，目前对邪教破坏的社会防范意识和抵御机制已大大增强，邪教问题有所缓解。虽然在当今世界邪教活动猖獗的影响下，今后仍会有新的各种各样的邪教组织出现，但总体上不会造成大范围的社会问题。值得注意的是，目前邪教活动出现了向边远少数民族地区转移的趋势，很有可能对文化防御能力较弱的少数民族造成较大的影响和破坏。

针对云南宗教发展状况和存在的宗教问题，课题组认为，今后相当长时期内，最根本的一点是要认真、全面、正确地贯彻执行党的宗教政策；依法加强对宗教事务的管理；积极引导宗教与社会主义社会相适应；坚持独立自主自办原则。认真学习和深刻领会中央关于维护法律尊严、维护人民利益、维护民族团结、维护祖国统一的精神。各级领导干部都应该在思想上对宗教问题有所认识和提高，并落实到宗教实际工作中。

第一，认真领会、贯彻和落实宗教信仰自由政策，切实保障公民的信仰自由，维护法律尊严。宗教信仰自由是我们党一项长期的基本政策，是宪法赋予公民的一项基本权利。这就肯定了"公民—信徒"这样一种主体模式，任何"公民"都有选择自己信仰的自由；任何宗教信徒首先是"公民"，然后才是"信徒"。

第二，要充分认识宗教作为一种社会文化现象，具有其存在和发展的长期性和复杂性，是特定社会历史时期的必然选择，有着其客观的社会文化基础，不可能用人为的方法和手段加以消灭和限制。因此，在如何看待宗教问题上，特别是在如何看待目前边疆民族地区基督教问题较多、较复杂方面，要有正确的理解和认识，充分认识到"堵"不如"疏"、"限制"不如"引导"的科学性和重要性，把注意力从信徒人数的"发展"方面转移到对宗教"活动"的正确引导和有效管理方面，最大限度地减轻宗教问题所带来的社会危害。

第三，在宗教工作中，要坚持区别对待、分类指导的原则，把握政策，正确区分两类不同性质的矛盾，突出工作重点，强化工作措施，认真解决宗教工作中的重点和难点问题。针对目前云南宗教问题受境外渗透活动和邪教活动影响较大的状况，一方面，要加大打击邪教、抵御渗透的力度，维护社会安定和人民群众生产、生活安全，保证宗教活动的正常开展。另一方面，要抓紧宗教的自身建设和自我完善工作，以"积极引导宗教与社会主义社会相适应"为指导，不断加强和完善爱国教职人员的培养工作和宗教组织的建设工作，促使宗教活动规范化，不断增强其抵御邪教活动和境外渗透活动干扰破坏的能力。

第四，进一步加强宗教工作"两支队伍"的建设。要建设一支政治强、业务精、善管理的宗教工作队伍和一支具有宗教知识、爱国爱教的宗教教职人员队伍。一方面，宗教工作队伍建设要注意把那些具备宗教知识的、政治素质较好的人才充实到宗教工作队伍中来，并努力做好宗教工作干部的政策和业务培训，适应形势发展的需要。另一方面，宗教教职人员队伍的建设，要以"民主办教、民主管理"为重点，加大对年轻教职人员的培养，坚持不懈地抓好他们的思想教育、政策法规和正信教育，培养出一批既有较高宗教学识又爱国爱教，能与社会主义社会相适应的宗教教职队伍。同时，要加强爱国宗教团体的自身建设。一是要加强党和政府对宗教团体的领导，依法加强对宗教团体的管理。二是要认真选拔那些政治上可靠、有宗教学识、在信教群众中有威望的宗教人士担任团体的领导，真正起好党和政府与信教群众沟通的桥梁作用。

第五，重视和加强爱国宗教力量建设，为防范和化解宗教问题提供坚实的基础和内在动力。要支持宗教团体加强包括思想建设、组织建设和制度建设在内的自身建设，加强爱国宗教教职人员的培养工作，加强宗教院校的建设，是党和国家新时期宗教工作的重要内容，也是我国宗教界"固本强身"、"适应社会"的基本途径。特别是在边疆民族地区，由于经济、文化条件的限制，这方面工作更加迫切和重要。要联合实际工作部门和理论研究者加强对这一问题的研究，找出边境民族地区相对贫困落后条件下，开展爱国宗教力量建设的方法和措施。

三、对策建议

在以上提高思想认识、完善管理工作、加强队伍和能力建设基础上，针对云南目前影响较大的宗教问题，应该具体加强以下几个方面的工作：

第一，对于境外宗教势力和敌对势力渗透问题，要从政治高度和战略高度认识境外渗透的危害性，深刻理解从中共中央［2003］3号文件将"抵制渗透"改为"抵御渗透"的重要性和科学性，在不断提升反渗透力度和效度的同时，加强经济建设和文化建设，"固本强身"，强化对渗透活动的抵御能力。为此，一是各级党委、政府要加强认识，统一领导，统战、民族宗教、司法、外事等部门要齐抓共管，形成快速、高效的反渗透信息网络和反应机制，提高发现、应对和处置问题的能力。二是在积极开展思想教育的同时，加强对宗教教职人员的培养工作，理顺云南藏传佛教僧侣到西藏三大寺学习、晋升的渠道，切实有效地引导和扶持边疆地区基督教教牧人员到内地神学院学习培训。三是在边境地区加强宣传工作和对广大干部、群众的思想教育，完善对宗教活动的依法管理，把信教群众引导到合法的宗教活动中来，引导到建设美好生活上来。四是加大对边疆民族地区特别是受境外渗透影响较大地区的经济、文化、教育、卫生、体育等基础设施方面的投入，改变当地的贫穷落后状况，增强当地抵御境外渗透的社会和文化防范能力。

第二，对局部地区基督教发展过快问题，应充分认识到其在目前条件下的客观必然性，抓住基督教发展过快及其一系列问题中的主要矛盾和因果联系，把工作重点放在加强引导、完善管理方面，一是要认识到目前基督教在部分发展过快问题，是一定社会发展阶段的历史必然现象，不可能用人为的限制手段加以解决，而与此相伴生的活动乱、管理难等现象则主要是管理工作滞后的问题，可以通过我们的努力加以解决，因此要把注意力从限制发展转移到完善管理方面。二是要加强抵御境外渗透工作的力度，加强党的宗教政策的宣传，进一步发挥爱国宗教组织的作用，积极培养合格教职人员，大力开展正信教育和爱国主义教育，以减少非正常宗教活动的产生和邪教影响。三是不断加强和完善宗教管理工作，抓紧队伍建设，加大经费投入，理顺管理体制，尽快改变目前管理工作滞后的被动局面。

第三，对于南传佛教有寺无僧问题，要充分认识云南的南传佛教是南传佛教文化圈的重要组成部分，也是中国佛教三大部派的重要组成部分，对很多边疆少数民族社会、经济、文化产生了极为重要的影响，要把南传佛教的稳定、发展与少数民族的未来发展紧密结合起来，确保当地社会、经济、文化的持续、稳定和发展。一是要建立南传佛教寺院现代管理模式，从历史和现实出发，在不恢复寺院封建等级特权及剥削压迫的前提下，建立南传佛教现代寺院管理模式，提升总佛寺或中心佛寺的职能及作用，利用其优势为基层佛寺培养宗教人才，同时根据实际需要在全地区对僧人进行调配，满足群众宗教生活需要。二是建立和完善僧人培养和晋升机制，并根据实际情况研究制订对境外僧侣和贺路的管理办法，逐步减少境外僧侣和贺路的数量。三是建立健全寺院管理组织和制度，完善各级佛教协会的组织和制度建设，加强对寺院教务和寺务的管理工作，保证正常宗教活动的有序开展。

第四，对于"信王主"及非法基督教问题。由于目前当地有关部门的认识和态度并不统一，不利于落实宗教信仰自由政策和边疆民族地区的稳定。因此，应在统一认识的基础上，抓住有利时机加强管理、积极引导，尽快将其纳入依法管理、正常活动的轨道。其中，对"信王主"问题，要抓住目前正由"信王主"活动向"读耶稣"活动转化、由民族问题向宗教问题转化的有利时机，在"堵"的同时特别注意"疏导"，将其活动引导到正常的宗教活动中来。对非法基督教问题，目前当地经过省神学院培训的年轻教职人员已逐渐成长起来，并对早期活动中的不正常状况有所反思和醒悟，各地宗教事务局也相继设立，应抓住此有利时机"扶正祛邪"，逐步开放教堂和活动点，将目前处于非法状态的基督教活动合法化，纳入正确引导、依法管理的轨道，以免被不法分子和邪教组织利用而酿成更为严重的后果。

第五，对于邪教问题，应加大依法打击力度，建立快速有效的防范、打击机制，严防邪教活动的蔓延和扩大化。一是要严格依法办事，注意政策界限，讲究斗争策略，注意淡化政治、宗教色彩，缩小打击面扩大教育面，只对少数屡教不改、抗拒政府法令的骨干分子依法从严惩处，而对受蒙骗参与活动的群众，不作为组织成员看待，最大限度地做好争取教育工作。二是充分发挥爱国宗教团体抵御邪教渗透的功能和作用，利用合法宗教的力量，遏制邪教传播和影响。三是各地、各部门要通力合作，严厉打击邪教组织的秘密传播活动，对流窜传教人员依法进行有效惩治，不能简单地以"勒令出境"、"赶走"了之，切实杜绝其传播蔓延活动。四是把取缔和打击邪教组织工作纳入社会治安综合治理中进行，把解决邪教活动问题纳入发展经济、脱贫致富规划中进行，并不断加强合法宗教对邪教的抵御力度，有效遏制邪教活动的滋生和蔓延。五是针对邪教活动目前由内地村镇向边疆少数民族地区转移的状况开展深入的调查研究，摸清情况，把握特点和动向，由此制订切实可行的主动性防范措施。

课题名称：云南宗教问题发展动向及对策研究

课题负责人：黄泽珊

所在单位：云南警官学院

主要参加人：韩军学　文鲁元　白　伟　熊国才　王建伟
　　　　　　杨亚敏

结项时间：2007 年 12 月 20 日

体 育 学

学育材

云南体育旅游业发展研究

一、研究的目的与意义

课题研究立足于对云南体育旅游发展的比较优势的分析，从云南所具有的特殊比较优势中寻找体育旅游业发展的重点领域、发展模式、产业政策与发展对策，为探索云南体育旅游业科学发展的道路与方式进行了有益的尝试。

二、研究的内容与建议

课题根据云南体育旅游业发展的资源状况与实际，提出了云南体育旅游发展的基本指导思想，即"实事求是、统筹规划、分步实施、突出重点、讲求效益、注重保护、市场导向、社会参与、服务大众、立足本省、面向世界"，并提出云南体育旅游业发展的区域启动模式，即"以重点城市和主要名胜旅游区或自然资源、民族体育文化资源丰富的地区为产业发展'极化区'的非均衡发展启动方式，集中选择起点高、见效快、品牌响、效益好的体育旅游项目进行开发的产业发展模式"。这些产业启动方式与发展模式的提出无不体现出课题组成员的辛勤工作和创新思维。

课题组在研究中确立了云南省体育旅游业的优先发展领域与

重点发展行业。如高原体育训练、民族体育风情旅游、跨国境体育旅游、冰雪运动旅游、探险观光旅游及体育竞赛观赏旅游。这些重点领域的提出，既符合云南体育旅游业发展的客观实际，又具有较大的可操作性与创新之处。

课题对云南体育旅游与少数民族体育旅游业发展进行了一个系统、全面的深入探讨。课题组成员结合云南体育旅游资源的优势与实际开发状况，进行了一系列的子课题专项调研工作。本课题中专门提出"对开发少数民族体育旅游资源的深层思考"、"云南少数民族节日中的体育旅游资源—时空分布与开发对策"、"云南少数民族体育旅游资源开发的支持环境分析"、"云南少数民族体育旅游管理模式的探析与构建"、"云南体育旅游发展中的品牌建设"、"体育旅游在特色资源与市场中寻求科学的发展定位——论云南体育旅游业的发展战略选择"等六个子课题研究报告。这六个子课题研究报告都对所研究的问题进行了深入、细致的研究，既能发现该项研究所涉及的问题，又能提出符合实际的可操作的对策建议。

课题的创新之处还在于，研究报告除了提出云南省体育旅游业发展的比较优势、云南省体育旅游业发展中存在的问题、云南省体育旅游业发展的基本构想、指导思想、产业启动方式与发展模式、云南体育旅游业发展的基本类型构架、云南省体育旅游业发展的对策建议等内容，还提出了可供云南省体育局、省旅游局等行政决策部门参考的 11 个云南省体育旅游业发展的重点建设项目：（1）昆明滇池水陆两域体育城（昆明滇池）；（2）西南水上运动娱乐休闲中心（澄江）；（3）东方运动探险大峡谷（怒江大峡谷）；（4）立体化、多功能、国际性高原体育训练基地（丽江—昆明—元江）；（5）云南航空、体育运动娱乐基地（呈贡、安宁、个旧）；（6）中国西南冰雪运动休闲基地（梅里雪山、玉龙雪山、苍山、轿子雪山等）；（7）国际高尔夫球、网球竞技休闲基地（昆明、玉溪、大理、丽江等地）；（8）布局合理、纵横驰骋的漂流体育旅游体系（全省各地）；（9）国际民族体育文化广场、国际民族体育狂欢节与民族体育旅游专线；（10）国际体育登山运动基地（香格里拉、丽江、大理等地）；（11）国际奥林匹克体育小镇（昆明安宁市太平镇）。

课题组在研究报告中不仅提出以上重点建设项目的名称，而且还提出每一个重点建设项目的资源特征与优势条件，还特别提出该项目的具体开发建议及实施要求，使本课题的研究具有远远超越一般研究成果的应用价值与现实意义，使本课题的研究更具有特殊经济效益与社会效益。

三、研究的学术价值和应用价值

（一）学术价值

课题在学术上的价值是对体育旅游的概念进行界定和更大程度上的梳理，即将高原体育训练、休闲康体娱乐、运动竞技观赏、野外探险、民族体育风情体验、跨国境（汽车、摩托车、自行车、漂流）旅游、航空体育运动、冰雪运动等活动都列入体育旅游概念的内涵，扩大了体育旅游的外延与包容性。

课题提出云南省体育旅游"极化与扩散"的非均衡发展的区域启动模式，将区域经济学的有关理论应用于体育旅游领域。此外，还提出了云南少数民族体育旅游资源的时空分布规律与开发对策；提出少数民族体育旅游产业发展的产业定位、开发模式、运作管理模式、产业支持政策与环境体系、体育旅游产业的品牌建设等理论问题。

（二）应用价值

课题立足于对云南体育旅游发展的比较优势的分析，并从云南所具有的特殊比较优势中寻找体育旅游业发展的重点领域与产业突破点，为探索云南体育旅游业科学发展的道路与方式进行了有益的尝试。

本课题根据云南体育旅游业发展的资源条件与实际情况，提出了"实事求是、统筹规划、分步实施、突出重点、讲求效益、注重保护、市场导向、社会参与、服务大众、立足本省、面向世界"的云南省体育旅游产业发展的指导思想。

课题提出了云南体育旅游业发展的区域启动模式。即以重点城市和主要名胜旅游区或自然资源、民族体育文化资源丰富的地区为产业发展'极化区'的非均衡发展启动方式，集中选择起点高、见效快、品牌响、效益好的体育旅游项目进行开发的产业发展模式，对发展云南省体育旅游产业具有现实意义。

课题根据云南省特有的优势资源，提出了供省委、省政府及省体育局、省旅游局等行政决策部门参考的 11 个云南省有带动性、有影响力的体育旅游业发展重点建设项目。尤其具有实际意义的是，本课题不仅提出了以上重点建设项目的名称与地区，而且对每一个重点建设项目的资源禀赋与优势条件进行了系统分析，并特别提出了该项目的具体开发建议及实施要求，使本课题的研究具有远远超越一般研究成果的应用价值与现实意义，使本课题的研究更具有特殊的经济与社会效益。

课题名称：云南体育旅游业发展研究
课题负责人：饶　远
所在单位：云南师范大学
主要参加人：张云钢　赵敏敏　张予云　李　立　杨　刚
　　　　　　田世昌　李　伟　母顺碧　郭云聪　王秀华
结项时间：2008 年 4 月 2 日

国际问题研究

影响云南构建和谐社会的周边环境研究

一、研究的目的与意义

云南周边环境是影响云南构建和谐社会及经济、社会、政治和文化建设的主要因素之一。云南地处东南亚北部和南亚东部，在经济全球化和区域化的大潮中，云南周边地区的合作发展的进程正在加快，云南与周边地区经贸关系迅速发展，这给云南构建和谐社会及经济、社会、政治和文化建设创造了良好机遇和优越的周边环境。但云南周边国家社会制度、意识形态、民族、宗教和文化的多样性和复杂性，特别是"黄、赌、毒"和西方敌对势力及宗教势力渗透、民族武装割据及其争斗等又给云南构建和谐社会及经济、社会、政治和文化发展带来严重挑战和不利的周边因素。在云南构建和谐社会的进程中，对所面临的机遇和挑战及希望和困难进行深入、全面研究，做出正确回答和定论，充分调动和利用有利条件，努力克服和消除不利因素，具有重大的现实意义和深远的理论意义。

二、研究的主要内容和对策建议

课题最终成果分为四个部分。第一部分介绍和研究云南周边国家的概况及其与中国云南的相关关系。分别对缅甸、老挝、越南、泰国和印度等国的地理位置、社会制度、意识形态及其经济、政治、社会、文化、民族和宗教等方面的现状进行了介绍。同时，阐述了这些国家存在的主要问题和发展趋势及其对中国云南的影响。

第二部分研究云南构建和谐社会的周边有利条件。分别研究和论证了云南周边和区域的"10＋1"国际合作、"10＋3"国际合作、孟中印缅地区经济合作和大湄公河次区域经济合作等机制给云南构建和谐社会及经济、社会、政治和文化建设带来的优越国际环境、地区环境和周边环境及良好的机遇。云南与东南亚、南亚以及这一地区各国的国际大通道和经济走廊建设，为云南构建和谐社会及经济、社会、政治和文化建设创造良好国际合作条件。云南与周边国家经贸关系的发展，为云南构建和谐社会及经济、社会、政治和文化建设奠定的坚实的国际交流基础，强调中国与周边这一区域国家正在建立和发展互信、互助、互动战略伙伴关系，合作发展已成为这一地区的时代主题。这为云南实施睦邻、安邻和富邻的外交方针提供了优越的条件。

第三部分研究云南构建和谐社会的周边不利因素。分别研究和讨论了缅甸民族地方武装组织及其武装割据和争斗、"金三角"毒源地及其毒品产销、云南周边地区博彩业和色情业的兴起、西方敌对势力和宗教势力发展和渗透等为云南构建和谐社会和经济、社会、政治和文化建设所带来的隐患、威胁、祸害和负面影响及不利的周边环境。强调云南周边地区的"黄、赌、毒"和文化污染及西方宗教势力渗透已危及这一地区人民的身心健康、社会稳定、边境安宁和国家安全，必须引起高度关注，强化遏制。

第四部分提出云南构建和谐社会进程中改善周边环境的思考和建议（代咨询报告）。通过以上介绍和研究，可以清楚地看到，影响云南构建和谐社会的周边有利条件和不利因素并存，但有利条件要大于不利因素；在云南构建和谐社会的进程中，区域国际合作的机遇与挑战同在，但机遇要大于挑战。应充分调动和利用有利条件，努力克服和减少不利因素，抓住机遇，迎接挑战。研究提出了应对周边环境的具体建议：

（1）建立和加强与东南亚和南亚国家的战略伙伴关系，为构建和谐社会营造睦邻互信的区域国际环境。

（2）积极支持缅甸、老挝两国消除民族地方武装及其割据局面，为构建和谐社会营造和平安定的周边环境。

（3）动员内地大企业集团参与周边开发，为构建和谐社会营造繁荣富强的境外环境。

（4）加快云南—东南亚和南亚国际大通道的投入和建设，为构建和谐社会打好国际合作基础。

（5）引入沿海发展机制，建立沿边特区、开发区和免税区，带动边疆和周边发展。

（6）健全和完善中、老、缅、越四国边境治安合作机制，确保边境安宁。

（7）建立国际禁毒基金，扩大"金三角"毒品替代发展，根除毒源地及其祸害。

（8）发挥大国影响和作用，遏制周边文化污染，净化文化环境。

三、研究成果的学术价值、应用价值和社会影响

课题研究从构建和谐社会的新观念、新视野和新高度出发，紧扣党的十六届三中、四中、五中全会和"十七大"提出的重大使命及我国政府睦邻、安邻和富邻的对外方略，就云南构建和谐社会进程中的周边形势及其影响问题进行深入、全面的调查研究，并将研究的重点和主线从"睦邻友好"转向"富邻、安

邻"，从对"黄、赌、毒"的治标转向治本。首次提出遏制周边文化污染及西方敌对势力和宗教势力渗透等问题。研究成果充分运用政治学、经济学、国际关系学和社会学的基本理论，揭示、分析了云南周边环境的复杂性和多变性，云南周边国家社会制度、意识形态、经济、文化、民族和宗教等的多样性和差异性，及其对云南构建和谐社会及经济、社会、政治和文化建设的影响的各种利与弊。在此基础上提出了相应的对策建议。因此，研究成果具有较强的前瞻性、超前性、科学性和可操作性及较高的学术价值、理论价值。

在云南构建和谐社会的进程中，本课题成果可以让人们更多地了解和认识周边环境及其正、负两方面的影响，从而充分利用和发挥周边的有利条件，努力克服和消除不利因素；可以为党和政府应对周边环境的影响提供决策依据和相关建议；可以为学术界和理论界进一步深入研究周边形势及其走势提供基础资料。还可以为企业界和商界实施"走出去"战略提供周边投资环境状况和商场信息。因此，具有较广泛的实用价值。

课题从申报、批准至今有一年多时间，已有一些阶段性成果被国家和省级刊物所刊用。其中，《进一步采取务实措施巩固中老全面合作关系》刊于新华社《参考清样》（2006 年 10 月 28 日）；《缅甸国中之国佤邦根基松动，毒品形势严峻》刊于新华社《参考清样》（2006 年 11 月 12 日）；《缅甸克钦独立军调研报告》刊于云南省社科院《舆情信息》2007 年第 15 期；《缅甸地方民族武装的现状》刊于云南省社科院《舆情信息》2007 年第 48 期；《缅甸地方民族武装的走势》刊于云南省社科院《舆情信息》2007 年第 49 期；《缅甸地方民族武装对中国的不利影响》刊于云南社科院《舆情信息》2007 年第 50 期。以上成果已由省有关部门报送国家有关部门和领导参阅，产生了明显的社会影响。

课题名称：影响云南构建和谐社会的周边环境研究

课题负责人：马树洪

所在单位：云南省社科院

主要参加人：方　芸

结项时间：2008 年 4 月 22 日

图书在版编目（CIP）数据

云南社科成果集萃：云南省哲学社会科学"十五"、"十一五"规划课题选介. 第 3 辑/云南省哲学社会科学规划办公室编. —昆明：云南大学出版社，2008
ISBN 978 - 7 - 81112 - 475 - 0

Ⅰ. 云… Ⅱ. 云… Ⅲ. 哲学社会科学—科技成果—简介—云南省—2001～2010 Ⅳ. C127. 4

中国版本图书馆 CIP 数据核字（2008）第 118156 号

云南社科成果集萃（第三辑）

——云南省哲学社会科学"十五"、"十一五"规划课题选介

云南省哲学社会科学规划办公室　编

责任编辑：纳文汇　唐志成
责任校对：何传玉　刘云河
封面设计：刘　雨
出版发行：云南大学出版社
印　　装：昆明耀骏印务有限公司
开　　本：850mm×1168mm　1/32
印　　张：11. 125
字　　数：300 千
版　　次：2008 年 8 月第 1 版
印　　次：2008 年 8 月第 1 次印刷
书　　号：ISBN 978 - 7 - 81112 - 475 - 0
定　　价：30. 00 元

地　　址：昆明市翠湖北路 2 号云南大学英华园内（邮编：650091）
发行电话：0871 - 5033244　5031071
网　　址：www. ynup. com
E - mail：market@ ynup. com